U0910296

华侨大学政治与公共管理学院丛书

■ 庄思薇　著

福建省社会科学规划项目资助研究成果（项目编号：FJ2018C057；项目名称：大众传媒对农民工政治信任的影响研究）
华侨大学高层次人才科研启动项目资助研究成果（项目编号：18SKBS1013；项目名称：大众传播媒介对流动人口政治信任的影响研究）

大众传媒对农民工政治信任的影响研究

经济日报出版社

图书在版编目（CIP）数据

大众传媒对农民工政治信任的影响研究 / 庄思薇著
. —北京：经济日报出版社，2020. 7
ISBN 978-7-5196-0692-3

Ⅰ. ①大… Ⅱ. ①庄… Ⅲ. ①大众传播—传播媒介—影响—民工—思想政治教育—研究—中国 Ⅳ. ①D422. 62

中国版本图书馆 CIP 数据核字（2020）第 130485 号

大众传媒对农民工政治信任的影响研究

著　　者	庄思薇
责任编辑	门　睿
责任校对	王阿林
出版发行	经济日报出版社
地　　址	北京市西城区白纸坊东街 2 号 A 座综合楼 710（邮政编码：100054）
电　　话	010-63567684（总编室） 010-63584556（财经编辑部） 010-63567687（企业与企业家史编辑部） 010-63567683（经济与管理学术编辑部） 010-63538621　63567692（发行部）
网　　址	www. edpbook. com. cn
E - mail	edpbook@ 126. com
经　　销	全国新华书店
印　　刷	天津雅泽印刷有限公司
开　　本	710×1000 毫米　1/16
印　　张	20
字　　数	293 千字
版　　次	2020 年 8 月第一版
印　　次	2020 年 8 月第一次印刷
书　　号	ISBN 978-7-5196-0692-3
定　　价	80. 00 元

《华侨大学政治与公共管理学院丛书》总　序

◇ 蔡振翔

为了更好地交流研究成果，促进学术的进步与繁荣，华侨大学政治与公共管理学院研究决定，编辑出版《华侨大学政治与公共管理学院丛书》。经过一段时间的紧张筹备，《华侨大学政治与公共管理学院丛书》第一辑、第二辑、第三辑、第四辑一共16种学术专著，在2017年、2018年由经济日报出版社等出版社陆续出版，并且在社会上产生了比较大的影响，得到不少专家学者的好评，使我们深受鼓舞。经过一段时间的精心策划，《华侨大学政治与公共管理学院丛书》第五辑一共4种学术著作又将隆重推出，与广大读者见面。

作为一门综合类的学科，中国的公共管理学科起步于20世纪80年代，是在政府职能转变与机构改革的时代背景下，借鉴西方发达国家有关学科的经验而缓慢发展起来的。当时学术界普遍认为，公共管理学科能够促进公共利益的有效实现，能够促进政府公共决策的科学化系统化民主化。最初出现的是各种各样的公共管理研习班，进入90年代，一些高等院校陆续开设了公共管理专业或者一些有关的课程；到了本世纪初期，中国的公共管理学科得到快速的发展，学科体系逐渐成熟。因此，尽管中国的公共管理学科目前仍然存在着学科理论体系有待进一步完善，学科队伍建设有待进一步加强，学科专业范围有待进一步界定等诸多问题，但是总的说来，中国的公共管理学科时间不长却发展很快、专业方向涵盖面宽、办学方式灵活，基本上形成了自己独特的学科体系与方法论，具有着很好的发展前景。

华侨大学政治与公共管理学院的历史悠久，前后经历过几个不同的发展阶段，具有几个不同的名称。在2001年，当时的人文社会科学系申报公共事业管理本科专业获得批准，次年开始招生。在2004年，当时的人文与公共管理学院申报行政管理本科专业获得批准，次年开始招生。到了2006年，当时的人文与公共管理学院获得行政管理二级学科硕士学位授予权和公共管理（MPA）专业学位授予权，次年开始招生。到了2009年，土地资源管理本科专业转入当时的人文与公共管理学院。2012年，当时的公共管理学院申报城市管理本科专业获得批准，次年开始招生。包括MPA研究生在内，目前政治与公共管理学院的在校生将近1500人，建立了比较完整的公共管理学生培养体系。

我一直认为，一个学院的生存与发展，一共有三个关键问题。首先是环境。作为大学，通常有两大任务，一是培养人才，二是学术研究。学院工作也是如此，只不过是更加具体化而已。华侨大学政治与公共管理学院拥有政治学与公共管理两大学科，这样的学科背景，导致我们特别推崇据说是出自明代顾宪成的那幅名联：“风声雨声读书声，声声入耳；家事国事天下事，事事关心”，把它作为座右铭，希望政管学院的师生都能有忧国忧民的人文关怀、自由开放的精神风貌，树立起应有的人生观和价值观；其次是制度。也就是说，一定要建立起一套规范的教学、科研及其管理制度。政管学院在学校有关规章制度的基础上，结合学院教学、科研及其管理工作的实际情况，陆续出台的十几份配套的规定或者措施，有的直接照搬学校的规定，有的比学校的宏观要求更加细化更有可操作性，有的比学校提出的要求还要更高一些，以便鼓励教师从事教学、科研和服务工作的积极性；最后是目标。换句话说，学院在做好日常性程序性的工作外，既要有着长期的发展战略，又要制定近年应当达到的几个具体目标并且设法做到。可以说，经过全院师生的不懈努力，在教学、科研和管理等方面，政管学院都取得了十分可喜的成绩。

特别值得一提的是，长期以来，政治与公共管理学院重视对学生综合素质的培养，重视对学生专业知识的学习，重视对学生专业技能的训练，

使得学生在走出校门时，具备了比较高的适应能力，可以应付遇到的各种困难与问题，而这一切，有赖于政管学院拥有一支结构合理、富有创造力、以中青年占居绝大多数的教师队伍，使得科学研究工作一直保持着良好的发展态势，各级各类科学研究项目、论著、奖项在全校一直位居前列，形成了通过科学研究的深入开展，进而提高教学质量教学水平的政治与公共管理学院特色。

也正是因为这样，政治与公共管理学院的公共管理学科在发展过程中，慢慢地形成自己的重点与特色。归纳起来，主要有三个研究方向：第一，在作为公共管理专业基础的行政管理研究方向，关注的重点是国家治理中的政府管理问题，通过定量和定性的方法，对公共危机管理、环境治理、城市治理等领域展开具体研究；第二，在作为公共管理专业优势的社会保障研究方向，关注的重点则是社会养老保险、医疗保险等问题；第三，作为公共管理专业特色的侨务政策与闽台区域治理研究方向，立足于闽台地域特色，服务于区域发展，关注华侨华人的桥梁与纽带作用。政治与公共管理学院的大量成果，都与上述三个研究方向密切相关。

与《华侨大学政治与公共管理学院丛书》的前四辑一样，《丛书》第五辑收录的学术新著，同样具有观点新颖、内容丰富、论证翔实的特点，同样体现出政管学院的研究水平、研究重点及其研究特色。当然，《丛书》中恐怕还是会有这样或者那样的缺点与错误，敬请海内外专家学者予以批评指正。

蔡振翔

2016年10月22日晚8时完稿于山阳馆

2019年9月20日晚9时改定于山阳馆

蔡振翔，华侨大学政治与公共管理学院院长、教授，兼任台湾民主自治同盟第八届、第九届、第十届中央委员会委员，福建省第十一届、第十二届人民代表大会常务委员会委员等职。

第一章　绪　论 …………………………………………………… 1
第一节　研究背景及问题的提出 ………………………………… 1
第二节　研究综述 ……………………………………………… 6
一、政治信任研究 ……………………………………………… 6
二、大众传媒与政治信任研究 ………………………………… 24
第三节　研究意义 ……………………………………………… 57
一、理论意义 …………………………………………………… 57
二、现实意义 …………………………………………………… 58

第二章　研究设计 ………………………………………………… 60
第一节　研究思路与结构 ……………………………………… 60
一、思路 ………………………………………………………… 60
二、结构 ………………………………………………………… 62
第二节　理论假设 ……………………………………………… 64
一、关于大众传媒对政治信任的直接影响效应的理论假设 ……… 64
二、关于大众传媒对政治信任的影响机制的理论假设 ………… 71
第三节　研究方法 ……………………………………………… 80

一、资料搜集方法 …… 80
二、分析方法 …… 85
第四节 核心变量的测量 …… 87
一、因变量：政治信任 …… 87
二、自变量：大众传媒 …… 91
三、调节变量和中介变量 …… 93
四、控制变量 …… 98

第三章 转型期农民工的政治信任现状 …… 101
第一节 关于中国民众政治信任状况的相关研究 …… 102
第二节 农民工的总体政治信任水平 …… 105
一、农民工的特定性政治信任和弥散性政治信任 …… 105
二、农民工的中央政治信任和地方政治信任 …… 111
三、农民工的流入地和流出地的政府信任 …… 112
四、农民工对政府能力信任和对政府意愿信任 …… 114
第三节 农民工的个人特征与政治信任 …… 116
一、农民工的个人特征对特定性政治信任、弥散性政治信任的影响分析 …… 117
二、农民工的个人特征对中央、地方政治信任的影响 …… 122
三、农民工的个人特征对流入地、流出地政府信任和政府能力、政府意愿信任的影响 …… 124
第四节 农民工的总体政治信任特点 …… 129
一、多层次、非均衡的农民工政治信任格局基本形成 …… 129
二、农民工政治信任的现代化转型特征初见端倪 …… 132
三、政治信任减弱集中于具体政治运行过程中 …… 132
四、不同年龄、职业特征的农民工群体的政治信任水平存在一定差异 …… 134
本章小结 …… 134

第四章 农民工的媒介使用与媒介评价状况 …… 136
第一节 农民工的媒介使用与媒介评价的现状 …… 136
一、农民工的媒体使用的基本状况 …… 137
二、农民工的媒体评价的基本状况 …… 144
第二节 农民工的个人特征与媒体使用、媒体评价 …… 146
一、农民工的个人特征与媒体使用 …… 146
二、农民工的个体特征与媒体评价 …… 153
第三节 农民工的媒介使用与媒介评价特点 …… 154
一、农民工的媒体使用特征 …… 154
二、农民工的媒体评价特征 …… 156
三、数字鸿沟背景下的农民工媒介素养 …… 157
本章小节 …… 160

第五章 大众传媒与农民工“特定性—弥散性”政治信任 …… 162
第一节 大众传媒对农民工“特定性—弥散性”政治信任的直接影响 …… 162
一、媒介使用频率与农民工的“特定性—弥散性”政治信任 …… 162
二、媒介政治性内容的注意程度与农民工的“特定性—弥散性”政治信任 …… 169
三、媒介评价与农民工的“特定性—弥散性”政治信任 …… 174
第二节 大众传媒对农民工“特定性—弥散性”政治信任的作用机制 …… 178
一、大众传媒在农民工个体特征的条件下对“特定性—弥散性”政治信任的影响 …… 178
二、大众传媒与农民工“特定性—弥散性”政治信任的中间作用机制 …… 187
本章小结 …… 194

第六章　大众传媒与农民工“中央—地方”政治信任 …………… 198
第一节　大众传媒对农民工“中央—地方”政治信任的直接影响 …………………………………………………… 198
一、媒介使用频率和农民工的“中央—地方”政治信任 ……… 198
二、媒介政治性内容的注意程度和农民工的“中央—地方”政治信任 ……………………………………………… 203
三、媒介评价与农民工的“中央—地方”政治信任 …………… 208
第二节　大众传媒对农民工“中央—地方”政治信任的作用机制 ………………………………………………… 211
一、大众传媒在农民工个体特征的条件下对“中央—地方”政治信任的影响 ……………………………………… 211
二、大众传媒与农民工“中央—地方”政府信任的中间作用机制 ……………………………………………………… 218
本章小节 ……………………………………………………… 225

第七章　大众传媒与农民工“流入地—流出地”政治信任 ……… 229
第一节　大众传媒对农民工“流入地—流出地”政治信任的直接影响 ……………………………………………… 229
一、媒介使用频率与农民工的“流入地—流出地”政治信任 …… 230
二、媒介政治性内容的注意程度与农民工的“流入地—流出地”政治信任 ……………………………………………… 233
三、媒介评价与农民工的“流入地—流出地”政治信任 ……… 237
第二节　大众传媒对农民工“流入地—流出地”政治信任的作用机制 ……………………………………………… 240
一、大众传媒在农民工个体特征的条件下对“流入地—流出地”政治信任的影响 …………………………………… 240
二、大众传媒与农民工“流入地—流出地”政治信任的中间作用机制 ……………………………………………… 250
本章小节 ……………………………………………………… 259

第八章 研究的结论与讨论 …… 263
第一节 本研究的主要发现 …… 264
一、农民工政治信任的整体状况 …… 264
二、农民工媒介使用、媒介评价的总体状况 …… 265
三、大众传媒对农民工政治信任的直接影响 …… 266
四、大众传媒对农民工政治信任的影响机制 …… 268
第二节 本研究的几点讨论 …… 270
一、从供给到需求：媒介传播效果的影响要素 …… 270
二、新兴媒体的“双重效应”与批判性公民 …… 272
第三节 研究创新、研究不足与未来研究展望 …… 275
一、研究创新 …… 275
二、研究不足 …… 276
三、未来研究的展望 …… 279

参考文献 …… 283

第一章 绪论

第一节 研究背景及问题的提出

政治信任作为连接公民个体和政治系统之间互动的纽带，它反映了一个国家或地区的政府执政的合法性，对于民主社会的形成、运作具有重要的规范意义和实践意义（Easton，1965）。1970 年代以来，世界各国普遍遭遇了公民对政治的信任危机，这一现象直接推动了世界各国的学者从学理上关注和探讨政治信任及相关问题，也促使政治信任研究逐步发展成为一个独立的知识领域（上官酒瑞、程竹汝，2009）。

在转型时期的中国，国内学界对政治信任问题的研究持续升温。中国改革开放的深化推动了经济政治体制、社会结构的转型，社会主义市场经济和民主政治持续发展，社会关系重新调整，新兴阶层不断涌现（李强，2011），这些因素都深刻地影响了政治信任的结构、强度以及生成机制。一些中国学者认为，相比于东亚的许多国家和地区，当前中国公众对国家、制度有着积极的评价和较高的信任度（高学德、翟学伟，2013；肖唐镖、王欣，2010）。但通过比较社会转型时期前后的资料，大多数学者的研究证实：随着改革进入深水区，国内公众政治信任的水平和结构发生了转变，特别是在基层政府层面，民众缺乏足够的信任（Li，2004；胡荣，2007）。

2014 年 3 月，习近平总书记在河南省兰考县委常委扩大会议上曾提到了“塔西佗陷阱”①。习总书记表示，当公权力失去公信力时，无论发表什么言论、无论做什么事，社会都会给以负面评价，这就是“塔西佗陷阱”。习总书记还说，我们当然没有走到这一步，但存在的问题也不谓不严重，必须下大气力加以解决。如果真的到了那一天，就会危及党执政基础和执政地位。“塔西佗陷阱”产生的社会原因在于政府的公信力下降，这一现象将会给政治合法性和社会治理带来的冲击和挑战。

习总书记在十九届中央政治局集体学习时强调，加强党的政治建设，要紧扣民心这个最大的政治，把赢得民心民意作为重要着力点。由此可见，民众对政治系统的信任与政治稳定、政治发展密切相关，所以基层民众政治信任的生成机制是怎样的，当代中国政治发展需要如何构建政治信任机制和重塑公信力，这些都是转型时期中国政治建设亟需破解的现实问题。

鉴于政治信任水平在不同社会群体间的分布是非均质的，本研究选取了农民工群体作为研究对象。首先，农民工群体的总量规模日益扩大，研究中国基层民众的政治信任问题，不能忽视农民工这一庞大的群体。根据国家统计局发布的数据显示，2016 年全国农民工总量达到 28171 万人，比上年增加 424 万人，其中外出农民工 16934 万人。② 农民工城市融入的本质是其对城市人、城市社会组织及政府的互动与认同，这种互动和认同是建立在以信任为纽带的基础之上（唐兴军，2014）。从微观层面来看，农民工群体对政治系统的信任有助于个体融入城市生活，构建积极的身份认同和政治认同；从宏观层面来看，政治信任对推进农民工市民化进程、保

① “塔西佗陷阱“用来形容当政府部门或某一组织失去公信力时，无论是说真话还是说假话，做好事还是坏事，都会被认为是说假话、做坏事（潘知常，2007）。

② 数据来自中华人民共和国国家统计局网站，http：//www.stats.gov.cn/tjsj/zxfb/201704/t20170428_ 1489334.html

障全局性政治和社会稳定均具有重要意义。

基于上述的现实意义，本研究探究以下问题：第一，当前农民工的总体政治信任状况如何？他们对不同类型、层级的政治系统的信任程度是否有差异？农民工群体内部对于政治的信任是否存在分化现象，例如不同年龄、教育程度的农民工的政治信任水平是否存在显著差异？农民工在城市融入过程中遭遇排斥是否会降低他们的政治信任水平？第二，农民工是中国城乡二元体制的历史条件下所产生的一个独特的社会群体（朱信凯，2005）。农民工从农村流动到城市，一方面受到以熟人信任维系秩序的传统乡村礼俗社会的影响，另一方面又需要融入和适应以陌生人为主体，信任机制更为复杂的城市社会。有学者认为，中国民众政治信任从传统社会过渡到现代社会也经历着变迁，即从习俗型政府信任走向契约型政府信任，从人格信任过渡到制度信任（程倩，2006；孟天广，2014；上官酒瑞，2011）。那么，作为当代中国城镇化转型背景下的典型群体，农民工具有城乡的二元身份、经历着城乡的差异化生活环境，该群体对政治的信任是否会体现出传统社会向现代社会转型的特征，从而呈现出在社会转型过程中独有的政治信任特点？

除了对政治信任现状的展开描述性分析，国内外学界还试图通过不同研究路径探析政治信任的来源以及影响因素。其中，世界上其它国家有些学者在1970年代末便开始关注到大众传播媒介对政治信任的影响。迈克尔·J·罗宾逊开启研究先河，借用“媒体抑郁症”的术语分析了媒体的新闻报道和政治犬儒主义之间的关系（Robinson，1976），随后国外一些研究中也尝试着从大众传媒的视角探讨媒体对政治态度的影响作用（Patterson，1994；Norris，2000）。相比之下，当前国内研究中还是重点关注制度绩效、政治文化、社会资本等因素对政治信任的解释作用，大众传播媒介作为解释政治信任的一个重要视角，未能得到研究者的足够重视。

政府信任来源于民众对个体利益、政府绩效及政治合法性方面的感知（Garment，1991；Orren，1997；Chanley，Rudolphand & Rahn，2000）。这种感知的形成并不一定完全来自个体与政治系统的直接互动，因为对于大部分公众而言，政治系统的内部复杂的权利运作过程是不易直接观察的。

伴随着大众传媒的兴起和蓬勃发展，传播媒介成为一种重要的社会公共资源，影响力逐步增强，如同施拉姆曾指出："大众传媒一经出现，就参与了一切重大的意义变革（施拉姆，1990）。"在多元主义的国家理论①中，民众对政治的了解可以透过传播媒介，而非直接从政治人物、政党、政府这些渠道进行了解。媒体发挥着向民众传达各种公职竞争者的立场观点，报道和评价当前政府的政策实际运作状况的关键功能（Fiss，1996）。由此可知，在现代国外有些国家，作为"第四权"的传播媒介经常被视为形塑当代政治的重要因素，成为连接民意和政治系统之间互动沟通的纽带，影响着人们对政治的态度和行为。

传媒总是带有它所属社会和政治结构的形式和色彩。由于它在现代社会中所扮演的角色和所发挥的功能不同，对公众的政治信任将会产生不同的影响。与国外社会的某些传媒体制不同的是，中国传媒体制的演进呈现出鲜明的"中国特色"与独特的市场化改革历程。改革开放之后，我国的媒体生态发生了急剧的转型，市场化促进了媒体发展的自主性、开放性和多元化（章秀英、戴春林，2014）。与此同时，随着社会经济和传媒产业的迅猛发展，居民的媒体接触更频繁，媒体使用的结构更多样，媒介消费水平也有了显著提高。在新媒体时代的背景下，中国网民人数和互联网普及率呈现快速上升的趋势。截至 2017 年 6 月，我国网民规模达 7.51 亿，互联网普及率为 54.3%，超过全球水平 2.6 个百分点，其中使用手机上网的民众规模已攀升至 7.24 亿。② 由于信息技术的蓬勃发展，以互联网为代

---

① 多元主义的国家理论是二战以后西方政治学的主流理论，它既是一种解释公共生活的经验理论和分析模式，同时也可以被视为一种描述民主政治理想类型的规范学说。这一理论是建立在对国家主权概念的批判之上，其核心观点是国家权力是多元化的，分散在不同的中心。利益集团是政治生活中的重要主体和基本分析单位，利益集团通过相互竞争和妥协达成价值趋中的政治共识。多元主义是指配置和分析政府权力的的制度结构，多元主义民主的核心是决策权力的分散化以及决策过程的多元竞争性和妥协性（吴惕安、俞可平，1994；严荣、程全军，2008）。具体观点可以参见美国学者罗伯特·达尔的相关著作。

② 数据来自中国互联网信息中心发布的第 40 次《中国互联网发展状况统计报告》，http：//cnnic.cn/gywm/xwzx/rdxw/201708/t20170804_ 69449.htm

表的新兴媒介不仅对消费升级、经济转型产生了重大影响①，而且在中国的政治与社会发展中也扮演着极为重要的角色，新兴媒介已经逐渐成为传达政治信息、凝聚公众共识、表达公众利益的重要舆论阵地（Shirky，2011；陈云松，2013）。在互联网迅猛发展的背景下，以习总书记为核心的党中央高度重视媒体对基层民众的舆论引导和思想引领作用，积极推动传统媒体和新兴媒体的融合发展，以期实现“政府—媒体—民众”之间的良性互动。

对于农民工群体而言，身处在信息化的时代，大众传播媒介不仅成为他们了解城市生活、学习社会规范的工具，也成为他们获取政治信息、形成政治知识的重要来源（陶建杰，2008）。受到资源分配和社会经济地位等因素的限制，不同的社会群体之间的媒介认知和使用情况差异十分显著。罗伯特·莫顿把这种差异效应称为“马太效应”，即已拥有较多社会资源的人群更容易从媒介使用中获得更丰富的信息、知识资源，而社会边缘群体所获取媒介信息的数量大多较少、品质较低。罗吉斯进一步指出，由传播效果的差距所带来的资讯鸿沟不仅会导致知识上差距的增加，也会导致行为及态度差距的增加（Rogers，1976）。那么，当前农民工群体对媒体使用情况如何？他们如何评价各类传播媒介？在数字鸿沟背景下，农民工的媒介素养呈现出怎样的整体面貌？

综上所述，本研究试图从大众传播媒介的视角切入，选择X市农民工群体为研究对象，运用定量的研究方法，通过对农民工的政治信任、媒介使用、媒介评价状况的考察，重点揭示在中国传媒体制的背景下，大众媒介与政治信任之间存在着什么样的关系？传媒因素是否会影响以及如何影响农民工的不同类型的政治信任？本研究属于媒介效果研究，其中涉及到媒介对受众情感（即政治态度）的影响效果。我们尝试着建立一个结构性的分析框架，**通过社会政治、媒介技术、受众三个维度分析影响农民工群体政治信任的媒介因素及机制**。从宏观层面看，本研究关怀的是中国的政治制度、市场转型与大众传媒之间的关系。我们着重关注的问题包括：在

① 该观点出自中国互联网信息中心发布的第40次《中国互联网发展状况统计报告》第13页。

市场化的媒体生态环境中，国家的意识形态怎样通过大众传媒，进而对民众的政治信任态度产生影响？如何融合不同类型媒体、构建舆论引导格局，从而消弭“塔西陀陷阱”，建立友善互信的政民关系？从微观层面来看，本研究探索的主要问题是：在当前的媒介环境下，大众传媒对不同类型、层次的政治信任会表现出一致的效应吗？新兴媒体与传统媒体这两种不同的媒介类型对农民工个体的政治信任将会产生怎样的差异化影响？这种不同传播效应的具体作用机制是怎样的？是否受到受众个体的因素的影响？通过对上述一系列问题进行探讨，这将有利于**挖掘社会情景、媒介特质、受众特征共同塑造下的媒介与政治态度二者的关系，为融媒体时代背景下政府推动政治信任建设提供理论认知和实证依据。**

第二节　研究综述

一、政治信任研究

（一）政治信任概念

在政治学领域，英国思想家洛克最早关注到政治与信任的关系问题，洛克将政府与民众之间的关系定义为“信托的关系”（洛克，1983）。但在此之后，政治信任问题处于学术研究的边缘，并没有得到相应的重视。直到 1970 年代以后，政治信任研究才逐渐成为一个独立的研究领域。政治信任研究的兴起受到以下两方面因素的推动：这一方面是由于二战结束后特别是 1960—1970 年代的政治动荡时期，欧美的一些国家普遍出现政治信任流失的现实问题；另一方面是 1965 年伊斯顿《政治生活的系统分析》和 1968 年盖森《权力与不满》的相继出版，均对政治信任研究产生深远的影响（Levi & Stoker，2000；上官酒瑞，2011）。对政治信任进行研究，我们需要明确政治信任的概念与内涵，解析政治信任的结构与功能，这为政治信任影响机制的分析奠定了重要的基础。

1. 政治信任的涵义与解读

“政治信任”概念，它是一个动态、发展的概念，具有丰富内涵和多元面向。政治信任属于信任的一种特殊类型，是信任心理在政治领域的体现。它具备了信任心理的核心属性，是建立在期望基础上的一种具有风险性的心理，是一种降低社会、经济和政治关系的交易成本的有效途径（李艳霞，2013）。

从静态的视角来看，关于政治信任的概念界定主要有三种思路：第一种，如伊斯顿等人认为，政治信任是公民对政府、政治系统将运作产生出与他们期待相一致的结果的信念或信心（Easton，1965；Citrin，1974；Hetherington，1998）。在这里，政治信任被视为一种信心或信念的心理状态，它是建立在对未来的政治系统行为及其产出的一种积极期望的基础之上。

第二种，史天健认为，政治信任作为一种情感态度，在短期内可以独立于政治绩效和产品（Shi，2001）。这种界定将政治信任视为公民对于政治系统的一种态度选择，这种态度可能为支持、认同、相信、托付的积极态度，也可能为反对、失望、冷漠等消极态度，从中反映出信任水平的高低差异。值得关注的是，多数文献肯定了政治信任或者不信任的态度的存在，这也导致了公民和政治系统之间的关系被纳入到一种二元的分析框架中，哈丁指出这其中存在着一定的荒谬性，它认为这不是一种信任或者不信任的关系，而是属于一种归纳预期的关系。如果公民要选择信任政府的话，他们应当完全了解政治系统的相关状况，但实际上，民众通常缺乏更深一步的政治认知，根本没有能力去选择信任或者不信任。因此，政治信任除了信任、不信任的态度之外，还应当存在第三种态度，即怀疑主义（沃伦，2004）。

第三种，纽顿指出，政治信任是外在客观条件的反映，它不是信任人格基本特征的表达，而是对政治现实的评价（Newton，2001）。米勒认为，政治信任是人们对政治制度、政府绩效、政府机构是否满足民众的规范性期待的一种理性评估（Miller & Listhaug，1990）。可见，这里强调政治信任是一种理性评估的结果，政治系统的客观表现成为公民评估的根本依据，当公民对政治系统的评价是有效、公正、诚信的时候，信任便从中产生了。

上述三种角度对政治信任的界定在侧重点上有所不同。第一种“信任”角度强调期望的实现是可信性的基础，第二种“态度”视角凸显出公民作为政治信任的主观能动性，体现出主体（即公民）对客体（即政治系统）的情感取向和态度选择，第三种“评估”角度强调政治信任的理性评估过程。从微观层面来看，这些不同理解揭示了政治信任作为公民个人的一种主观心理过程和态度的属性，其中涉及到公民对政治系统的心理期望、情感选择、理性评估等，它是政治系统获取其合法性的社会心理基础（张成福、边晓慧，2013）。从宏观层面来看，政治信任也表现为一种特定时期、特定社会的宏观政治文化①的内容之一。

从动态的视角来看，政治信任表现为公民与政治系统之间的互动、合作及趋近的关系，这种互动建构的关系是建立在公民对政治系统的期望及政治系统的回应的基础之上（张成福、边晓慧，2013；程倩，2004），属于政治主体间交往实践关系的范畴。

政治信任涉及到两个主体之间的信托关系，但是这种关系是建立在公民和国家之间，信任双方在权力地位方面是不对等的，因此这种信任关系存在着不对称性。在二者的信任关系中，掌握公共权力的政治系统拥有垄断性的暴力作为后盾，处于信任关系的强势有力的积极地位；而公民个体往往处于更易受伤害的被动位置，他们付出“信任”，将权力托付给政治系统，其中涉及的风险较大（卢春龙、严挺，2016）。这也是政治信任概念区别于人际信任、社会信任的特征之一，一般的人际信任或者社会信任的主客体之间在权力地位上是平等的（李艳霞，2013）。

① 阿尔蒙德和维巴将“政治文化”的定义为：这个国家的成员中间政治目标取向模式的一种特殊分布。而所谓取向指的是目标和关系的内化方面，它包括：“认知取向”，指的是关于政治制度、政治制度的作用及这些作用的执行者以及政治制度的输入和输出的知识和信仰；“情感取向”是对政治制度、政治制度的作用、执行者及执行的情感；“评价取向”，指的是凭借信息和情感对包含价值标准和尺度的结合的政治目标所做的判断和评价（阿尔蒙德、维巴，1989）。

综上所述，政治信任包涵两个层面：第一，政治信任作为一种政治心理，体现为了民众对政治体系的一种相信、托付的态度、评价、信念或期待。第二，政治信任作为一种政治关系，即民众与政治体系之间的一种直接或间接互动而形成的支持性关系（上官酒瑞，2012）。基于互动建构的政治信任具有同质性和差异性、情感性和理性、结果性与过程性等多重属性①（张成福、边晓慧，2013）。借鉴上述的概念表述，本文将政治信任界定为：公众基于理性评估、实践感知、心理预期等对政治体系产生的一种相信、托付的政治态度或信念，通常反映出在特定环境中民众与政治体系之间直接或间接互动所产生的支持性的政治关系。

2. 政治信任的结构

信任结构指的是信任的内部构成。政治信任概念通常包含两大因素：作为行为性的信任主体和作为实体化的信任对象。

第一，信任的主体为公民。公民是一种身份或资格，体现出个体和国家之间权利和义务的关系（上官酒瑞，2012）。公民对自身身份或资格的判断和体认不同，将会形成对政治系统的不同诉求和预期，也会影响其与政治体系之间的互动关系，由此将产生不同特征和程度的政治信任。

第二，“政治”要被实体化为可能被人感知的政治体系才能将其作为被信任的对象。信任的对象为政治体系，即以公共权力为轴心而建构起来的互动结构，这种结构中包括组织、价值、制度和过程（上官酒瑞，2012）。政治信任的对象包含了政治系统的不同层次和内容，过往的研究中往往混淆了不同层次的信任对象，这种做法导致了研究结果之间的相互矛盾，因此我们需要建立一个概念框架以区分政治信任的不同层次或对象。目前最有用的分析框架之一是由伊斯顿所提出的，他根据政治支持的

① 同质性与差异性体现在公民对政治价值的基本共识以及对于政治系统诉求与期望相对比较一致，但由于不同群体或个体诉求、价值观各不相同，作为微观的互动行为与个体感知的政治信任又往往呈现出群体或个体的差异性特征。情感性与理性表现为政治信任的评估受到公民的情感因素的因素，又有具有理性认知的特征。结果性和过程性指的是政治信任既来源于公民对政治系统的绩效达成的结果性认同（如政府的经济、公平、效率的目标是否达成），也来源于公共权力行使与公共价值创造的动态过程（如政府行为是否符合法律与道德、政府过程是否开放与透明）。

来源将政治支持分为特定性支持和弥散性支持，并将政治系统的结构分为权威当局、典则和政治共同体三个方面（Easton，1965）。弥散性支持指的是对制度规则和共同体的一种普遍和弥散性的依附，例如多数的爱国主义都反映了某种程度的牢固依附．这种情感通常是系统的成年成员所具有的，在个人成熟过程的早期阶段逐渐灌输而成的（Easton，1965）。这种支持构成了大量的政治好感，其主要特征在于它诱发了牢固的、象征性的政治情感，并且这种情感不会因对政治系统的输出产生失望而轻易耗散。在任何时候它都不以具体回报为条件，如果成员对共同体或制度规则的道德效力有一种坚定的内在信任，即使政治系统的输出或失败行动对成员造成不断的打击，这种支持仍有可能继续存在。特定性支持与政治系统的特定的输出能否满足成员的需求密切相关，体现出系统成员对权威当局行动之间的反应。特定性支持的产生往往是基于权威当局的某种输出满足了系统成员的某些具体的需求，在这里，满足都能具体地和输出联系起来。二者的重要差别在于特定性支持是源于成员在它们出现后或出现前已认定符合自己需求的输出刺激的有好态度和倾向，而弥散性支持是独立于权威当局的日常输出的影响的（Easton，1965）。特定性支持通常指向权威当局，弥散性支持更多指向的是制度规则和政治共同体。

这一区分为本研究提供了一个重要的起点，诺里斯在伊斯顿的分类的基础上，将政治体系的结构拓展细化至五个层面，即政治共同体、政体原则、政体绩效、政体组织和政治行动者。这些层面是相互联系的系列支持关系，并且由高到低在特定性支持与弥散性支持的连续光谱中依次排列（详见图 1-1）。

结合伊斯顿和诺里斯的观点，民众对政治共同体的、政治制度的信任属于弥散性政治信任，对政体组织和政治行动者的信任属于特定性政治信任。借鉴拉卡托斯的硬核和保护带结构理论，学者亦按照政治信任对象的不同地位，将政治共同体、政治制度和政治价值归为硬核结构，硬核结构代表着政治信任的根本性质，维护着结构的稳定与统一。而公共政策、政治组织和政治行动者处于硬核的外围，构成了政治信任的保护带，具有多变性（拉卡托斯，1986；Norris，1999；上官酒瑞，2012）。

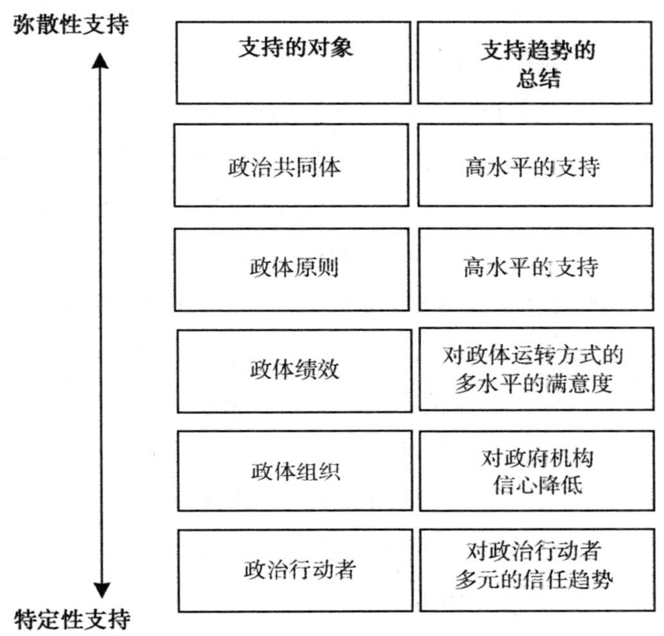

图 1-1 特定性支持和弥散性支持的连续光谱图

资料来源：Pippa Norris. 1999. *Critical Citizens*：Global Support for Democratic Government. Oxford：Oxford University Press.

由此可见，政治体系结构的复杂性决定着公民的政治信任的对象是多层面的，如果民众能够区分不同层次的政治信任，我们的分析中就必须有所区别和体现。

3. 政治信任的功能

政治信任作为政治支持的重要组成内容，它不仅是民众和国家政权的粘合剂，也是国家政权内部的润滑剂，对于政府的顺利运作和政治稳定都具有重要的意义，其积极功能贯穿于现代政府治理的过程之中。

首先，政治信任具有维护和增强政治系统合法性的功能。合法性是政治系统存在的根基，赋予了政府行政的有效性。合法性的获得主要取决于民众的认同与信任，政治信任是构成政治系统合法性的基础（Easton，1965）。公众对政治信任的长期缺失使得政治领导更为困难以及政府政策得不到支持（Hetherington，1998；Chanley et al.，2000），甚至会引发骚乱和其他反对体制的政治活动（Muller et al.，1982），进一步削弱民众对政治制度及其基本原则的信任（Nye，1997）。

其次，政治信任促进了人类公共生活的建构与社会秩序的整合。社会秩序的整合是一种社会利益的协调与调整，促使社会个体或群体结合成为人类社会共同体的过程。在政治系统与民众信任关系良性循环的情形下，人们的社会认同、社会参与、社会合作意识和行为倾向会明显增强（普特南，2011），这种集体意识或是行动的实现对于社会矛盾和社会冲突的化解、社会秩序的整合、公共生活的达成具有促进作用。

再次，政治信任具有简化治理的功能，能够提升政府的施政绩效。相比于依靠强力、法律、行政等其他的治理机制和治理工具，以信任为核心的政府治理在于强调民众的认同与服从，其大大简化了治理的空间、时间和成本，促进了治理的多元参与和过程互动，从而能够提升治理的质量和效率（张成福、边晓慧，2013）。

最后，政治信任具有促进民主协商的功能。对于民主协商而言，信任的积极作用在于作为一种治理要素，一方面，提供了促进和实现民主协商的主体要素所应具备的心理状态和能力素养，如高度信任能够促进民众的参与；另一方面，提供了民主协商机制得以建立和有效运转的机制和保障，如信任促进了民主协商、交流对话机制的广泛建立，从而构建共识的基础（张成福、边晓慧，2013）。

4. 政治信任的测量

学界在测度政治信任时，并未就指标体系的建构方式达成一致，不同学者的研究有各自的侧重点，因此得出的研究结论存在着较大差别。当前对政治信任指标的建构主要源于两类测量方式：第一类是来自于世界价值观调查和新民主晴雨表中的测量，这类测量方式着重于对政治信任对象进行细分，直接采用“信任”来进行描述。一般来说，这类测量方法是对政治态度的直接回答，它考量了人们对政治系统最直接的反应，这种反应是一种经过社会学习而形成的相对稳定的判断。由于政治体系结构较为复杂，学者会根据研究问题和研究对象的差异，选取不同层级和类别的政治系统来进行研究。如李连江、胡荣、卢春龙等人为了研究国内政治信任的

“央强地弱”的层级特性，直接对各级政府的信任程度进行提问（Li，2004；胡荣，2007；卢春龙、严挺，2016）；朱荟、符平等人依据农民工的生活经历，在地方政府这一层面的分析中又细分出对流入地和流出地政府信任的测量（符平，2013；朱荟，2014）；王正绪、游宇区分了特定性和弥散性这两种不同维度的政治信任的影响机制的差异（游宇、王正绪，2014）；除了特定性的机构信任，陈陆辉还将政府官员纳入测量中（陈陆辉、耿曙，2009）。

相比之下，第二类的测量方式是基于美国的全国选举调查研究数据的测量方法，它是一个政治信任态度的评价量表。这类测量方法属于对政治态度的间接测量，它对政治系统的具体表现内容进行了细分。尽管有学者的研究结论表明这种测量方式倾向于扩大不信任的水平，但它克服了以往的研究通常将政治信任笼统地化约为信任主体对客体的信任程度，从而忽略了考察信任的内容和信任的内在心理动机问题。国内学者将这类政治信任的测量指标进一步分为意愿和能力两个维度（Li，2004；王向民，2009）。对政府能力信任，即公民对政治体系是否具有完成其职能的能力的信任，包含对政府效率、能力方面的信任；对政府意愿信任，即公民对政治体系是否具有为民执政的意愿的信任，涵盖对政府执政公开透明、诚实、公正方面的信任。

由此可见，以上两类测量方式各有侧重，第一类直接测量的方式纳入了多元的政治信任客体，却忽视了政治信任的情境和具体内容。第二类测量方式虽然主要集中探讨了政府机构和官员的实际的行为表现，但又忽略了构成政治体系的不同层级和领域。总体来看，由于这两类测量的信度和效度已被多数学者所证实，所以本研究打算借鉴这两种测量思路，对政治信任概念进行操作化，力图构建出更为全面客观的考察政治信任水平的指标。

（二）政治信任研究的解释视角

关于政治信任的来源或影响因素存在着多样化的解释视角，如纽顿和诺里斯通过对多国数据的比较研究，概括了三种解释流派：第一，聚焦个人的社会心理特征；第二，关注政府绩效；第三，寻求个人、群体和共同体的文化环境因素。基于以往研究中的启示，本文拟从心理认知发生、政治绩效、社会文化三个主要视角来概括当前政治信任的来源或影响因素研究。

1. 心理认知视角

心理认知视角的理论源头是来自于埃里克森的心理发展论。埃里克森将信任视为一种人格的内在特质，他认为一个人的生活经历以及其对人性的看法，会引导他形成对别人的可信赖的认知。这种认知的形成主要来自于幼年初期心理发育阶段的经验，尤其来源于家庭对个人的影响（Erikson，1950）。这种从早期生活经历所获得的这种“基本信任”具有持久性，并且独立于外在政治世界的影响。人们对基本信任的认知被视为是产生其他信任的经验基础。加百列对政治信任者和政治犬儒主义者进行比较研究后得出，社会心理视角具有重要的解释力（Gabriel，1995）。莱恩认为政治信任和个人对他人的信任密切相关（Lane，1969）。伊斯顿、盖森等人的研究也进一步说明对政治的信任与政治系统以及领导人的表现并无太多关联（Easton，1965；Gamson，1968）。

政治学者借鉴了心理学的观点，将政治认知作为整个政治心理结构的基础，认为政治认知是影响政治信任的重要变量。政治认知指政治主体对政治现象的认识与理解，是认知者、被认知者和情境等因素交互作用的心理过程。民众的政治认知分为直接和间接两种方式，政治接触、政治表达等政治参与形式就是直接认知；而学习政治知识、了解政治新闻等方式构成间接认识（上官酒瑞，2012）。民众通过直接或间接的方式获取政治知识，了解政治过程，形成对政治体系的认知和判断，进而产生信任或不信任的心理。

在相关文献中，心理认知视角作为信任研究的微观基础，占据着一席之地，但该视角也存在明显的局限性。首先，将信任视为人格特质，无力解释宏观国家层面的民众政治信任态度的变迁。其次，该视角期待个体信任与政治信任具有密切且平等的关联，而事实上，个体信任与政治信任之间关系却存在不同类型。

2. 政府绩效视角

政府绩效视角以理性选择的制度主义理论为基础，在这个视角中，政治信任不属于个人的性格特质，也并不被视为社会文化培育下的产物，政府绩效是影响民众政治信任的关键性要素。人们对政治的信任是基于政府表现是否满足自身期望而产生的（Hetherington，2005），政治系统的表现好与坏将会相应地影响到民众对政治的信任。可见，这一理论强调政治信任是政治系统内生的，是政府绩效的结果。该视角分为宏观和微观两个层面。宏观视角关注外生政府的整体绩效，微观层面强调公民个人对政府绩效的评价（Mishiler & Rose，2001）。

政府绩效包括政治方面、经济方面和公共服务方面的绩效。其中，政治绩效包括很多方面，例如一些重大的政治事件、政治制度、公民权利、政治透明度等等。对于公众政治信任水平来说，公民对现任领导、政治机构与政府制度的期望、态度和评价也是很关键的，尤其是国会和总统的行动具有重要影响（Chanley et al.，2000；Citrin & Green，1986；Craig，1993；Hetherlington，1998）。

经济绩效主要包括两方面内容，一是国家的宏观经济绩效；二是个人的经济状况。宏观的经济绩效包括公民对国家当前经济绩效的评价和未来经济状况的评价；个人的经济状况包括公民当前的家庭财政状况和对未来财政状况的评价。有的学者强调政治信任受到国民经济和公众对经济的评估的影响，对经济负面的评价会导致对政府的不信任，而对经济状况评价的改善则会增进人们对政府的信任（Citrin & Green，1986；Feldman，1983；Hetherington，1998）。个人的经济状况也在很大程度上影响着公民对国家经济能力和政治能力的判断，从而形成了对政府绩效的评价，影响其对政治的信任程度。此外，社会财富的分配是否公平也被认为是影响社会信任与政治信任的重要因素之一。一个社会的财富分配越平等，其政治信任的水平也就越高。李和格拉速尔使用了1995年世界价值观调查的韩国数据，通过分析发现，对财富的平等分配和公平对待是形成韩国民众政治信任的显著因素（Lee & Glasure，2002）。

公共服务绩效主要指向民生福利、公共服务。在当前服务型政府的背景下，公共服务、福利项目的提供成为公民判断政府是否具有可信性的核心原则。伯克哈特和范德瓦的研究显示，公共服务质量的提升会提高公众对公共部门的满意度，进而增加对政府的信任水平（Bouckaert & Van de Wallle，2003）。斯通曼认为，民生福利（卫生和教育）绩效对政治信任的提升尤为重要（Stoneman，2008）。一些学者则把信任的流失归结为犯罪率上升和儿童贫困等因素（Mansbridge，1997）。

引入政府绩效视角给政治信任研究带来两方面的积极影响：第一，在考察政治信任和政府绩效指标方面，采用更为精准的抽样、测量技术，有效地揭示政府绩效和政治信任之间的关系；第二，政府绩效视角跳脱了个体心理认知层面，从宏观层面揭示了国家机器的绩效对民众政治信任的影响情况。不同性格特质和社会背景的民众对政治的信任或多或少都受到政府绩效的影响，这也解释了政治信任与政治不信任为什么随机分布于各种不同教育背景、收入、宗教、年龄、性别的人群之中（Newton，1999）。

但政府绩效视角也存在明显的局限性。首先，该视角最为重要的一个前提是公众可以充分地获得政治系统的信息。而实际上，大部分民众无力直接观察政治系统复杂的运作过程，难以掌握充分的政治信息，因此对政府表现的理性评估而产生的政治信任更无从谈起。根据此思路，哈丁秉持怀疑主义的观点，他认为民众因为不知道相关的利益和情况，故没有能力去信任或不信任（沃伦，2004）。但笔者觉得不能因此而全然否定民众对政治体系的信任情感，该视角强调民众向政治体系投入信任情感的一个重要条件是政治系统和民众的互动，特别是民众对政治体系满足自身利益和需求能力等信息的了解，这一点具有借鉴意义。

其次，基于理性选择或认知的信任是一种策略信任，而策略信任具有不稳定性和脆弱性（尤斯拉纳，2006），容易随着环境和个人经验而改变，因此，对政治制度信任的下降不是一个问题，它也可能是公民对于信任条件变得越来越老练的一个标志（沃伦，2004）。

最后，该视角将政治信任的来源局限于政治领域，英格尔·哈特对多个国家的资料分析指出，对现行民主政体的长期稳定的信任态度主要源于其他社会文化因素（沃伦，2004）。随着社会文化视角研究的兴起，对政

治信任的研究慢慢摆脱政府绩效论，进入到社会文化领域。

3. 社会文化视角

社会文化视角强调的是人们对于政治体系的信任主要来自于长期存在的、内化于文化规范的一套信仰，其影响因素包括微观层面的个人社会化经历、宏观层面的政治文化、社会资本等。

从微观层面来看，社会信任的生成机制最常见的是通过社会化的原理实现的，政治社会化的最重要方式是通过意识形态的宣传和教化而完成的。与心理认知视角关注信任生成的个性发展层面所不同的是，社会文化视角更为侧重社会化的文化和社会结构层面，尤其强调教育、社会阶层、社会经济地位等因素对政治态度的影响。

从宏观层面来看，政治文化是一个民族在特定时期流行的一种政治态度、政治信仰和感情，它由本民族的历史和当代社会、经济和政治活动进程所促成（Almond & Verba，1963）。文化主义者认为政治行动者对政治系统、政治制度的反应并不是直接的，政治文化与价值观的取向会赋予其不同的涵义，影响人们对此的理解，因此使得政治行动者对政治系统和制度的反应也不尽相同。可见，政治文化是政治主体的行为准则和进行政治活动的重要影响因素（Jackman & Miller，1996），能够独立地作用于政治信任和政治行为。

20 世纪五六十年代，阿尔蒙德和维巴提出政治文化概念和公民文化理论，在对美、英等五国调查的基础上发现，民主结构的稳定必须与相应的公民文化相匹配，不同国家的政治文化差异很大，公民与政府之间的信任关系也极为不同。比如，意大利的政治文化图景是疏远政治、社会隔离和互不信任，相比之下，政治领域中人们之间的信任与合作态度在美国和英国就比较常见（Almond & Verba，1963）。也有学者以亚洲 8 个国家和地区为研究对象，发现在东亚及东南亚国家，全局价值观作为东亚文化的独特因素，对人们政治信任的形成产生了重要影响（马得勇，2007）。

1980 年代以来社会资本研究的兴起推动政治信任研究走向了深入。帕特南将社会资本定义为社会组织的特征，诸如信任、规范以及网络（Putnam，2000）。早期一些研究虽然没有使用社会资本这一概念，但研究中所关注的社会信任正是社会资本的一个重要内容。目前学界就社会资本与政治信任关系的认识仍存在分歧。秦斯和库珀对欧洲和美国的研究中发现，人们越是相信一般其他人，他的政治不信任就会越少（Schyns & Koop, 2010）。可见，高度的社会信任有助于产生社会合作，促进了政府的良好运作（Putnam，2000），政府良好的治理结果又导致普遍信任，增强人们对政府的信任（Brehm & Rahn，1997）。但也有一些研究却对这样的结论提出了质疑。纽顿认为，良好社会资本蓄积是有效政治系统的前提条件，但高水平的社会资本不必然产生高水平的政治信任（Newton，2001）。金的研究发现韩国民众参与社团活动、社会信任都与政治信任、选举活动不存在显著的相关性（Kim，2005）。

笔者认为导致对两者关系的争论可能来自于以下方面的原因：第一，社会资本概念操作化的差异将会导致研究结果的分歧。社会资本的内涵具有多元性，包括宏观和微观两个层面，已有的研究中，有的选取国家作为一个整体单位，对宏观层面的社会资本存量进行分析，有的研究是选取微观个体层面的社会资本情况来进行分析。纽顿发现国家宏观层面的社会信任能够培育政治信任，但个体微观层面的社会信任对政治信任的影响甚微（Newton，2001）。第二，社会资本对政治信任的作用并非是直接而简单的，社会、政治领域的一些因素，例如社会分化、政府绩效，均会间接地影响社会资本与政治信任之间的关系（闫健，2008；熊美娟，2010）。

通过文献综述可以看出，社会文化视角对政治信任的影响机制和后果更为复杂。虽然政府绩效对政治信任的短期波动具有一定的解释效力，但从长期来看，社会文化种种因素作为政治生活中的重要背景，也是形塑民众政治信任的关键力量。根据基尔的研究显示，在某种意义上讲，作为社会文化因素之一的社会资本的影响要比政府绩效的影响更有力，因为政治信任的长期走势根本上是由社会资本因素推动的（keele，2007），其存量和积累对政治信任的建设起到关键性的作用。

（三）国内政治信任文献综述

1. 国内政治信任研究概况

在转型时期的中国，政治信任议题引起了国内学术界的广泛关注。从

研究内容来看，当前的研究多是集中在对政治信任理论的分类与现状评估、政治信任的生成机制与影响因素、政治信任的外部影响等研究领域。从研究方法来看，采用文献研究和经验研究居多。经验研究以定量的统计调查方法为主。从研究对象来看，一是针对不同国家、地区民众的政治信任展开比较研究，二是国内学界高度重视对中国农民的政治信任问题的研究，三是以城市居民、青年学生、流动人口为研究对象也引起部分学者的关注。

首先，关于中国政治信任的结构、层次等现状评估部分，当前中国学者结合中国转型期的实际情况，从不同角度提出了众多的有价值的研究成果。李连江、胡荣等人关于当代中国农民政治信任的基本判断得到了多数学者的赞同，即民众对政府的信任分为不同层次，政府的层级越高，民众对其信任程度也越高（Li，2004；胡荣，2007）。也有学者从"政治图像、政治接触、以地方为中心的政治接触结构"等方面对我国政治信任的"央强地弱"现象进行了较为系统全面的分析（叶敏、彭妍，2010）。王向民区分了政治信任的不同层次，其认为当前中国国民的政治信任处于U型结构：在抽象的国家和政府方面，青年学生表现出极高的政治信任，在具体的制度运行、官员行为和政策制定方面，青年学生的信任度却并不太高，在政策绩效方面，青年学生的信任度也表现出极高的峰值（王向民，2009）。郝宇青、胡焕芝的研究发现，中国民众政治信任具有特殊主义倾向。政治信任的问题多数停留在微观的人格信任层面，尚未延伸到深层次的政治制度和政治价值层面（郝宇青、胡焕芝，2016）。

其次，政治信任的生成机理与影响因素是当代中国政治信任研究的重要组成部分。国内学者对政治信任的生成机理与影响因素的研究大致围绕着制度视角和社会文化视角来展开，多数学者以当代中国为考察对象，通过对定量数据的分析来验证、修订或者补充以往西方学界的结论。张旭霞认为，造成政府与公众关系衰落最为根本的原因是官僚制（张旭霞，2004）。陈明哲的研究显示，人们的生活满意度、对政府透明度的认知以及对官员道德的评价等理性因素是影响人们政治信任水平的重要因素（陈明哲，2008）。

除了以上以理性选择为基础、以制度主义为视角的研究成果外，也有学者从社会文化的视角来看待中国的政治信任问题，万铀能强调非政府组织是构建公民与政府间信任的积极而重要的力量（万铀能，2006）。马得勇利用已有的统计数据对亚洲 8 个国家和地区进行实证分析，得出政治权威价值观这一具有代表性的文化因素对于亚洲八个国家和地区的政治信任均具有较强的影响作用（马得勇，2007）。

近期的研究日益走向两个视角的融合，一些学者在研究中亦发现，制度主义视角和文化主义视角并不互相排斥，而是相互补充（马得勇，2007）。胡荣等人在对中国城市居民的政府信任的研究中得出，社会资本和政府绩效对城市居民政府信任的影响均是积极正面的（胡荣、胡康、温莹莹，2011）。游宇、王正绪的研究认为，中国公众的政治信任来源具有明显制度主义特征，但文化主义解释因素的作用也在逐渐增强（游宇、王正绪，2014）。

2. 农民工群体的政治信任研究综述

农民工有广义和狭义之分：广义的农民工包括两部分人，一部分是在本地乡镇企业就业的农村劳动力，一部分是外出进入城镇从事二、三产业的农村劳动力；狭义的农民工主要是指后一部分人。

纵观近年来有关农民工群体的政治信任研究文献，总体的数量并不多，远远少于以农村居民或城市居民为研究对象的文献。农民工群体的特殊性体现在他们属于跨越了城乡二元社会结构的流动群体，其身上兼具城市居民和农村居民的双重特征。因此在梳理农民工群体的政治信任研究之前，我们先回顾下现有的农村居民和城市居民的政治信任研究成果。

（1）农村居民和城市居民的政治信任研究

农民的政治信任问题一直是学界研究的热点，研究的内容主要是围绕着农民政治信任的变迁状况与特点、影响农民政治信任的因素等方面。

第一，关于农民政治信任的变迁状况与特点方面，肖唐镖等人在 1999—2008 年期间对五省份 60 个村的追踪调查研究显示，中国农民的政治信任呈总体上升趋势（肖唐镖、王欣，2011）。程倩认为中国农业社会的民众政治信任关系是建立在“情感—伦常”关系的基础上，属于习俗型

的政治信任关系（程倩，2004）。邱国良的研究中也印证了农民政治信任具有显著的人格化特征。从信任的主体角度看，邱国良的研究重点剖析了农民内部不同群体之间的政治信任水平存在着一定的差异性，如农村精英的政治信任水平高于普通农民，男性比女性有更高的政治信任度（邱国良，2011）。从信任的客体角度看，多数研究证实了“农民认为中央比地方更值得信任”这一结论。具体来看，农民对国家共同体、执政党和高层政府的信任度较高，而对基层政府和一般政府官员的信任度略低（Li，2004）。

第二，关于农民政治信任的影响因素方面，尽管学者们大多还是延续了上述西方研究的政府绩效和社会文化视角，但亦有一些学者能够结合国情，为挖掘出本土化的视角做出了努力。肖唐镖、王欣对1999—2008年间中央在农村推行的公共政策进行考察，指出农村税费改革和新型农村合作医疗的实施对政治信任起着正向的推动作用，而计划生育政策征地拆迁行为与补偿政策却起到了障碍作用（肖唐镖、王欣，2011）。李连江、胡荣等学者则关注具体的政治参与途径与政治信任的关系。李连江的研究显示，上访行为成为政治信任转换的重要机制，上访的受挫导致政府信任的流失（Li，2004）。胡荣进一步发现，上访层次每提高一个级别，对基层政府的信任度将降低一个档次。随着上访层次的提高，也会对高层政府的信任度产生负面影响（胡荣，2007）。

相比之下，目前对城镇居民政治信任的研究比较有限，主要包括熊美娟（2011）、胡荣、胡康和温莹莹（2011）、邹宇春、敖丹、李建栋（2012）、高勇（2014）、陈云松、边燕杰（2015）等。这几篇文献多以社会资本为研究视角，为中国城市居民政治信任的研究做出了重要的贡献，研究结果清晰地呈现了参与行为、社会网络、社会信任等概念与政治信任之间的关系。

（2）农民工群体的政治信任研究

纵观我国学界对农民工群体政治信任的研究，早期零星的相关研究基本停留在初步的描述阶段，多数文献将政治信任作为社会态度和信任结构中的一个小部分来进行研究，研究内容和视域均较为狭窄。近两年来，随着相关研究文献数量逐渐增加，现有文献在理论梳理和研究方法方面都有了显著提升，研究视角也更为多元。目前研究内容主要集中在两个方面：呈现农民工政治信任水平现状及问题的描述性研究、剖析农民工政治信任影响因素的解释性研究。

关于农民工政治信任水平现状研究，从总体上看，农民工的社会态度是偏乐观的（李培林、李炜，2007；李慧中、陈琴玲，2012）。一些实证研究印证了农民工的政治信任具有如下特点：第一，存在央强地弱的差异现象（朱荟，2014；唐斌，2014）；第二，与老一代农民工相比，新生代农民工的政治信任度有所降低（唐斌，2014；符平，2013）；第三，农民工的政治知识较匮乏，对政治信任的认知基础比较模糊（唐斌，2014）。

关于影响农民工政治信任的因素研究，首先是农民工个体背景特征的影响，如刘茜、杜海峰的研究发现，年轻的、社会经济地位较高的、流动经历丰富的且政治民主意识更强的农民工对流入地政府的信任感偏低（刘茜、杜海峰，2012）。此外，政治面貌、性别和户籍身份对流动人口政府信任也具有显著影响作用（朱荟，2014）。

其次是社会资本因素的作用，社会资本越丰富，尤其是农民工社会交往网络成员中有市民存在，对他们流入地政府信任有显著的促进作用（刘茜、杜海峰，2012）。

再次是政府绩效影响的影响。符平的研究认为，政府对农民工的支持和帮助越多，所获得的信任度也越高（符平，2013）。朱荟强调政府的民生建设对流动人口中央政府的信任程度具有促进作用（朱荟，2014），流动人口的居住状况是影响政府信任的核心机制（朱荟，2016）。杜海峰、刘茜、任锋从政府执政的公平视角对农民工政治信任进行考察，研究发现，互动不公平感是目前影响农民工政治信任的政府公平绩效形式，说明农民工对政府信任的水平直接地来自于与政府发生互动关系过程中的感受，并且进一步验证了公民权意识对于公平感作用存在明显的调节效应（杜海峰、刘茜、任锋，2015）。

除了上述的影响因素研究之外，范长煜融合了政府绩效和社会资本的

视角，进一步探索了户籍分割与地方城市政府信任的中间作用机制。研究发现，职业地位、家庭年收入和主观政府绩效评价等制度绩效变量的作用机制为遮掩效应，控制这三个变量会显著扩大农民工与城市居民之间的城市政府信任度差异；而正式组织活动参与和民间团体活动参与等社会资本变量发挥部分中介效应，亦即提高农民工的正式组织和民间团体活动参与率，有助于缩小农民工和城市居民之间的城市政府信任度差异（范长煜，2016）。

（四）研究评述

综上所述，国外有些学者的研究比较系统与深入，但无法完全解释中国转型期政治信任的特殊性和复杂性。尽管近年来国内学界对中国政治信任的研究也出现了一些高质量的成果，但仍存在以下几点有待改进之处。

第一，关于概念测量问题。在国外实证调查数据中，对政治信任概念的测量大多是运用了美国的全国选举调查研究数据、世界价值观调查和新民主晴雨表中的指标。在国内，对政治信任的测量指标比较多元，这也是导致众多研究结论莫衷一是的主要原因。因此在研究中需要选取更为适当、细致、精确、规范的分类来测量指标，这有助于了解研究对象对不同层次、不同机构及人员的信任程度，以便对政治信任的不同结构、层次、内容做深入分析和比较。

第二，关于政治信任的影响因素的探讨。心理认知、政府绩效以及社会文化三个视角在一定程度上对政治信任做出了相应的解释，但大多忽视了信息传播的影响。首先，心理认知视角强调政治认知是政治心理过程的一个起点，大众传媒是民众获取政治信息的重要渠道，约瑟夫·奈认为这种获取政治信息的方式将会影响政治认知，从而对政治信任的生成产生影响（Nye，1997）。其次，政府绩效视角忽视了公众感知政府绩效的媒介途径（卢春天、权小娟，2015）。人们对政治制度和政府行为可信度的理性评估需要掌握一定的政治绩效信息。大众传媒发挥着向民众传达政治信息，报道和评价当前政府的政策实际运作状况的功能（Fiss，1996）。再者，社会文化视角忽视大众传媒在个人社会化和文化价值观的塑造方面所发挥的重要作用。社会资本视角虽认识到了信息传播的影响，但只限于公众人际网络方面的传播，很少认识到大众媒体传播的影响。

国外有些学者在1970年代末便开始关注到传媒和政治信任的关系，但目前国内对政治信任影响因素的探讨大多依循制度和社会文化两大传统视角进行讨论，大众传媒作为影响政治信任的一个重要变量，还未得到国内研究者的足够重视。当前中国已进入现代的媒介化社会，媒体生态也正发生剧烈的变革，媒体逐渐成为民众了解公共事务、表达政治观点和付诸政治行动的平台，这将会对社会、政治领域产生一定的影响。因此本文接下来着重梳理下大众传播媒介与政治信任的关系研究。

二、大众传媒与政治信任研究

（一）作为工具的大众传播媒介研究

1. 大众传播的概念内涵

关于“传播”的定义，学者们有着不同的见解。传播基本上是经由符号，将讯息、意念、态度或感情，从一个人或一个团体传送到另一个人或另一个团体的活动（Theodorson，1971），即意义的提供与获得，信息的传递与接受。传播的发生与过程涉及到传送者、通道、讯息、接受者、传送者与接受者间的关系、传播的效果、传播发生所在的环境和讯息所意指的范围、传播和接受的意向与目的等因素（McQunil & Windahl，1993）。

作为一种带有社会性、共同性的人类信息交流的行为和活动，信息的交流是传播的中心要素（李金铨，2005），传播是信息交流的互动过程，如伯格纳将传播直接界定为“通过信息而进行的社会互动”（Gerbner，1967），帕克认为“传播是人类思想的相互作用的行为，传播作为互动的中介，在时间和空间中将社会整合在一起”（Park，1904）。

从传播发生的不同社会组织的层次来看，传播可分为自我传播、人际传播、群体传播、组织传播和大众传播，以上不同层次的传播事实相差甚

远。社会学家德意志曼将大众传播与人际传播做了相应的区分①，其认为大众传播所研究的对象和范围应当属于“公共的、有媒介的传播”（Deutschmann，1967），由此可见，大众传播具有其他传播所不具备的社会性因素和公共角色（麦奎尔，2006）。“大众”一词正是意味着巨大的范围、数量和程度（如受众或产品庞大），布鲁默将大众定义为“最多数人的同义词，代表了一种几乎没有互动，无组织性以致于难以以一个有机体的方式行动，缺乏个人色彩的个体的集合”（Blumer，1939）。从中可见，大众媒介的受众具有数量庞大、分布广阔、非互动性与匿名性、异质性、缺乏组织或自我行动的特性。大众传播的重要性主要是源自于它“广泛传播、大量流行以及公共特质”等事实。

“大众传播”这个术语出现于20世纪30年代末，它只是传播当中的一种，是社会传播的过程之一，其内涵十分广泛（麦奎尔，2006）。早期关于“大众传播”的定义这样表述：

大众传播是由各种机构和技术所构成，凭借这些机构、技术和专业化群体，透过技术手段（如报刊、广播等），向为数众多、各不相同又分布广泛的受众传播符号内容（Janowitz，1968）。

大众传播是职业传播者使用机械媒介，广泛地、迅速地、连续地传播信息，以期在大量的、各种各样的受众中唤起传者预期达到的意念，并试图在各个方面影响受众的一个过程（Defleur & Dennis，1994）。

上述两个概念均是从大众传播的过程来进行定义，我们从中可以总结出大众传播的一些具体特征。第一，传播者（传播来源）通常是一个传播组织或经过组织化的个人。传播组织指的是报社、出版社、电视台

---

① 德意志曼按照受众的特性、传播方式对传播进行分类，将传播分为“私人的”和“公共的”两大类，又在每一类中划分“有媒介的”和“面对面”两个维度，大众传播属于“公共的、有媒介的传播”，其他形式的传播属于人际的范围（Deutschmann，1967）。但施拉姆指出，把大众传播和人际传播分开来是勉强的，例如人际传播指的是从个人到个人，没有（机器或传播组织）作为通道在中间作用，但是这个区分已经变得含糊：例如，电话应该划到哪边？（Schrammm，1973）。尽管目前人类已经进入了大众传播与其他传播过程的界限日益模糊的发展阶段，但我们认为德意志曼的分类仍有一定的现实意义，“公共性”体现了大众传播的宏观层面的公共特质，“有媒介的”强调了信息传送的通道。

等。组织化的个人指的是编辑、记者等，他们透过组织的力量控制信息的生产与流通。第二，大众传播的信息活动是大量的、公开的、迅速的、短暂的。第三，使用机器媒介作为传送信息的设备。第四，接受信息的对象人数具有数量庞大、分布广阔、非互动性与匿名性、异质性、缺乏组织或自我行动的特性。第五，传者和受者共享了信息的意义，作为大众传播的结果，受者可能在某些方面受到影响，但这种影响程度各有不同，有可能是不直接的、缓慢的，也有可能是意义深远的（李金铨，2005；Defleur & Dennis，1994）。

但在上述定义中，“大众传播”更多意味着从传播者角度考虑的“信息传送”，而不是一个更为完整的定义所应包含的共享和互动等概念。事实上，新兴媒体技术的发展与应用为“大众传播”的定义注入了新的内涵。和传统媒体相比，新兴媒体具有更多的互动性、社会参与性、私人化与自主性的可能，受众的媒介活动中心从“接收信息”转移到“搜寻”、“咨询”和“互动”上，这样一来，信息的生产者、发行者、受众之间的界限趋于模糊，受众的需求得到相应的重视，媒介信息供给的专业化媒介传播机构的持续适用性也遭到一定的质疑（Rice，1999）。

2. 大众传播媒介的分类

“大众传播媒介”是对以大规模的方式运作，在或多或少的程度上能够远距离触及并公开影响社会中每一个人的传播方式的简称。它是使大众传播成为可能的有组织的技术或管道，其主要活动是符号性内容的制作与传送（麦奎尔，2006）。大众传播媒介包括许多长久存在且为人熟知的媒介，比如报纸、杂志、广播、电视、电影，也包括了伴随信息技术发展而兴起的互联网、手机等。

当今世界媒体发展趋势中最受关注的话题莫过于新旧媒体的划分及竞争。新兴媒体和传统媒体是目前传播影响力最大的两类媒介形态。传统媒体一般包括报刊、户外等平面媒体以及广播、电视。随着互联网的兴起，数字存储与传输技术的创新带动了传播结构和传播技术的革命，“以数字技术为基础，以网络为载体进行信息传播”的新兴媒体在世界范围内迅速普及。简·梵·迪克对新兴媒体的界定为：20 世纪和 21 世纪之交具有综

合、互动特性运用数字信号的媒介。新兴媒介的主要特征是超越时空、高容量、去中心化和互动性等（简·梵·迪克，2014）。这一概念界定能帮助我们区分新旧媒体。比如，手机和互联网集声音、图像、动画、文本于一体并且是互动的、数字化的，而印刷媒介报纸、杂志以文字传播为主，电子媒介的广播以声音传播为主，电视虽具备声音、图像、文本结合的综合特点，但表现形式不够丰富，也没有采用数字信号。此外，传统媒体的三大媒体（即报纸、广播、电视）中在信息传播过程中都是单向传播的，缺乏互动性，受到一定时空的局限。

不同类型的媒体存在着明显的差异。从媒介能力上来看，新兴媒体的海量储存能力、跨越远距离的传播速度均是新兴媒体最突出的能力之一（简·梵·迪克，2014）。从媒介传播模式上来看，传播革命已经普遍地将“权力①的平衡”从媒介的一方转移到受众的一方，受众有了更多的媒介选择，而且能够更主动地使用媒介（麦奎尔，2006）。相比于传统媒体，新兴媒体采用的是“关于受众”的运营思维和双向互动的交流模式，其注重受众的话语权，因此新兴媒体的使用受众拥有更大的主动权和选择权。而传统媒体强调的是“关于传播机构自身”的运营定位和单向信息传递的模式，其更为关注信息源的权威性。从媒介的管理结构上来看，新兴媒体是一个自下而上的开放系统，接收用户的个性化定制，而且在一定程度上也倚重接受广大受众的反馈与监督；传统媒体则属于一种自上而下的封闭式管理系统。从媒介传播内容上来看，新兴媒体多是采用非正式语言、原始内容和实时创造，信息反馈和内容更新周期短，受众通常积极介入新兴媒体内容的创建。相较而言，诸如报纸、杂志和电视等传统媒体提供的是经由组织化的传播者所提炼出的专业内容，强调版面设计和语言的严谨（卢春龙、严挺，2016）。从媒介受到的社会控制上来看，媒介受到社会控制的程度与实施控制的可能性密切相关。一般来说，受到最严厉管制的媒介

① 这里的“权力“指的是传播过程中交互双方的控制程度。“权力的平衡”从媒介的一方转移到受众的一方说明受众不再是被动的信息接受者，他们不仅能参与传播过程，还能在其中发出自己的声音。

是属于那些在传播上最容易受到监督的媒介，传统媒体专业化和集中化的生产模式容易受到威权的控制，如居于中心位置的电视、广播、报刊，这些媒介可能要服务于普遍的公共利益或者承担某些政治功能。比较而言，新兴媒体因其扁平多元的生产模式很大程度上降低了控制，但市场的控制对于实际的传播流动与接收的影响还是不应被低估（麦奎尔，2006；杨思佳，2014）。

在新兴媒体的迅猛冲击下，传统媒体自身也进行着改革和发展，并且在内容、渠道平台、经营管理等方面逐步与新兴媒体有效结合起来。可见，媒体共存已经成为传媒行业的当前现状。伴随着信息技术整合能力的增强，媒体融合势必成为未来传媒行业的发展趋势。鉴于新兴媒体和传统媒体的不同特性以及二者在当今在传媒格局中的重要影响作用，比较它们的差异化政治传播效应也是众多学者们所关注的研究议题。

3. 传播效果研究

哈罗德·拉斯韦尔在《传播在社会的结构与功能》一文中提出了“线性传播过程模式”，其总结了传播过程的五大要素，即谁、说什么、经由什么通路或传播媒体、对什么人、产生什么效果。所谓的传播过程研究就是集中在某一个或数个问题上（Lasswell，1948）。按照拉斯韦尔的5W传播模式，本研究属于传播的效果研究。

媒介效果研究是大众传播研究中的一个重要的领域，其主要特征是着重考察受众，试图确认各种媒介不同面向的影响力，并采用实证科学的方法和语言，以检验理论的假设（简宁斯·布莱恩特、道尔夫·兹尔曼，2009）。我们首先对传播效果研究的发展历程和相关理论进行梳理，然后对媒介效果的层次和种类进行说明。

（1）传播效果研究和理论的发展历程

传播效果研究和理论主要分为四个阶段。第一个阶段为媒介效果万能论，从19世纪20世纪之交到1930年代末，该阶段是以早期宣传说服传播为基础，强调大众传播媒介以强大的力量去形成舆论和信念，左右受众的认知、态度和行为（Bauer，1960）。大众传媒中的信息传播，就好像用装有子弹的枪进行射击，或对人进行皮下注射一样，信息一旦抵达受众，便

会对每个接受它的人产生强烈的、甚至几乎相同的影响。这种看法很大程度上是建立在心理学刺激-反应或条件反射作用模式的基础上。媒介效果万能论忽视受众的自主性、主体性和人际传播的作用，夸大了传播影响的概率和受众容易受影响的程度。

第二阶段为媒介效果有限论，学者们对强大媒介的观点进行了实证检验。从1930年代持续到1960年代早期，在该阶段研究主要关注集中在使用媒介达到计划中的说服的可能性，发展出了两级传播理论、态度改变理论等，这些理论的诞生都标志着媒介强大效果时代的结束。克拉博对这一阶段的研究进行总结，他认为一般人夸张了媒体的力量，媒体很少拥有直接的效果，它需要透过许多中介变项和影响，其作用才会发生。媒体的主要影响在于强化，而非改变既存的态度和行为（Klapper，1960）。这并非说媒介是没有影响效果的，而是说媒介刺激和受众的反应之间并没有直接一对一的联结关系，信息的获取未必伴随着态度的转变。媒介运作嵌入于所处的社会关系结构和特定的社会文化脉络之中，这些因素会影响受众的意见、态度与行为，也会作用于受众对媒介的选择、注意力和反应（Hovland et al.，1949；Trenaman & McQuail，1961）。有限效果论的局限主要在于：一方面，它将研究注意力过分集中在具体传播活动的微观、短期效果，忽视了整个传播事业所产生的宏观的、长期的和潜移默化的效果。另一方面，由于研究设计和方法的不当，也导致了“媒介无效果（或）微弱效果”的结论遭到了质疑者的挑战。

第三阶段是“回到强大的大众媒介”的研究阶段。该阶段仍旧继续寻求媒介潜在的强大效果，并且针对早期的直接效果模式进行了修正与反思。与早期研究不同的是，这一阶段研究的注意力集中在以下几个方面：第一，转向长期变化和认知，而不是短期的态度和感情；第二，重视集体现象，如意见气候、信念、意识形态、文化模式等；第三，关注环境、动机等中介变量的影响；第四，研究者对于媒介组织将传播内容传送到受众之前是如何加工和制作这一问题产生了浓厚的兴趣（Halloran et al.，1970；Elliott，1972）。

第四阶段为发源于20世纪70年代后期，“社会建构学派”针对媒介文本、受众和媒介组织的研究，为媒介研究效果带来了新的路径（Gamson & Modigliani，1989）。在研究思维方面，这一阶段的研究思维保留了某些和“强大媒介”理论类似的要点，在意识形态和虚假意识的理论、涵化理论、沉默螺旋等理论之中有所体现。该阶段强调的是一种媒介通过意义的建构而产生影响力效果的媒介观，这种媒介观带来了两个主要的冲击：第一，媒介以一种可预测和模式化的方式，通过对真实的形象进行架构来建构社会甚至历史。第二，受众建构本身的社会真实观和在其中的自我地位观，并与媒介所提供的符号建构进行互动。这种方式让媒介的权力和受众的权力在不断进行的协商中交替改变。在研究内容方面，研究者的注意力主要集中在媒介如何与社会中活跃的重大活动的相互作用上。在研究方法方面，这一阶段的研究方法和研究设计上发生了转变，远离了量化的调查方法，采用许多较为深层、较广泛、较为质化的证据。但该阶段的研究并没有完全脱离结构或行为为传统，多数将调查置于社会脉络下进行，而且假定最终的建构是由许多参加者在复杂社会实践中不同的行为和认知所组成（麦奎尔，2006）。

关于媒介效果的理论变迁，实际上受到不同历史阶段社会与世界变化的影响（Carey，1988）。“强大的效果”理念在两次世界大战期间以及社会巨变期间备受青睐，因为在此期间人们更容易依赖媒介作为信息获取的渠道（Ball-Rokeach，1985），大众传媒会被赋予更多的责任，从而显现出更多影响力。

通过四个阶段的梳理，我们发现，伴随着研究的逐步成熟，研究的论点从媒介对受众有直接而巨大的影响效果转移到确认来自传媒的信息和观念上面，研究的重心从直接、短期、有意的效果转变到间接、长期、无意的效果，并且赋予了整个媒介体系的结构以及媒介受众的集体特性更多的关注（McQunil & Windahl，1993）。不同阶段的媒介效果研究无疑开拓了研究的思路，有助于我们分析特定媒介环境下的大众传媒与政治信任关系。人类的传播行为并非在社会真空中进行，其本身是嵌入于社会结构中的，媒介传播是一个非常复杂的社会心理过程，需要采用多因素多角度的方式来进行解释。需要强调的是，尽管媒介效果过程十分繁杂，假定效果

难以达成一致，但从强大到有限再到强大的模式发展过程中，整个大众传媒的研究始终建立在媒介具有影响效果这一前提假设之上的，这一假设也是本研究的出发基点。

（2）媒介效果的层次和种类

媒介的效果研究复杂多样，媒介效果主要是研究大众媒介做了什么所造成的后果，主要包括受众认知（与知识、意见有关）、情感效果（关于态度和感觉）以及行为效果等研究内容。本研究属于针对受众情感态度的研究。受众的态度是衡量传播效果的一个关键方面，态度改变使得传播效果由认知层面向行动层面过渡，是传播效果的转折，所以在早期相当长的一段时间内，媒介效果研究的历史可以说就是态度改变研究史。

媒介所引发的变化类型主要包含有引发有意的或无意的变化、引发少量的变化、促进有意或无意的变化、强化既存的事物、防止变化等这几类。其中，“强化既存事物”是接受者对于与本身既有观点相符的内容进行选择，并付出持续注意力所造成的结果。“防止变化”暗示着故意提供单方面的内容以阻碍公众的改变。通常指的是舆论观点的重复和缺乏任何的改变。我们能也必须对媒介没有改变的效果倾注更多的注意力，因为它具有长期性的意涵。“防止变化”暗示着故意提供单方面的内容以阻碍公众的改变，通常指的是舆论观点的重复和缺乏任何的改变（麦奎尔，2006）。

学者们对媒介效果分类的研究各有侧重。克拉伯区分出“转变”“微小的变化”“强化”三种媒介效果类型。“转变”是指根据传播者的意图而造成的意见和信念改变；“微小的变化”强调的是认知、信念、行为的形式或强度的改变；“强化”是侧重于说明接受者既有信念、意见或行为模式的强化（Klapper，1960）。郎氏夫妇又提出了三种已经观察到效果形态，包括“互动效果”“飞返效应”以及“第三人效果”。“互动效果”意味着一个人甚至一个机构变成媒介报道目标的结果。“飞返效应”意味着产生和原来的意图相反的结果，这是宣传活动中经常可以看到的现象或风险。“第三人效果”指的是别人比自己更容易受到影响的信念（Lang & Lang，1981）。在麦克雷德等人对于效果方面的讨论中，也提出了广泛性或普遍性的效果以及特定内容效果之间的差异。特定内容效果涉及到内在结构或内容倾向以及变化的潜在因素等问题（McLeod & Perse，1994）。

上述变化中的任何一项都可能在个人、团体或组织、社会机构、整体社会和文化等不同层次中发生。虽然大多数的媒介效果研究通常具有得出和集体或更高层次相关的结论，但在研究方法上多属于个人层次。

以上针对媒介效果的分类有助于本研究精准地区分不同性质、不同强度的媒介效果，同时也提醒我们不能忽视“媒介没有改变的效果”这一效果形态，因为媒介效果不仅体现为短期的作用，还具有长期的影响。在“媒介没有产生影响”观点的背后，可能还具备更为丰富的意涵。

（二）国外关于大众传媒与政治信任的关系研究综述

1. 大众传媒与政治领域的关系问题及其相关理论

大众传媒与政治领域的关系向来是学者们研究的一个重要问题。尽管大众传媒在不同国家的发展程度存有差异，但总体来看，大众媒介和政治系统之间难以分割的关联是普遍存在的。在现代政治生活中，大众传媒扮演了政治信息的传播者、解释者和中介者的角色，发挥着促进政治参与、增进政治沟通、监督政治权力、设置政治议题、实现政治社会化等等政治功能。尤其在当前的数字信息技术快速发展的背景下，大众传播对政治的影响日益加深，大众传媒的政治功能也逐步凸显。因此，我们从媒介与政治视角切入，试图厘清大众传媒和政治领域的互动历史，重新审视大众传媒和政治领域关系的相关理论，以此为下文大众传媒和政治信任的关系研究奠定扎实基础。

（1）大众传媒与政治领域的互动历史

回溯国外相关传媒事业的历史轨迹，媒体与政治领域之间的关系演变大致经历了从媒体政治化到政治媒体化的三大发展阶段。

第一阶段，在近代报刊时期，媒体和政治的关系主要体现为媒体政治化。这一关系主要发生在资产阶级革命过程中和资产阶级国家政治生活的政党竞争中。这一时期的媒体基本上是政治媒体，媒体作为政治宣传的工具，依附于政治系统，报道的内容和形式具有鲜明的政治倾向。

第二阶段，在西方媒体大众化时期，媒体摆脱了因经济依附而形成的

政治依附，走向相对独立，在新闻报道上标榜客观、公正。这一阶段的主要特征表现为媒体对政治的相对独立。

第三阶段，在大众传媒的私有化时期，大众传媒开始在影响政治过程中扮演更为主动、直接、重要的角色。政治媒体化逐渐成为西方现代政治过程的一种显著特征，媒体在商业化、私有化的背景下实现与政治精英的合谋。1960 年，美国三家电视广播公司同时转播了尼克松和肯尼迪的总统辩论，收视观众多达 7500 万人。这次电视辩论成为现代政治与传统政治的分界点，政治走向了媒介政治的时代。20 世纪 90 年代以来，伴随着互联网的崛起，新兴媒体因其强大的互动性与独特的传播效果，强化了对政治生活的渗透和穿透力。奥巴马正是充分运用互联网等社会化媒体协助选举，采用更开放、平等、参与、分享的竞选政治模式，从而赢得了更多的年轻选民，扩大了影响力，奠定了竞选胜利的基础。

从政治逻辑的角度来看，媒介政治时代下的政治系统为了实现其政治目的，需要充分利用传媒为其服务。尽管西方国家标榜新闻自由，但事实上，媒体的发展或多或少都受到政治系统的制约。政治系统积极适应媒体的商业追求，主动调整媒体策略，通过法律手段、政府机构辖制、政治派别和利益集团牵制、雇佣专业媒体顾问和公关人员等方式实施对媒体的利用，试图运用传媒工具达到政治宣传效果、实现政治治理目标。

从媒体逻辑的角度来看，主流媒体因私有化获得相对的自主性，坚持市场利润的媒体商业化逻辑将政治系统裹胁其中，对政治系统的诸多方面发挥着前所未有的影响。这种影响作用具体表现在以下几个方面：媒体议程影响政府议程、媒体报道主导政治事件的产生、发展和结局、媒体主导政治人物的命运。为了吸引社会受众的眼球，在遵循媒体的价值观念和行为逻辑的前提下，大众传媒在政治报道选题、编辑技巧、宣传设计等方面对政治议题、事件和人物进行包装，从而赋予政治以媒体基本的形态，建构了政治个性化、政治戏剧化、政治可视化等特征，甚至造就了政治的娱乐化。

由此可见，现代政治已经变得日益媒介化，大众传媒已经充分渗透到整个政治过程中，政治过程的顺利进行也依赖于对大众传媒的利用，媒介与政治的同生共荣的互动关系已经成为西方民主政治的现实特征。

（2）大众传媒与政治领域关系的相关理论

关于媒介与社会关系的理论观点，可以分为“媒介中心论”和“社会中心论”这两个层面。这两个不同的理论层面代表了不同的哲学立场和方法论倾向，涉及到媒介是社会的塑造者还是媒介是社会的反映者的问题，简而言之，就是媒介是社会变化的原因还是结果？不同的理论对这种关系提出不同的说法。大众传媒的影响领域归根结底多是关于社会结构与制度安排、意见与信念、价值、实践的群体分布等问题。特别强调的是，这里的“社会”是广义的涵义，代表物质基础（经济政治资源及权力）、社会关系（国家、社会等）、社会角色与职业。很显然，本研究所关注的政治领域的研究议题也囊括其中。在“社会中心论”部分，我们选取了大众社会理论、马克思主义及新马克思主义的观点、政治经济学的批判理论进行梳理；在“媒介中心论”部分，则包含了媒介发展理论、传播技术决定论及信息社会理论。

①社会中心论

第一，关于大众社会理论。大众社会理论将关于自由市场社会的空虚、孤独与生活消费主义等现象的批判思想，以及对社区及民主制黄金时期“社会式/权利义务”并重发展的希冀相融合。

大众社会理论是建立在“大众”概念的基础之上，布鲁默将大众定义为“最多数人的同义词，代表了一种几乎没有互动，无组织性以致于难以以一个有机体的方式行动，缺乏个人色彩的个体的集合”（Blumer，1939）。“大众”的特征是“大众社会”的反映。大众社会形态起缘于工业发展以及都市移民，它的特征主要是家庭化、私有化、竞争性以及低程度的社会凝聚和参与现象。在大规模集中化、具备遥控能力的机构、“原子化”孤立的个体以及缺乏强有力的地区或团体整合等特征的大众社会中，媒介被认为对社会控制具有显著影响力（麦奎尔，2006）。

大众社会理论强调各种权力行使机构之间彼此相互依赖，因此媒介也和社会力量及权威相结合。大众传媒作为权力掌管者的发声工具，通常是权威者意见、指示的提供者。媒介内容倾向于为政治与经济的权力拥有者

的利益服务，单向性地提供一种对世界的看法，用以获取大众广泛的驯服。总之，大众传媒不仅在意见传播的方面，而且也在自我认同意识的建立方面，与一般大众建立了一种依赖性的关系（Mills，1951）。

西方大众传媒导致了来自上层的“非民主”控制形式，大众很少有反馈机会，这样一来，人民集合体无法在政治行动中认识、形成、阐明自己的目标，造成了大众的衰落和公共领域的衰微（Mills，1951；Mills，1956）。这种衰微现象具体体现为民主政治中冷漠的公众以及政治参与的缺乏等情况。这些情况通常被归咎于政客与政党对大众传媒的庸俗化的操纵。

要解决这种日益扩大的大众化的问题，方法之一就是通过“自下而上”的新兴媒介的解放式运用（Enzensberger，1970；Neuman，1991），重新强调大众对操纵、控制的传媒力量进行限制和抵制。

第二，关于马克思主义观点。权力问题是马克思主义诠释大众媒介的核心，马克思主义理论强调大众媒介永远是受统治阶级控制的工具，认为经济所有权和那些肯定阶级社会的合理性、价值取向的信息之间存在直接联系。在现代时期，媒介所有权大幅集中于资本主义企业家之手的现象以及由此组织起来的媒介内容趋于保守的状况，为上述观点提供了大力支持（Bagdikian，2004；Herman & Chomsky，1988）。

法兰克福学派的媒介批判思想主要体现为一种意识形态的批判。法兰克福学派抛出了“科学技术即意识形态”的观点。媒介技术是当代资本主义社会发展最快、影响最广的技术形式，它极大地改变了人们的生活世界和政治文化经济领域。法兰克福的媒介理论主要是研究“媒介被什么控制”和“媒介控制什么”。媒介的被控制，是指国家对媒介的控制；媒介的控制，指的是媒介作为国家权力的一种舆论控制工具对社会的控制。国家对媒介的控制不过是国家对社会整体实施控制的一个手段而已。

马尔库塞从国家对媒介的控制，以及媒介对意识形态的控制两方面着手论述了媒介与意识形态的共谋关系。

首先，技术的社会是一个统治体系，技术本身就是根据统治者的需要设计出来的。媒介之所以成为意识形态的载体，起着统治人和奴役人的社会功能，这是因为它们受到了国家力量的控制和支配。具有明显的工具性和奴役性的媒介网络侵入到社会的各个角度，为资产阶级统治的“合理化”提供了依据，从而使媒体本身也逐渐意识形态化，建构了“单向度的社会”。

其次，大众媒介倾向于传播抹平差别的文化商品，其所提供的商品中消除了政治对立面，充满了对新的意识形态的符合，同时，通过大众传媒的议程设置，使得所有的受众在享受这种文化商品的同时，被限制在大众传媒所提供的议题中思考问题，压制了人们内心中的否定性和批判性。因此，作为一种灌输和操纵手段，大众传媒在制造虚假需求、助长虚假意识的同时，又使人意识不到这种虚假性，模糊了个体的“真实需要”和“虚假需要”，从而实行对人们现实的操纵，这也直接导致了“单向度的人”的出现。

最后，由于社会和受众批判维度的双重丧失，使得媒介真正成为发达工业社会的意识形态传输网络，从而逐渐失去了自我的批判维度，沦为一个“单向度的传播渠道”。

总之，媒介技术和政治的联合使用使社会的集体利益高于任何特殊的个人与集体利益之上，带来了一个封闭的政治领域，以消除一切与政治利益对立的基准，造就了一个单向度的社会。由于科学技术带来的通过控制达到社会控制，技术统治将人变成单向度的人，从而社会和人丧失了多元的面貌（马尔库塞，2008）。

第三，关于政治经济学的批判理论。政治经济理论属于一种社会批判方法，它主要把焦点放在媒介产业的经济机构同媒介意识形态内容这两者的关系上。它把媒介机构看成是与政治体制有密切关系的经济体制的一部分，将研究精力集中在所有权结构、媒介控制的实证分析以及媒介市场力量的运作方式上。

大众传媒总是和占优势的政治经济结构息息相关，政治经济理论更加强调经济控制与逻辑在媒体产业的发展中居于决定地位。在市场压力的扩充下，媒介内容和受众被商品化，在媒介运作上持续地排除那些缺少经济力量和资源的声音，巩固了已经在主要大众媒介市场确立起来的集团的地

位（Murdock & Golding，1977）。这种经济力量的效果所带来的后果是：首先，导致了媒介结构的集中化倾向和媒介发展的全球化整合趋势（Melody，1990），造成了独立的媒体的减少，以及规避风险、对无利可图的媒介目的的投资的减少；其次，忽视数量较少并且较为贫困的那部分潜在受众，致使对立和另类的声音被边缘化，拉大了富人和穷人之间的信息“鸿沟”（Murdock & Golding，1989）；最后，在解除管制、私有化、自由化的旗帜下，公营的大众媒介和政府对电信业的直接控制已经减弱了（Siune & Truetzschler，1992），商业公司在文化产品的生产中抢占了越来越多的份额，这样一来，形成了所有权和商业化策略形式对文化生产的冲击，导致了传播的公共利益居于私人利益之下，加剧了媒介类型在政治的不平衡，以及理性辩论的公共领域的缩小（Garnham，1986）。

②媒介中心论

第一，关于媒介发展理论。媒介发展理论具有若干流派，多数流派的研究基点就是认定现代方式的优越性和个人动机是发生变化的关键，相信大众传媒能够成为助力世界经济和社会发展的强有力工具，通过有效地传播现代信息，把民主政治和市场经济输送给世界上经济落后、社会传统的国家。

大众传媒一般通过以下方式成为发展的主角：首先，大众传媒能够促进现代化必需的许多技术和社会革新的成果被推广、被接受（Rogers，1962；Rogers & Shoemaker，1971）。其次，通过大众传媒，能够刺激消费者对工业产品的消费需求。再次，大众媒介能够提供教育和其他基本技能和技术。然后，大众媒介能够激励心智状态，使之倾向现代性，激发个人的转变与流动（Lerner，1958）。最后，大众媒介能够散播民主，特别是通过选举方式参与民主政治（Pye，1963）。

尽管媒介在发展中国家仍然是实现变化的工具，但这种媒介的影响力的模式很大程度上是一种机械的传输模式，它并没有考虑到与大众传媒相关的地方权力结构、传统价值、经济限制等社会环境因素。

第二，关于传播技术决定论。传播技术决定论是研究传播技术和社会的主要特征之间的关系的系列理论，这些理论具有“媒介中心”的共同要素，强调传播技术是社会的基础，关注媒介技术可能带来的社会变迁的可能性，而将其他因素置于次要地位（Schement & Curtis，1995）。

多伦多学派代表人物英尼斯将历史古代文明的典型特征，归结于当时的主导传播方式的作用，因为传播技术的发展更新会影响到社会变革。传播易于受到掌握知识生产与分配工具的团体或阶级的垄断，每一种传播方式都对社会形态的形式都有所偏重，新传播科技的运用将会削弱了旧的社会权力基础（Innis，1950）。麦克卢汉进一步拓展了这一理论，他认为人类在印刷术上的延伸，造就了民族主义、工业主义、大众市场，还有普遍的识字能力与教育。而电子媒介对人类经验的意义的主要目标还未真正完成（McLuhan，1964）。

古德勒将意识形态的兴起与印刷术、报纸联系起来，因为这些技术使得诠释意识形态成为可能。但是广播电视媒体从“概念到图像符号主义”的转变，导致了意识形态的衰落，造就了生产意识形态的文化工具和控制新型公众的意识形态工业的分裂，这也进一步预示着以计算机为基础的新兴媒体将引发持续的“意识形态的衰落”（Gouldner，1976）。

研究单一的媒体特征已没有什么实在的意义，多数学者对影响社会变迁的单一因素都持有审慎的态度，也并不完全认同传播技术与社会变迁之间具有机械性的直线影响关系。技术发展经常受到社会和文化环境的影响，只有当技术得到接纳、发展和应用时，效果才会发生。

第三，关于信息社会理论。传播技术决定论主要是针对在新兴媒体出现之前的相关理论，信息社会理论则与新兴媒体出现之后对社会所造成的影响息息相关。在特定的议题上，较早的理论已无法完全适用于新兴媒介的情况。

“信息社会”是对我们这个时代和正在出现的社会类型的客观描述。信息社会是依赖复杂电子信息网络以及将主要的资源优先投入在信息与传播活动上的社会（Melody，1990）。大众媒介只是信息社会趋势中的某一个部分，互动性、个人化、分散化的新兴媒介技术助力了信息社会的形成（Rogers，1986）。信息社会的主要特征在于传播成本的降低刺激了信息生产数量、传播速度与互动流动的持续增加（Van Cuilenburg，1987）。信息

社会理论主要体现出一种技术的逻辑和自由市场的倾向，而在政治层面的讨论相对缺失（van Dijk，1999）。

虽然传播技术的变革的重要性已获得普遍的共识，但在对社会、政治的影响上，人们并未取得一致的观点。乐观主义者认为新兴媒介的发展、新旧媒介共存和融合这一现状具有巨大的影响和意义（Neuman，1991），前提是这些技术能够自由地发展（Pool，1983）。首先，纽曼提出“隐藏在新技术背后的逻辑”，由于新兴媒介的传播并未按照垂直和中心化模式来运行，传播者、接受者、旁观者或参与者都拥有接近权，因此新电子媒介技术增进了社会关联，模糊了人际传播与大众传播、公共传播与私人传播之间的界限，这又将进一步导致知识的多元主义以及个人化的传播控制（Neuman，1991）。

其次，新兴媒介的发展打破了信息集权的壁垒，催生了政治传播的潜在变化。典型的大众传播的组织和形式是一种单向传播，限制了人们的接近和使用，并阻碍人们主动地参与和对话，给予反馈的机会特别少。相比而言，新兴媒介作为一种“自上而下”的大众舆论的潜在方式，为人们提供了高度差异性的政治信息与观念的方式，在理论上几乎是可以让所有声音无限制接近使用，而且领导者和追随者之间有许多的反馈和协商，新兴媒介为利益团体的发展以及意见形成提供新兴论坛（麦奎尔，2006）。

然后，新兴媒体天然具有克服文化限制的技术特征，这似乎与西方的个人主义价值观和追求个人自由的文化形式更为契合。基于此，新兴媒体也潜在地促进了某些意识形态和价值观念的变迁，比如削弱阶级及不平等的意识形态政治的合法性、孕育发达国家的批判性公民等（Rimmerman，2010）。

最后，参与性的新兴媒介更容易推动政治参与和社会变革。与传统媒体相比，新兴媒体的开放式、不设特定目标的使用方式不仅更具有摄入性与弹性，而且信息也较丰富（Rogers，1986）。

③关于“社会中心论”和“媒介中心论”的借鉴

“社会中心论”和“媒介中心论”代表了两种不同的研究思维，“社会中心论”属于唯物主义的理论观，强调社会结构本来蕴藏着社会变革的动力，媒介依附于社会经济与权力结构，无论谁拥有或控制了媒介，谁就可以选择或限制媒介活动。“媒介中心论”属于唯心主义的理论观，秉持“媒介技术和内容是社会变革的动力，媒介形式和技术的变迁能够从根本上改变人们获取经验和知识的方式，甚至改变社会关系，而谁拥有或控制媒介并不重要”的观点，其假定媒介具有潜在的强大影响力，这种影响力是通过个体的动机和媒介行为产生的，因此媒介具有潜在的正面和负面影响力。

这两种不同的研究类型均拓展和丰富了本研究的思路。第一，在微观层面上，一方面，“媒介中心论”的理论观点进一步为本研究的基本假设方面，即媒介对于意识形态、价值观念具有影响效果，提供了理论上的有力支持。另一方面，“媒介中心论”中的信息社会理论观点中特别阐述了新兴媒体所具有独特的技术特征，以及其对社会政治领域所产生某些特殊影响，但在实证层面上，有关新兴媒体具体效果的影响强度、方向问题并未取得一致的观点，这也给本研究留下了探索的空间。总体来看，“媒介中心论”的局限在于将媒体视为效果影响的单一因素，忽视了媒介技术所受到的结构约束。新兴媒体本身是一项中立技术，但其所发挥的影响还取决于社会、政治情景（Cho，2014）。因此，本研究将同时借鉴“社会中心论”的思路，将影响媒介的宏观社会环境、权力结构特征因素纳入考虑中，并进一步探索它们与媒介因素的综合作用。

第二，在宏观层面上，“社会中心论”否定了“技术中立”的观点，聚焦于媒介技术背后的社会权力结构对媒介使用、效果的互动影响，由此可见，不能把媒介技术本身同使用它的人以及它的用处、所处的社会权力结构孤立开来。在微观效果研究的基础上，我们需要结合媒介所处的社会情景，深层次地分析影响媒介使用以及效果的社会力量。在借鉴思路的过程中，我们必须警惕“社会中心论”的两大研究局限。首先，“社会中心论”忽视了媒介本身的主观能动性，片面地强调媒介受到政治权威、市场力量把持，以致于媒介的民主角色的缺失，这从中忽视了媒介自身的价值标准和运作规律，没有认清媒介相对于政治、市场领域的相对独立性，更没有看到媒介作为一种权利制约形式，其对政治发展的积极能动作用。因此，我们需要结合媒体自身的特点，进一步针对不同类型媒介的效果进行

差异化剖析。其次，无论是大众社会理论、还是政治经济学的批判理论，均忽视了受众的主观能动作用，夸大了媒介的传播功效（戴元光，2012），因此，在研究媒介效果的过程中，也需要将受众层面的个体特征与心理纳入研究范畴。

综上所述，本研究主张应结合“社会—技术”的两种不同的研究取向，并增加受众个体特征因素的考察，从社会政治情境、媒体技术属性、受众个体特征的互构性角度对大众媒介的政治效应进行分析。

2. 国外关于传媒对政治信任的影响研究综述

通过上文综述内容，我们进一步明晰了传媒与政治领域的密切关联。随着大众传媒的兴起和蓬勃发展，大众传播媒介拥有更强大及复杂的影响力。在西方资本主义社会，传播媒介经常被视为形塑当代政治的重要因素，扮演了政治系统和社会公众沟通的重要桥梁角色（Siebert & Peterson & Schramm，1956）。虽然西方学者很早便关注到大众传媒对民众政治态度的影响作用，但是纵观现有的研究，关于大众传媒和政治态度之间关系是无定论的，甚至有相互矛盾的研究证据。不同的理论在不同的情境、不同的分析层次之下得以成立。

（1）大众传媒对政治信任影响研究的理论取向

当前关于大众传媒对政治信任的影响研究主要分为三种理论取向。第一种理论取向是由迈克尔·J·罗宾逊提出的“媒体抑郁论”，即现代传媒使民众形成了负向的政治态度，如政治冷漠、政治疏离、政治犬儒主义、政治不信任等。“媒介抑郁论”是在考察电视媒体与政治态度的关系的基础上得出的，罗宾逊认为因为媒介商业化的竞争促使电视新闻集中在负面报道上，尤其针对政府部门、政治人物的批判和政治丑闻的曝光，强化了民众的政治不满和政治冷漠，从而降低民众对政府的信任（Robinson，1976）。帕森斯也通过对媒介内容的纵贯研究指出，新闻工作者主要集中报道竞选策略、政治家个人特征和政府失败，把民众的注意力聚焦于政治冲突的部分，这使得民众对政府官员和政府机构产生不信任和嘲讽的倾向（Patterson，1994），从而进一步印证了罗宾逊的“媒介抑郁论”假说。

第二种理论取向“动员理论”不同于前述理论的观点。英格尔哈特认为现代政治主要特点在于媒介对民众认知的动员和宣传，媒介的动员与拓展政治信息、提升政治意识和参与、推动政治讨论呈正相关（Inglehart，1990）。奥基菲检验了罗宾逊的“媒体抑郁论”假说，却得出相反的结论。在他看来，媒介使用有助于民众形成对政府系统的正面态度。观看电视节目、阅读报纸均和政治支持有着密切联系（O'Keefe，1980）。最具有代表性的是诺里斯提出的“良性循环论”，该理论认为媒介在发展民众认知、推进公民参与的过程中可以发挥其正面的力量。诺里斯指出，对当代西方国家中的民众而言，媒介是重要的信息来源，民众的政治兴趣、政治知识、政治涉入感与媒介使用之间存在着良性循环，因此对新闻的关注并不会侵蚀民众对政治系统的支持。诺里斯还通过对英国和美国的调查发现，电视消费和民众的政治兴趣、政治效能感、政治知识以及政府信任密切相关。在 1997 年英国选举期间，民众对政治新闻的高度关注引发了政党信任、政府信任的高涨（Norris，2000）。

第三种理论取向认为媒介是相对中性的角色，它仅仅是作为政治资讯的传输带。如果新闻对政治人物带有批判性，这不是因为媒介本身是负面的，媒介可能只是反映了民众正在波动的态度，这种态度并非媒介所创造。民众对政治丑闻的负面观感也会促进媒介报道那些增加政治不信任的新闻。加门特认为媒介内容既是民众政治态度变动的起源也是结果（Garment，1991）。

第四种理论取向认为大众媒介的传播效果受到其他因素的影响，媒介发生效果是建立在一定的条件与过程的基础之上。前面三种理论取向主要是建立在“刺激—反应”（“S-R”）模型上，考察媒介使用（S）与媒介使用结果（R）这两个主要变量的直接因果关系，从中关注受众的态度改变。马尔库和扎荣茨关注到大众传播效果的条件与过程，将“S-R”模式发展成“O-S-O-R”模式（Marku & Zajonc，1985）。一方面。受众自身特征（前一个“O”）被受众带入信息接收的情景之中，形成媒介使用过程中的倾向性，进而影响到媒介使用的效果（McLenod & Perse，1994）。另一方面，在传播过程中，某些中间因素（后一个“O”）起到了加强或者削弱了传媒宣传效果的作用（Klapper，1960）。

从上述梳理中发现，传媒对政治信任的影响关系较为复杂，莫衷一是，众说纷纭。研究者在对大众传媒的相关变量进行操作化过程中，所选取的测量内容有所差异，将可能会导致研究结果的不同，因此需要考虑到多样化的传媒变量对政治信任所产生的差异化影响（牛静，2012）。

（2）多样化的传媒变量对不同类型政治信任的影响研究

围绕互联网与政治信任之间的关系，国外学界延伸出两条主要的研究线索：第一条研究线索是侧重于对作为自变量的“大众传媒”进行解析；第二条研究线索则致力于探讨作为因变量的“政治信任”。

①作为自变量的“大众传媒”

当前对大众传媒方面的测量主要包括媒介类型、媒介内容、受众媒体暴露程度、公众对媒介的信任程度、媒介使用动机等内容。接下来我们着重从上述方面来分析不同的传媒变量对政治信任的影响。

第一，关于媒介类型与政治信任。在传播的过程中，“传播渠道”这个变量十分重要。媒介为民众提供了有用的信息，用以评估政治系统的产出。然而，民众对媒体的有偏见的报道十分敏感，这可能会改变他们的政治认知和评价（Ceron，2015），因此，研究中必须考虑到民众获得政治信息的媒介渠道。不同的媒介类型的使用对政治信任的影响不同，但并非所有的媒介使用都会削弱政治信任。在本研究中，我们重点关注新兴媒体与传统媒体这两种不同的媒介类型对个体的政治信任的差异化影响。现有的实证研究显示，传统媒体与新兴媒介具有不同的政治属性和影响作用。

虽然传统媒介常常被西方国家视为监管政府的“第四权”，但研究显示，许多因素可以阻止媒介对政府的有效监督行为。一些学者指出，传统媒体的特点是服从权威（Donohue，Tichenor & Olien，1995），传统媒体往往受到政府精英的影响和利用（Tworzecki & Semetko，2012），它们的报道倾向于支持主流政治人物和政治现状，而忽视其他不同的声音（Bennett，1990；Bennett，Lawrence & Livingston，2007；Soloski，1989）。一些基于欧洲国家的研究已证实，传统媒体的新闻消费与政治信任、民主满意度均有着正相关（Ceron & Memoli，2015b；Norris，2011），尤其是当政治精英利用传统媒体自上而下的传播特点，有倾向性地报道某些支持、维护现有的政治政体和社会状况的新闻（Woodly，2008；Aarts，Fladmoe & Strömbäck，2012；Ceron & Memoli，2015a），引导受众感受到政治系统的真诚、负责和回应，从而增加政治信任水平。

互联网的革命开启了学者关于新兴媒介的影响效应的争论。研究者们关注的问题是，与传统媒介相比，互联网为政治信任带来了哪些新的影响。对新兴媒介的政治影响持乐观主义态度的学者认为，使用新兴媒介能够提升民众的政治支持、公民参与和政治知识（Boulliane，2009；Nisbet，Stoycheff & Pearce，2012；Stoycheff & Nisbet，2014；Valenzuela et al.，2009）。有相关研究发现，互联网的政治使用对政治信任有着积极的促进作用。互联网的使用包括信息获取和意见表达两个方面。相对于在互联网上获取政治信息，在网络上表达政治意见更能够预测人们的政治信任态度（Wang，2007）。虽然新兴媒体克服了资源、时空的限制，但在Web1.0网站中，网络信息的传播依旧遵循自上而下的单向生产和流动方式（Deuze，2003），一方面，编辑和政治精英可将政治利益渗透进传播途径，直接报道那些倾向于支持政府政权和机构的新闻，另一方面，编辑通常会依赖于更具有可靠、权威来源的信息来代表媒体的观点，这些信息往往反映出了在社会结构中占据权威地位者的声音（Hermida，Lewis & Zamith，2014）。这些状况均在一定程度上缩小了公共讨论的空间。因此，新兴媒体能够促进民众的政治信任主要是源自于网络新闻生产、报道中被扭曲和过滤所导致的“媒体偏误”现象。

怀疑主义者则否定了新兴媒介的正面效应，凯伊和约翰逊的研究发现，以信息搜索为目的的网络使用方式与政治信任的提升并不相关（Kaye & Johnson，2002）。埃弗里的研究比较了在新兴媒介上阅读竞选新闻的民众和其他群体，但并没有发现二者的政治信任水平具有显著差异（Avery，2009）。托宾等人证实了在网络上花费更多时间的民众，其对政府的信任程度较低。尽管受众通过访问政府网络的方式，能够使得这种负面效应有所减弱（Im et al.，2014）。新兴媒介对政治信任产生负向作用的原因在于，传统媒体长期占据新闻的创造和分配过程，新兴媒体的兴起能够打破这种垄断（Meraz & Papacharissi，2012）。社交网络创造了平等的介入，提

供了一个新的自下而上的沟通空间（Woodly，2008）。为此，一些学者认为社交媒体就像一个“虚拟集会”，不同的声音不再受到主流媒体和政治精英的控制，这样便能够催生出一种多极化的公共领域，以帮助民众评估政治系统的表现。受众在社交网络中更容易接触到边缘性的声音和反体制的争论（Lewis，2012），从中激发出批判性思维（Benkler，2006），进而削弱了他们对政治系统的信心。

当前的研究更多地将新兴媒介的影响作为一个研究整体，这也导致了不同角度的实证研究结论的差异。而事实上，我们生活在一个混合的媒体系统（Chadwick，2013），新兴媒介在使用、内容、情境和功能方面均具有多样性。赛龙通过对欧洲民意调查数据的研究揭示，Web1.0 和 Web2.0 社交媒体之间对民众政治信任的影响存在差异，提供新闻/信息类的网站与政治信任呈现正相关，而在社交媒体上的信息获取与低度的信任水平相关，这可能受到了在社交媒体平台上专业新闻与草根新闻之间针对公共领域的辩论以及二者所产生紧张关系的影响（Ceron，2015）。

第二，关于媒介内容与政治信任。在实际研究中，媒介类型和媒介所携带的典型内容之间存在着一定的差异。一些学者选择从媒介内容的角度对传媒和政治信任关系进行研究。罗宾逊最早关注到关于电视竞选的报道对政治信任的负面影响，后来的学者亦从多个方面印证了罗宾逊的结论。例如新闻对竞选活动大篇幅地分析和评论取代了客观中立的报道，负面的政治竞选广告丑化对手，电视竞选辩论中对对方的恶意攻击行为，新闻和电视中对竞选的策略性框架的关注等都会扭曲民众对政治信息的正常接收，将可能导致民众的政治犬儒主义和政治信任的降低（Kaid & Johnston，1991；Cappella & Jamieson，1996）。一些杂志型新闻节目、广播政治谈话节目以及占据黄金时段的娱乐节目中将报道内容集中在戏剧化的新闻上，尤其是关于犯罪、冲突、政治无能和腐败、性与丑闻，以及其他轰动性的事件，节目中多充斥对政治人物、政治机构、政治过程、政治和社会事件的消极负面的观点，这都可能涵化民众对政治的不信任（Lichter et al.，1999）。

第三，关于受众媒体暴露程度与政治信任。除了媒介类型和媒介内容，受众媒体暴露程度也是考察的重要变量，其关注的问题是，不同媒体使用强度对政治信任的影响是否有所不同。费尔德曼通过对日本民众的研究发现受众使用各种类型媒介的频率越高，越能提升其对政府机构和政治系统的信任（Feldman，1995）。诺里斯的研究也得出了同样的观点，在他看来，具备较强的政治兴趣以及较高的政治参与、政治信任的民众愿意花费更多的时间收看政治新闻，学习和了解政治知识，从而又进一步提升了自身的政治参与和政府信任水平（Norris，2000）。

第四，关于媒介信任与政治信任。针对媒介使用和政治信任关系的不同研究结论，一些学者讨论了影响民众媒介使用的条件因素，其中包括受众原先对媒介的信任。如果受众原先不信任媒介，那么他们媒介使用行为对政治信任就影响甚微，反之，若受众本身信任媒介，那么观看媒体新闻便能够显著提升其政治信任水平（Miller & Krosnick，2000）。由此可见，媒介信任因素是影响受众媒介使用和政治信任关系的前提条件，只有原先信任媒介的这部分受众，他们的媒介使用行为才可能对其政治信任水平产生影响。

第五，关于媒介使用动机与政治信任。从媒体受众的“使用与满足”的视角来看，人们使用媒体的动机影响着媒体的传播效果（Rubin，1994）。随着研究的推进，研究者开始对媒介使用目的进行区分，其中主要分为信息型使用和社交娱乐型使用。相关研究发现，作为媒体使用者和政治信任的主体，个人的主体性因素恰为核心环节。不同的人在媒体使用目的方面截然不同，这种差异是影响民众政治信任的重要因素。一般来说，以搜索、交流、传播信息为目的和以消遣娱乐为目的的媒体使用对政治信任的影响呈现显著的不同影响。

②作为因变量的“政治信任”

由于政治信任的对象是多层面的，政治信任具有多元结构。基于因变量“政治信任”的研究线索主要致力于探讨媒介对不同类型政治信任的差异化效应。韩伦针对美国越战时期的媒体与政治关系的研究中发现，美国公众对政治人物的不满增加，对当局政府的信心也呈下降趋势，但对政治制度仍保持乐观态度。可见，媒体对权威当局与政治制度这两个层面的影响力有所差别（Hallin，1984）。

(3) 国内关于传媒对政治信任的影响研究综述

①有关中国传媒语境的探讨

在不同的政治和社会环境下，传媒所扮演的角色和所发挥的功能不同，其对民众的政治信任也将可能产生不同的影响。上述的种种理论和实证研究的结果，都是在西方媒体体制和政治背景下进行的研究。西方媒介理论的局限在于，它们是从资本主义的政治经济环境中发展起来的，所以它们只能把资本主义民主当作媒体动态发展过程的一个静态性背景。可是在近百年内，中国的社会政治环境发生了翻天覆地的变化，尤其是从计划经济到市场经济的转型过渡，市场和国家在媒体发展进程中发挥了独特、重要的作用。因此在中国探讨大众传媒与政治信任的关系，需要对转型期的中国传媒语境进行说明。

1949 年新中国成立以后，媒体和政治关系经历了几个阶段的重大变革。在新中国成立之后，通过对新闻事业的发展，形成了一个以《人民日报》、新华通讯社、中央人民广播电台为中心的公营新闻事业网。截至 1950 年，全国绝大部分省区、直辖市、地级市都建立了当地的党委机关报。至 1952 年，全国各大私营报纸、广播电台逐步实现公私合营，私营媒介的改造基本完成。从建国社会主义改造完成到改革开放之前，中国媒介管理体制采用单一事业单位的管理体制，传媒归国家所有，纳入行政级别体系，政府为传媒制定财政预算、规定人员编制和各类开支（黄瑚，2001）。在这一阶段中，媒体和政治的关系表现为自上而下的行政关系。这种党报（台）体制本质上是一种“组织—动员”型传播体制，确保了媒体宣传国家和党的主流意识形态，在巩固新中国政权、宣传教育群众方面发挥了重要的作用（葛玮，2011）。

伴随着 1978 年中共十一届三中全会的召开，中国开始探索建立社会主义市场经济体制，在社会转型的互动过程中，中国传媒行业经历了市场化转型。1978—1992 年期间为计划经济条件下放权让利的市场化探索阶段。传媒体制改革的观点最早萌发于 1978 年《人民日报》等八家中央级媒体单位联合要求实施“事业单位，企业化管理”的报告。1979 年 3 月中共中央宣传部主持召开的新闻工作座谈会，会中强调按新闻规律办事，将新闻工作的中心转移到社会主义经济建设上来，恢复党的新闻事业的优良传统。由此之后，信息观念、服务观念和效益观念越来越深入地影响着中国传媒发展的实践。首先，新闻报道发生了显著的变化。为了适应社会发展的需要，加强经济领域报道，改进报道方法，丰富报道形式，贯彻正面宣传为主思维的报道方针①，恢复批评性报道②，发挥舆论监督功能。其次，为了适应市场经济环境，国家改变包揽媒体生产经营的做法，推动传媒体制展开“事业单位企业化管理”的改革，逐步减少了对传媒的财政补贴，将部分权力下放给传媒单位，在经营层面允许单位提取一定比例的经济收入用于增加员工收入及福利以弥补政府财政补贴不足③，传媒单位广泛开展创收经营。

1993 年—2002 年期间为计划经济体制向社会主义市场经济体制过渡以及应对加入 WTO 的阶段。1992 年党的十四大召开确立了社会主义市场经济体制，传媒改革也自十四大后步入了全面深化阶段。传媒体制改革从“企业化”逐步深入到“集团化”“资本化”，探索市场经济条件下的发展之路。1996 年，经中宣部和新闻出版署批准，广州日报报业集团正式挂牌运行，成为我国第一家报业集团。此后，各地省级党报陆续组建报业集团，向规模效益型转变。2001 年，中共中央办公厅、国务院办公厅转发了《中央宣传部、国家广电总局、新闻出版总署关于深化新闻出版广播业改革的若干意见》，提出“开辟安全有效融资渠道，提高资本运作效率”，正

---

① 1989 年 11 月 25 日，李瑞环在新闻工作研讨班发表《坚持正面宣传为主的讲话》，强调着力去宣传报道鼓舞和启迪人们发展社会生产力的东西，鼓舞和启迪人们坚持四项基本原则、坚持改革开放的东西，鼓舞和启迪人们加强社会主义民主和法制建设的东西，鼓舞和启迪人们推进社会主义精神文明建设的东西，鼓舞和启迪人们热爱伟大祖国和弘扬民族文化的东西，鼓舞和启迪人们维护国家统一和民族团结的东西。这一方针，对于新闻事业坚持社会主义方向具有十分重要的作用。

② 1981 年 1 月 29 日，中共中央通过了《关于当前报刊新闻广播宣传方针的决定》，《决定》指出“近年来，许多报刊重视反映群众的意见和呼声，积极地展开批评和自我批评，增强了党和人民群众的联系，也提高了报刊和党的声誉”，要求“各地党委要善于运用报刊开展批判，推动工作”“对于不正之风，要坚持进行批评斗争”。

③ 1989 年财政部发文指出：鼓励与促进有条件的事业单位由全额预算管理向差额预算管理过渡；差额预算管理向自收自支管理过渡；自收自支管理向企业管理过渡。

式叩开了传媒单位进行资本运作的大门，各级传媒单位积极探索新的经营方法，通过资本运营增强新闻媒体的竞争实力与抗风险能力。

2003 年至今，这一阶段的体制改革以转企改制为重点。2003 年国家出台了多项文化体制改革政策①促动传媒业的改革进一步纵深发展，2005 年中共中央正式颁发了《关于深化文化体制改革的若干意见》，明确划分了文化产业与文化事业的范围和界限，允许媒体经营部分剥离转制为企业，允许转制为企业的文化单位进行投资主体多元化的股份制改革，鼓励和支持非公有制经济进入政策许可的传媒领域。这些政策促进传媒单位转变为独立的市场主体，让中国传媒在自负盈亏、自主经营、相对独立的道路上越走越远（卢春龙、严挺，2016；吴俐萍、顾琛，2005）。

21 世纪以来，新兴媒体发展成为具有广泛社会影响的媒体形态。信息技术的创新、新兴媒体传播的扩散、网民规模的剧增引发了传媒行业的数字化转型，带动了传统媒介行业的理念、模式和宣传效果的变革，比如各报业集团组建大型网络传播平台、《人民日报》等一些新闻媒体都实现纸媒电子化。为了适应媒体格局的深刻变化，党中央对媒体融合做出了重大部署，同步推进传统媒体体制创新与健全新兴传媒管理体制。2014 年习近平总书记主持召开中央全面深化改革领导小组第四次会议，审议通过《关于推动传统媒体和新兴媒体融合发展的指导意见》，《意见》中将新兴媒体纳入传媒体制的范畴内，坚持传统媒体和新兴媒体优势互补，推动传统媒体和新兴媒体在内容、渠道、平台、经营、管理等方面深度融合。2017 年习总书记在十九大报告上强调要高度重视传播手段建设和创新，加强互联网内容建设，建立网络综合治理体系，营造清朗的网络空间。在媒体深度融合的背景下，党报媒体融合的步伐加速，诸如“麻辣财经”“侠客岛②”“学习强国”“澎拜新闻”等一批党报新媒体品牌逐渐树立，传播能力进一步增强。

---

① 相关配套政策为《文化体制改革试点中支持文化产业发展的规定》、《文化体制改革试点中经营性文化事业单位转制为企业的规定》

② 侠客岛是人民日报海外版于 2014 年创办的旗下新媒体品牌栏目，专注时事政治的评论。

改革开放近40年来，媒体的变革顺应了时代发展的要求，在改革大潮中屹立潮头：从回归新闻本位到全面改进新闻报道；从实行企业化管理、建设报业集团到探索资本化运作模式；从实现报纸电子化、网络化到推进媒体深度融合（张建星，2018）。

通过梳理中国传媒的发展脉络，我们发现，实行改革开放政策是影响传媒与政治关系变化的主要节点。市场机制的引入拓展了媒体的功能，也促使了媒体机构和政治关系的调整。

计划经济时期，媒体主要是为国家宣传教育、政策倡导所服务。党委和政府集合媒体的所有者、举办者、运营者和管理者，党委对媒体业务、事业发展、组织人事实行组织化领导、行政化管理。十一届三中全会后，党和国家强调“以经济建设为中心”，媒体由单一的宣传动员功能转变为既满足宣传又兼顾传播信息、指导经济、服务社会、舆论监督等多种需要，具有一定的“公共领域”的功能，在一定程度上反映了、整合了社会民众的要求（廖圣清、张国良等，2005）。可见，中国传媒既是政治治理结构的一部分，又承担了国家与公共社会的“中间的领域”。伴随着市场体制的引入，传统的党政化传媒体制也逐步调整。政府在微观层面赋予媒体宣传业务和经营活动更多自主权的同时，也积极建立多方面、多层次的传媒宏观管理体系。一方面，通过主管主办部门分类指导、中央地方两级调控等方式，形成了党委领导、行政负责、行业自律、公众监督的管理格局，提升了管理效能。另一方面，通过加快推进传媒领域法律、政策的制度建设，保障改革的顺利实施和引领行业的健康发展。此外，针对网络信息化的发展需求，政府不断健全新兴媒体管理体制，完善网络管理方面的法律法规，实现网络空间法治化（葛玮，2011）。

综上可见，伴随着市场化的转型，中国媒体在国家政策的支持与市场的驱动因素之中前行。一方面，党和政府是中国传媒体制改革最重要的制度供给者，政府透过官方话语和政策主导着传媒体制改革的过程（殷琦，2017）。另一方面，传媒市场的竞争日益激烈，传媒单位自身经济属性不断彰显，利用市场机制做大做强的追求推动着经营规模的迅速扩张。

学界针对中国传媒与政治关系的研究基本可以划分出两个研究阶段。

第一阶段，主要沿袭苏俄模式的传媒制度研究。这类研究关注政治与传媒体制相联结的静态结构，属于以西方自由主义模式为典范的比较研究。施拉姆等人所著的《传媒的四种理论》奠定了苏联社会主义媒介体系的论述（西伯特、彼得森等，2008）。海外的一些研究认定改革开放之前的中国传媒制度是一种沿袭于苏俄的媒介体制。实际上，在20世纪80年代，传媒体制研究发生了“对西方模式去魅”的转向，这类研究逐渐显得不合时宜（Hallin & Mancini，2004）。

第二阶段，伴随着1980年代以来传媒转型的深入，中国的传媒体制因变迁过程的独特性成为传媒体制转型研究的重要样本，学者们开始探索在市场经济条件下的大众传媒与政治互动关系，但在研究结论方面却存在分歧。

一方面，部分学者的观点偏向于自由主义理论的见解，经济的变革对中国媒体产生了积极影响（Chu，1994），为中国政治的民主化进程提供了动力。伴随着社会主义市场经济制度的确立和完善，传媒业受到快速推进的商业化和政府行政管理的双重影响，但中国媒体在经济体制改革与商品经济的发展环境下受益（Xu，1994），作为微观的传媒机构获得了部分经营自主权与相对独立的经济地位，因此，中国媒体对政治巨大的能动作用也日益显发。随着市场、政策的推动和新媒体技术的进步，大众传媒在信息传递、权力监督、政治沟通、促成社会实际问题解决等方面对社会政治民主化产生重要影响，并导致了受众个体在政治知识、政治态度、政治价值观、政治参与等方面的差异（冯强、李彦臻，2010；张明新、刘伟，2014；王菁，2017）。

另一方面，还有一些学者持有批判反思的视角。20世纪80至90年代，学者的反思集中于传媒体制中市场化改革缺位与不足问题，自21世纪初开始，一些研究者表现出对新闻媒体公共性缺失的忧虑（殷琦，2017），传媒的公共性本质上就是为传媒为公众提供信息，并对公众开放，成为公众讨论公共事务的平台（潘忠党，2008）。在市场经济条件下，传媒可能受到资本力量的影响。私人资本通过行业的垄断和控制的方式，把代表其利益和诉求的文章、观点植入公共媒体中，而真正反映公共诉求的声音难以出现在资本支持的公共媒体中，这在一定程度上会损害传媒的公共性（杜大力，2011），此外，传媒精英化、娱乐化、媚俗化倾向也会影响传媒的公共责任（许鑫，2012）。从这种反思出发，传媒体制市场化的演进历程准确了诠释了官方和民间市场的合作与结盟，未来改革的关键在于正视传媒的公共利益与社会责任①，通过建构"传媒的公共性"以超越市场化改革存在的问题（张金海、李小曼，2007）。

综上所述，无论是自由主义的观点，还是批判理论的见解，都对中国媒介的发展有所影响。很显然，中国媒体在市场化和商业化的过程中获取一定的自主权，但不容忽视的是，国家和市场的力量相互交织影响，媒体市场化与政治民主化的关系较为复杂。在社会主义现行制度环境中，迈向市场化的中国大众传媒是否会改变民众对于自己与政府关系的认识？随着新兴媒体的普及与普及，民众的政治参与诉求得以激发，这是否会影响其政治态度与信仰？这还有待于实证调查的检验。

②中国传媒语境下的大众传媒与政治信任的关系研究

在中国传媒转型语境下进行的为数不多的相关实证研究中，主要围绕着以下几个方面的内容：第一，研究者探索了媒体使用时长、媒体依赖、媒体信任、媒体内容等不同变量对政治信任的影响。程中兴、廖福崇的研究显示，不同媒介对政治信任的构建存在着显著差异，电视媒介的建构效应是显著且稳健的，广播和报纸没有显著的建构和解构效应，网络媒介则表现出显著、稳健的负向交互效应，双向因果作用突出。从中可见，网络媒介对政治信任的解构效应必须被正视（程中兴、廖福崇，2017）。姚君喜基于不同媒介的比较研究发现，无论是电视、网络，还是手机，媒介使用时间和媒介依赖程度都会对政治信任产生负面影响。在此基础上，他对

① 2012年十八大记者会上，中宣部副部长孙志军答记者问时强调"在文化体制改革过程中，不少的媒体或有关同志都关心，把深化文化体制改革、推动经营性文化事业单位转企改革，简单地理解为产业化和市场化，显然是一种误解。我们强调的是文化事业、文化产业要两手抓、两加强。当然，即使是发展文化产业，也要坚持内容为王，要坚持正确的导向，也要注意承担社会责任，要坚守道德底线，要维护社会的和谐统一"。详见《人民网》，http://politics.people.com.cn/n/2012/1112/c1001-19545999.html，2012年11月12日。

媒介使用、媒介依赖变量的政治传播效果进行比较研究后得出，媒介依赖各变量对政治信任的预测力超过媒介使用时间变量（姚君喜，2014）。张书维、景怀斌则关注媒介信任变量的影响作用，他们认为媒体信任对中央政府的信任有正效应，但对本地政治信任却没有正向关联，这可能是因为本地媒体的公信力不足所导致的。面对当地同一事件，当地民众更相信中央媒体报道的真实性（张书维、景怀斌，2014）。薛可等人的研究区分了网民接触官方媒介和非官方媒介的影响差异，官方媒介接触对新社会阶层政治信任的塑造起到了积极作用，支持了良性循环论的观点，但非官方媒介接触引发政治信任的降低，支持了媒介抑郁论的观点（薛可等，2019）。

第二，研究者考察了市场化转型后大众传媒的政治宣传效果。史天健等人认为通过媒体来培育民众政治信任的成效有限（Chen & Shi，2001）。王正祥回应了关于媒体政治效果中媒体宣传动员效果和宣传回飞镖效应[①]的争论，在他的研究中发现，一方面，自传媒改革以来，由于我国传媒无论在新闻观念还是宣传技巧上都有不少进步，部分传统媒体的舆论引导和宣传教育依旧能够提升学生的政治信任，这支持了媒体宣传动员效果的假设。另一方面，网络媒体的使用对政治信任的影响是消极的，这又支持了宣传回飞镖效应的观点（王正祥，2009）。

第三，随着新兴媒体的广泛应用，一些学者重点关注新兴媒体的使用对民众政治信任的负面影响。游宇、王正绪强调互联网是获取信息的一个重要渠道而且更加不容易控制。相对传统媒体而言，通过互联网接触到有关政府的各类新闻机会更多，容易“拉低”个体对政治机构的信任感（游宇、王正绪，2014）。张明新等人指出在网上接触海外的媒介越多、网上参与公共事务越频繁的民众，其政治信任水平越低。与新兴媒体相比，传统媒体在“涵化”公众政治信任方面的功效较弱，体现出新兴媒体互联网对传统媒体政治传播效果的“挤迫效应”（张明新、刘伟，2014）。

第四，国内前期研究重在厘清媒介因素对政治信任的直接影响关系，

① “宣传回飞镖效应”指的是传播者基于某种明确的传播目标而发出的讯息未能达到主观预期的效果，反而产生了完全意料不到的相反结果，就像发出的飞镖未能击中目标而返回。

近五年内相关研究的关注点在于深入剖析媒介影响政治信任的具体路径和作用机制，解构二者背后的逻辑关系，尤其聚焦于探寻影响二者关系的中介变量和调节变量。

首先，关于传播媒介与政治信任关系的中介效应。章秀英等人考察了网络接触和政治信任的中介效应，研究发现，网络接触负向影响了政府绩效评价和全局价值观，正向影响了政治效能感，进而间接作用于政治信任。由于政府绩效评价和全局价值观的影响力度强于政治效能感，故网络接触对政治信任影响的总效应为负（章秀英、戴春林，2014）。苏振华和黄外斌通过对互联网使用、价值观与政治信任三者关系的研究发现，互联网使用频率越高，民众的政治信任度越低，自我表达价值观是互联网使用降低政治信任的中间机制。互联网使用会增强民众的自我表达价值观（如环保意识、公民意识、政治参与意识等），自我表达价值观增强则会削弱民众的政治信任水平。这一研究结论也进一步解释了网民的批判性行为是有其价值观为支撑（苏振华、黄外斌，2015）。孟筱筱在探索价值观对媒介使用与政治信任关系的中介效应的基础上，进一步区分了传统媒介和新兴媒介影响政治信任的差异化中间机制。她的研究发现，媒介并不是政治信任的直接来源，通过塑造价值观，从而影响政治信任。一方面，在电视新闻对政治信任的影响路径中，传统价值观起到中介作用；另一方面，在互联网新闻对政治信任影响的路径中，自我表达价值观起到中介作用（孟筱筱，2018）。薛可等人基于信息接触论的视角，检验了阶层认同在媒介接触和政治信任关系之中的中间作用机制。研究发现，阶层认同在媒介接触与网民政府信任之间起到部分中介作用。媒介接触不但对网民政府信任产生直接影响，而且还透过阶层认同的中介对网民政府信任起到间接正向影响（薛可、余来辉、余明阳，2017）。

其次，关于传播媒介与政治信任关系的调节效应。庄家炽、孙超通过倾向值匹配研究发现，受教育程度影响着互联网使用与政府信任感的关系。民众受教育程度越高，使用互联网对政府信任感的减弱作用越明显，但对于受教育程度较低的人群，上网行为对其政府信任水平没有显著影响。这一研究结论说明人们在上网过程中存在信息的自我选择机制，这种

机制主要体现在受教育程度较高的群体身上（庄家炽、孙超，2016）。郭敬文、孙秀林利用 cgss2010 年数据研究显示，新兴媒介的使用在民众不公正体验和政府信任的关系之间起到调节作用，具体而言，新兴媒介的使用频率提升，将会加剧民众不公正体验对中央政府信任的负面影响作用（郭敬文、孙秀林，2018）。薛可等人基于人格动机论的视角，检验了威权人格的调节效应，结果显示，权威人格削弱了媒介接触与政治信任的关系，在二者关系间发挥了“缓震器”的作用。威权人格削弱了官方媒介接触对网民政府信任的正向影响，但也减弱了非官方媒介接触对网民政府信任的负面影响（薛可等，2017）。

由此可见，媒介因素对政治信任的影响机制较为复杂、多元，尚需进一步澄清。

第五，研究者尝试着从大众传媒的视角解析中国民众的“央强地弱”的这一政治信任特征。管玥的研究肯定了大众传媒在政治事件的传播中发挥了举足轻重的作用，媒体适度市场化过程中开放与管理并存的局面影响了民众对央地政府的信任鸿沟（管玥，2012）。李连江对中国农村的政治信任研究中指出，中央新闻会播报地方官员的违纪违法行为，这样一来便造成了农民对中央和地方政治信任的差别（Li，2004）。李广、陈国申选取河南省息县街西村的村民进行个案研究，他们认为在当前乡村社会中，大众传播的影响使得村民对于国家的政治信任出现分化的趋势，以致于村庄与地方政府之间的关系逐渐疏离（李广、陈国申，2007）。

第六，研究者从特定身份群体的视角，如农民（李广、陈国申，2007）、大学生（王正祥，2009）、农民工（董毅，2011；朱荟，2016）、新社会阶层（薛可等，2019）、女性（金恒江、聂静虹，2017）等方面分析了媒介使用行为对政治信任的影响。本文选取农民工群体进行研究，但在中国传媒语境下以农民工群体为研究对象的相关文献极少。董毅从传媒的视角出发，对农民工的群体政治信任的影响机制进行了研究，他关注媒体宣传与农民工政治心理之间的关系，研究得出，新闻的正面报道对提升农民工的政治信任作用有限，因为当前基层民众的政治心理已经发生转型，尤其是年龄较大的农民工存在着政治淡漠与缺乏信任的固化认知，因而会阻止正面报道发挥作用，可见传统的政治宣传模式难以达到预期效果，必须建立满足受众需要的利益表达机制才能有效提升政治信任（董毅，2011）。朱荟通过全国性的调查数据对流动人口的网络使用与政府信任关系进行了验证，研究发现，在引入政府绩效因素后，流动人口的网络使用对中央政府、流出地政府的负向影响仍旧显著，而对流入地政府信任的影响主要被政府绩效所替代（朱荟，2016）。

（4）研究评述

综上所述，在西方国家，社会科学领域关于大众传媒与政治信任关系的研究已有较长的时间，形成了相对系统的理论和研究成果。而国内近两年来也逐渐有一些学者尝试从大众传媒的视角对政治信任问题进行研究，并且也关注到新兴媒体对民众政治态度的影响作用。但总体来看，相关文献数量较少，研究水平仍处于初步探索阶段，与国外丰硕的研究成果相比仍然存在较大的差距。笔者认为当前国内的相关研究存在以下几点不足：

第一，从研究设计来看，以往的研究中的概念测量不够精细化。针对大众传媒变量的测量内容非常多元，不同的研究者在研究中关注的重点有所差异，这将会导致了研究结果的不同。例如，本研究重点关注新兴媒体与传统媒体这两种不同的媒介类型的政治影响差异，尽管已区分出不同类型的媒介，但是在此基础上，还需要进一步分辨出不同媒介所使用的频率、内容的差异。如果没有对变量中不同测量内容进行详细的说明和比较考察，将会影响到研究的结果阐释。

第二，从研究内容来看，以往的研究更多是探索大众传媒因素是否对政治信任产生显著作用，但很少进一步深入验证为何呈现这样的关系，换而言之，缺乏对大众传媒影响政治信任的作用机制展开研究。因为大众传媒并非简单地影响政治信任，可能会通过其他因素间接地影响政府信任，或者其本身就作为中间变量之一（董毅，2011）。面对在网络时代下公众政治信任的问题，如果缺乏对必要的影响机制的分析，我们也难以提出更具针对性的化解方案。

第三，从研究对象来看，以往国内学者关于大众传媒与政治信任的研究，其研究对象大多是针对全国性大样本的成年居民，重点在于分析大众

传媒变量对政治信任的总体影响。这一类的分析是基于大众传媒的政治传播效应对所有人群都是均质的假设之上。实际上，不同人群的媒介接触和使用方式存在一定差异，因此大众传媒所起的作用很可能是不同的。但目前针对特定人群的研究文献数量比较少，不利于研究者们区别分析大众传媒在不同群体中的差异性政治传播效应。此外，农民工群体内部在个人特质、政治心理偏好等方面也存在较大的差异，大众传播媒介的使用对农民工政治信任的影响并非是同质性的。但在现有的相关研究中，却忽视考察受众个体的异质性对大众传媒的使用、认知方面的影响。

大众传媒对民众政治信任的影响作用受到各种因素的制约和影响。除了因受众个体的媒介接触和使用方式而导致传播效果的差异之外，还与社会制度、传媒结构密切相关。伴随着 1978 年改革开放市场化的驱动，我国的媒体生态正在发生急剧转型。市场化促进了媒体发展的自主性、开放性和多元化（章秀英、戴春林，2014）。因此在解释我国民众的政治态度方面，我们不应该仅局限于继承西方“媒体抑郁论”或“动员理论”“媒体良性循环论”的讨论，更需要结合受众个体特征及其所处的社会结构特征，将研究置于中国社会转型时期的传媒环境的大背景下，探讨大众传媒对政治信任的影响效应和作用机制。

第三节 研究意义

政治信任是一个国家政治稳定和社会发展的黏合剂。本研究选取农民工群体为研究对象，从大众传媒的角度出发，系统考察大众传媒对农民工群体政治信任的影响关系及其作用机制。农民工作为我国城乡二元体制下出现的社会群体，规模庞大，该群体的政治信任状况可能会影响到基层民众整体的政治信任水平，因此本研究具有重要的理论和现实意义。

一、理论意义

从理论意义来看，首先，一国民众的政治信任水平在不同社会群体间的分布是非均质的，那些数量极其庞大的重点群体的政治信任水平往往会对该国的政治稳定产生较大的影响。然而，现有的研究往往针对全国性大样本的成年居民，对某些重要的特定群体，尤其是农民工群体的政治信任还是一个尚未得到应有重视的关键议题。农民工群体的特殊性在于，他们属于跨越了城乡二元社会结构的流动群体，其身上兼具城市居民和农村居民的双重特征，这种特殊的身份属性将可能直接影响其政治信任态度，从而形成该群体独有的政治信任特点。因此，针对农民工群体的政治信任问题的研究也能进一步丰富转型期基层民众政治信任的研究成果。

其次，在当前有关中国的政治信任研究中，传媒作为影响政治信任的一个重要变量，还未得到研究者的足够重视。第一，对政治信任、大众传媒的研究概念的测量不够精细化，导致了研究结论莫衷一是。第二，更多学者的关注点还是在大众传媒对政治信任的影响效果方面，对于影响机制的讨论还处于探索阶段。第三，具体到不同类型政治信任研究这个课题上，缺乏对新兴媒体和传统媒体的差异化作用的深入比较。第四，过往研究中忽视了受众个体差异因素，并没有考察大众传播媒介与政治信任的关系受到个体因素的影响情况。因此，本研究将传播的效果研究放置在更广阔的社会政治的背景下，从中国传媒转型语境的视角考察不同媒介测量内容对不同类型政治信任影响的影响效应，尤其是深入对比新兴媒体与传统媒体的差异作用，更为充分地讨论大众传媒对政治信任的作用机制，希望本研究能够对政治传播理论的本土化有所贡献。

二、现实意义

从现实意义来看，大众传媒在现代国家的建设中起到了凝聚社会的整合作用，对于政府的治理工作而言，媒介的改革和管理始终是党和国家工作的重点。2013 年党的十八届三中全会通过的《中共中央关于全面深化改革若干重大问题的决定》中就把“整合新闻媒体资源，推动传统媒体和新兴媒体融合发展，重视新型媒介运用和管理，规范传播秩序”作为重要内容。2017 年中共第十九次全国代表大会报告中再次提到“要高度重视传播手段建设和创新，提高新闻舆论传播力、引导力、影响力、公信力。加强

互联网内容建设，建立网络综合治理体系，营造清朗的网络空间。”在应对网络新媒体所带来的治理挑战方面，国家已经颁布了《中华人民共和国网络安全法》《互联网信息服务管理办法》等一系列法律法规，以实现网络空间的法治化。由此可见，中央政府对于“政府—媒体—民众”之间的互动高度重视，并且已充分认识到新兴媒体的强大力量，正努力健全新兴媒体的管理体制。

本研究旨在厘清不同类型媒体的政治传播特性，探索大众传媒与基层民众的政治信任之间的关联，一方面，这有助于建立民众与政府间的有效政治沟通渠道，从而发挥出大众传媒对建构我国民主化、法治化、服务型政府的积极作用；另一方面，面对当前转型时代下基层民众政治信任存在的问题，本研究对预防政府信用的流失、重塑中国的政治信任，维持政治稳定、推动政治发展以及建构和谐社会方面也均具有重要的现实意义。

对于农民工群体的城市融入而言，在当今信息时代，大众传媒已经成为人们获取知识与信息、了解周围世界、实现社会融入的一个重要工具。帕克通过对移民报刊的研究发现，在城市化、工业化以及人口构成异质的社会情境下，大众传媒能够帮助移民适应本土环境，分享在地社区知识、政治和社交生活，建立起对公共社区的关注兴趣，促进社会团结和稳定（Park，1922）。麦考梅克认为现代日益变化的社会注定是分割的，而大众传媒的作用就是提供一种凝聚力、一种经验的综合以及一种整体意识（McCormack，1961）。本研究从大众传媒的视角出发，全面评估农民工的媒介素养，探索媒介使用行为、媒介评价对农民工政治态度的影响效应和作用机制，这不仅能为增进农民工群体的政治融入和政治认同，提升其政治信任水平探寻有效对策，而且有助于培育农民工的媒介素养水平，发挥大众传媒推动农民工融入城市、加快其市民化进程的重要作用。

第二章

研究设计

第一节 研究思路与结构

一、思路

本研究着重讨论媒介使用、媒介评价对农民工政治信任的影响作用，并尝试着深入探讨这种影响的发生机制是怎样的。主要包括两大部分：第一部分属于描述性研究，包括对农民工政治信任状况、农民工群体对大众传媒的使用、评价状况。该部分将为后续的解释性研究奠定基础；第二部分属于解释性研究，也是本研究的重点所在。在描述性研究的基础上，着重探讨大众传媒和农民工政治信任的直接关系，同时也考察可能存在的作用机制。

图 2-1 为本研究的架构，在此架构中，因变量政治信任包含特定性与弥散性政治信任、中央与地方政治信任、流入地与流出地政府信任、对政府能力信任与对政府意愿信任。预测变量为大众传媒的相关变量，其中媒介使用采用媒介使用动机、媒介使用频率、媒介内容注意程度指标来测

量，媒介评价选取媒介公正性评价、媒介可信度评价指标来测量。控制变量主要包括性别、年龄、政治面貌、单位性质、管理权力等农民工个体因素。

在描述性研究部分，我们分别针对因变量和预测变量中的各项指标展开总体性的描述、对比，并讨论农民工个人特征对政治信任、媒介使用与媒介评价的影响。

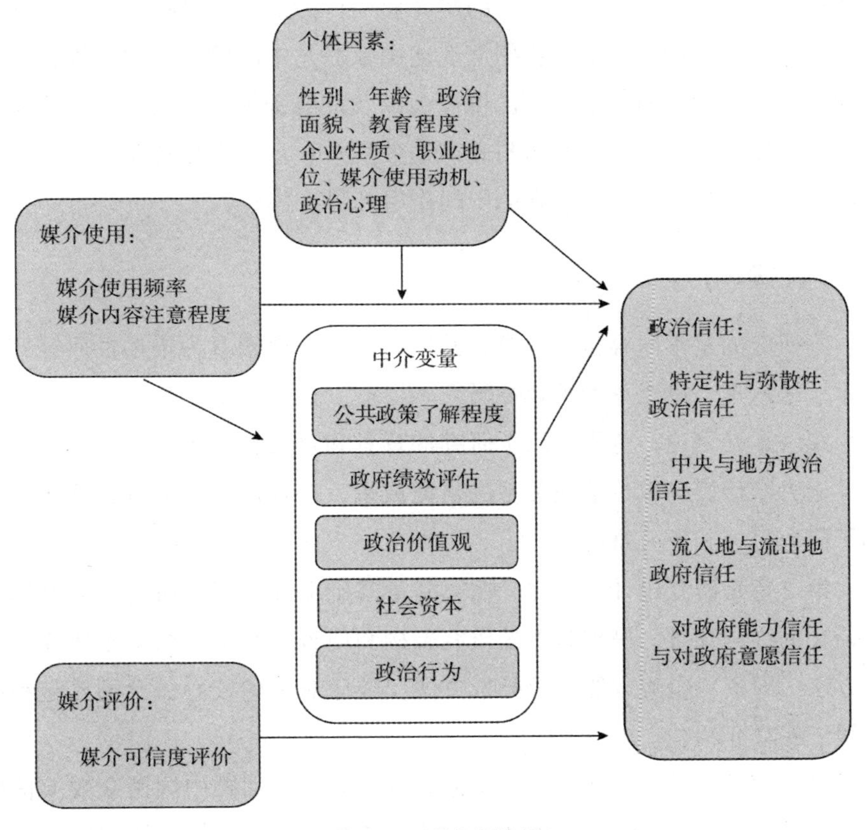

图 2-1　研究架构图

资料来源：作者自制

在解释性研究部分，我们围绕着“大众传媒是否对农民工政治信任产生影响”和“大众传媒对农民工政治信任的影响机制是什么”这两项议题展开研究。首先，结合转型期中国政治体制、媒介体制等宏观背景，讨论

农民工的媒介使用、媒介评价是否会直接影响不同类型的政治信任，分析多样化的大众传媒变量对四组不同类型政治信任的差异化影响效果。其次，在分析直接影响效应的基础上，我们深入探讨大众传媒对农民工政治信任的影响机制。一方面，分析农民工的人口学变量（如年龄、教育程度）、政治心理因素（如政治兴趣、政治效能感）是否作用于媒介使用对政治信任的影响，即农民工个体特征与媒介使用二者交互作用对政治信任的影响。另一方面，探究农民工的媒介使用行为是通过哪些中介因素而对其政治信任态度产生影响。我们从上述文献综述中的政府绩效和社会文化视角出发，选取政府绩效、政治价值观以及社会资本、政治行为作为中介变量，意图建构大众传媒视角与政府绩效视角、社会文化视角之间的对话桥梁，深入探讨当中可能存在的中间作用机制。

二、结构

本研究的基本内容包括八章，其中第三章、第四章为描述性研究，第五章、第六章、第七章为解释性研究。

第一章是绪论。首先介绍了研究的背景和意义，其次分别梳理了国内外关于大众传媒与政治信任关系的研究成果，并在此基础上进行评述，明确了研究目标和研究意义。

第二章是研究设计。首先，在第一章基础上提出了本研究的研究思路和论文的结构安排，呈现基本的研究架构和内容；其次介绍了本研究的研究方法，即资料收集方法以及分析方法；最后对一些核心概念的界定和测量做了相应介绍。

第三章是农民工政治信任的总体情况。首先，回顾中国民众政治信任的水平、结构特点、农民工群体的整体信任状况以及人口结构特征与政治信任的关系、政治信任指标的测量方式等相关文献。其次，在文献回顾的基础上，提炼出特定性与弥散性政治信任、中央与地方的政治信任、流入地和流出地的政府信任、对政府能力的信任与对政府意愿的信任等四组不同类型和维度政治信任指标，力图描绘 X 市农民工的政治信任状况。再次，重点围绕农民工群体内部的不同个人特征，选取性别、年龄、政治面

貌、教育程度、所在单位性质、在单位中管理权力作为自变量，以考察个体特征因素对不同类型的政治信任影响，分析农民工群体内部对政治系统的信任是否存在分化现象。最后，结合上述对农民工政治信任的全貌概览，试图总结出当前农民工政治信任的核心特征。

第四章是农民工群体的媒介使用、媒介评价状况。第一，从媒介使用动机、媒介使用频率、媒介内容注意程度等三个角度剖析农民工群体对大众传媒的使用状况，着重比较新兴媒介和传统媒介的使用状况的差异；第二，选取媒介公正性评价、媒介可信度评价两大指标，以考察农民工群体对大众传媒的评价状况；第三，结合农民工群体的分化特征，比较农民工内部不同特征群体的媒体使用和媒体评价状况的差异；第四，尝试描绘当前农民工媒体使用与评价的总体特征，并在此基础上深入提炼出在数字鸿沟背景下农民工的媒介素养的整体面貌。

第五章至第七章主要是探索大众传媒与农民工政治信任的直接影响关系，剖析大众传媒对农民工政治信任的影响机制。为了更好地区分大众传媒对不同类型的政治信任的影响效应，第五章至第七章分别以农民工的“特定性与弥散性政治信任”“中央与地方的政治信任”“流入地和流出地的政府信任”为研究的因变量内容。在直接影响关系的分析方面，着重分析多元化的传媒变量与农民工三组不同类型的政治信任之间的直接关系，比较新兴媒体和传统媒体的政治影响差异，考察国家的意识形态通过大众传媒，进而对民众的政治信任态度所产生的影响作用。在影响机制的分析方面，主要考察影响大众传媒与政治信任的关系的调节效应和中介效应，一方面，检验媒介使用和农民工政治信任的关系是否受到来自农民工人口统计学、政治心理因素等调节变量的影响；另一方面，试图考察政府绩效评估、政治价值观、社会资本、政治行为等变量在媒介使用与农民工的政治信任的关系中是否起到中介作用。

第八章是结论与讨论。第一，对本研究所获得的研究结论予以简要的总结；第二，进一步讨论本研究得出的几个结论，回应研究问题；第三，指出本研究可能存在的创新与不足之处，同时也对未来的研究作了进一步的展望。

第二节 理论假设

一、关于大众传媒对政治信任的直接影响效应的理论假设

探讨大众传媒对政治信任的直接影响，这其中包含两个问题，第一，大众传媒对政治信任是否产生影响；第二，大众传媒对政治信任有着怎样的影响。通过第一章的文献综述部分，我们发现了大众传媒经常被视为形塑当代政治的重要因素，其对民众政治信任的影响力不容忽视，因此本研究也是建立在“大众传媒对政治态度具有影响作用”的理论基点上。但大众传媒对政治信任产生怎样的影响却引发了诸多的讨论与争议，上述文献中也回顾了两大影响效果相反的理论，即负向影响的“媒体抑郁论”和正向影响的“动员理论”。尽管这两大理论研究呈现的是基于西方民主政体、市场经济的社会背景下的大众传媒与政治信任之间的关系，但这些研究成果为我们提供了一些具有参考价值的研究思路，其中最主要的一个研究启示是来源于不同研究路径（即媒体内容和媒体形式）的比较。

多数关于媒体抑郁论的研究集中在对电视媒体负面效应的批判上，但媒体对政治的负面影响不仅仅局限于电视媒体而是存在于各种形式的现代媒体之中，当然也包括纸质媒体和电子媒体。“媒体抑郁症”这一术语概括了各类媒体对民众政治态度的消极作用，这种作用包括政治冷谈、疏离、不信任、政治犬儒主义等等。在现有的研究中，虽然“媒体抑郁论”的支持者普遍认可媒体的作用力，但在研究路径方面却存有差异，这种差异重点体现在有些学者强调媒体形式的作用，而有些学者却关注媒体内容的影响。例如，波兹曼强调媒体形式的作用力大于媒体内容。从媒体的特性来看，电视媒体的娱乐功能显著大于教育功能，这也就决定了电视媒体无法引发深度思考，进而产生积极效应（Postman，1985）。艾扬格则认为，若是媒体内容是以一种偶发事件的形式来呈现，而非主题形式的排列，那么大众传媒对政治信任的侵蚀效应难以避免的（Iyengar，1991）。

如果媒体内容更为重要的话，那么媒体对政治态度的负面效应就不仅仅局限于某一类型的媒体，同样一种类型的媒体可能因媒体内容的不同而对政治态度产生差异化的影响作用（Blumler & McQuail，1968）。

媒体动员理论与媒体抑郁症的理念截然相反，该理论认为政治新闻报道与政治认知、行为有着密切而又积极的关系。因为伴随着物质生活和文化生活水平的提升，人们偏向将电视媒体视为一种强有力的政治教育的工具。在媒体动员理论的研究中强调媒体内容比媒体的形式更为重要，无论是在纸质媒体中还是在电子媒体中，严肃深入的新闻比起肤浅表面、耸人听闻、娱乐性的新闻更能够唤起人们积极的政治态度和行为（Newton，1999）。

从上述梳理中发现，传媒对政府信任的影响关系较为复杂。这两个理论对媒体的影响效应进行了宽泛、初步的说明，尽管两大理论的观点分庭抗礼，但皆属于高度概括化的结论，从中忽视了不同类型的、不同内容的媒体对不同人群的政治态度所产生的差异化的效应。此外，国外有些国家的受众行为与传播效果的研究均具有注重个体作用而忽视社会宏观影响、强调局部细节而忘却整体大局的倾向，这些倾向与个人主义至上的、开放竞争的社会特性密切相关（祝建华，2001），但这些理论假设并不足以完全解释社会转型时期背景下的中国传媒的政治效应。

在中国，媒体对政治态度的重要性和影响力同样不容小觑。研究中国媒介传播对政治信任的影响效果必须考虑到国内的媒体市场环境。有关中国媒介的政治传播效果，长期以来存在着媒介宣传动员效果和宣传回飞镖效应的争论（王正祥，2009）。持有前者观点的研究者普遍认为中国传媒在维持政治稳定、教育民众方面依旧发挥着强大的作用（祝建华，2001）。但随着中国媒体经历了市场化转型，也有研究者认可媒体宣传回飞镖效应，因为当前民众所接触资讯的急剧增加，且媒介内容的异质性加大，官方的报道对人们政治态度的影响有限（Xueyi Chen & Tianjian Shi，2001）。王正祥比较了不同的媒体类型和媒体内容，对以上两种不同的“媒体—政治信任”影响效应进行了检验，研究发现，大学生使用印刷媒体对政治信任具有积极影响，但使用网络媒体对政治信任的影响却是消极的，研究的结果既不完全支持媒体宣传动员效果假设，也不完全支持媒体的宣传回飞镖效应（王正祥，2009）。

无论是国外的研究还是国内的研究，研究者在对大众传媒的相关变量进行操作化的过程中，其所选取的测量内容有所差异，可能会导致研究结果和阐释视角的不同，因此需要考虑到不同类型的传媒变量对政治信任所产生的差异化影响（牛静，2012）。其次，考察中国传媒对政治信任的影响需要从中国媒介所处的社会情境着眼、动手，避免西方国家研究中仅仅是“重局部”“重个体”的问题。在研究中我们依旧以“媒体效果与媒体类型、媒体内容有关”“任何行为或效果均有心理过程的解释”这两点假设为指导。

综上所述，本研究紧紧围绕研究问题，即国家社会政治环境、大众传媒与农民工政治信任态度的关系。在直接影响效应部分，我们力图从社会政治情景和媒介特质的角度，检验和拓展媒体动员理论与媒体抑郁症的研究成果，描绘出中国大众传媒与民众政治信任的影响状况，因此着重考察两大问题：第一，在中国社会主义现行制度环境中，国家是怎样通过大众传媒，从而对民众的政治信任态度产生影响？第二，在当前的传媒融合的环境下，新兴媒体与传统媒体具备迥然不同的媒介技术特性，这两种不同的媒介形式对农民工个体的政治信任将会产生怎样的差异化影响？在区分了新兴媒体和传统媒体两种不同形式的媒体的大前提下，本研究也充分考虑到媒体的内容以及受众对其评价认知，将大众传媒的测量指标建构为“媒体使用”和“媒体评价”两个维度，其中“媒体使用”包含“媒体使用频率”和“媒体内容注意程度”，“媒体评价”主要指向“媒体可信度评价”。现依据过往研究文献，对大众传媒与政治信任的关联进行探索，提出以下几组假设。

（一）新兴媒体、传统媒体与农民工的政治信任

1. 新兴媒体、传统媒体的使用频率与农民工的政治信任

受众的媒体使用频率是本研究中重要的预测变量。媒体使用频率对政治态度的形塑作用可以追溯到单纯曝光理论的相关论点，该理论指出重复地暴露于刺激会使得个体更容易接受该刺激，所以媒体信息的重复曝光能

够加强信息的说服效力（Zajonc，1968）。但是这种单纯曝光作用受制于以下三种情境：第一，当受众面对复杂、陌生的信息刺激不断重复时，这种单纯曝光的作用会增强；第二，当曝光的信息内容较为多元而非同质，单纯曝光作用亦会加强；第三，曝光内容集中在简短但却密集持续的时间内同样会增强效果（Stiff，1994）。史天健等人依据该理论，检验了媒体信息曝光对中国民众政治信任的影响作用，研究发现，电视、报纸、广播的使用频率与政府机构信任呈现负相关（Xueyi Chen & Tianjian Shi，2001），这也是从侧面印证了无止境、未加修饰的、同质性的媒体内容可能会使得媒介的传播效果适得其反。但后续亦有不少研究者区分了在中国传媒语境下传统媒体和新兴媒体使用频率的政治影响效果，研究的普遍结论是使用新兴媒体显著地降低了居民对政府的信任（章秀英、戴春林，2014；游宇、王正绪，2017），而使用传统媒体在很大程度上能增加对政府的信任（王正祥，2009；胡荣、庄思薇，2017；卢春天、权小娟，2015）。两种不同类型媒体的政治影响效果差异主要与两种媒体技术特性、市场化水平以及政府的管理情况密切相关。一般而言，互联网时代扁平多元的生产模式在很大程度上属于开放系统，其编辑环境更为宽松（杨思佳，2013），所以在新兴媒体的平台上更容易接触到多元信息和言论，从而影响了民众对政府的信任态度。此外，由于中国的传统媒体在新闻理念、内容、手段、体制机制方面都有所创新，这也是部分传统媒体在舆论引领方面依然有效的关键（王正祥，2009）。鉴于此，我们提出了两个假设：

传统媒体（含电视、广播、报纸、杂志）的使用频率越高，农民工的政治信任水平越高。

新兴媒体（含网络、手机）的使用频率越高，农民工的政治信任水平越低。

2. 新兴媒体、传统媒体的内容注意程度与农民工的政治信任

传播效果与特定的媒介内容密切相关，纽顿甚至认为媒体的内容而非媒体的形式决定了其政治影响效果（Newton，1999），毕竟媒体的使用频率只是时间的积累，而媒体内容的注意程度才能更为准确体现受众的投入程度。罗宾逊最早关注到电视竞选的报道对政治信任的负面影响

(Robinson, 1976), 后来的学者亦从多个方面关注媒体内容与政治态度的关系。例如一些杂志型新闻节目、广播政治谈话节目以及占据黄金时段的娱乐节目中将报道内容集中在戏剧化的新闻上，尤其是关于犯罪、冲突、政治效能低下和腐败、性与丑闻，以及其他轰动性的事件，节目中多充斥对政治人物、政治机构、政治过程、政治和社会事件的消极负面的观点，这都可能涵化民众对政治的不信任（Lichter et al.，1999）。

在兼顾不同媒体类型的前提下，我们按照将内容主题区分为娱乐性内容和政治性内容。关于传统媒体的内容注意程度与政治信任关系的研究结论比较一致，多数研究认为对传统媒体内容的关注有助于涵化对政治的信任。哈格曼与格拉斯的研究以使用电视、报纸来获取政治新闻的时间多寡来测量政治支持，研究发现经常关注媒介政治新闻的人，在政治支持的态度上较积极正向（Hagemann & Gras，2006）。章秀英、戴春林的研究指出，阅读报纸时事新闻对政治信任具有正向影响（章秀英、戴春林，2014）。关于新兴媒体的内容注意程度与政治信任的关系却存在分歧，海外的研究中发现，网络的互动与表达有助于提升民众对政治的信任水平（Wang，2007）。但张明新对中国大陆地区公众的研究中却得出相反的结论，网上公共事务参与水平越高的公众，其政治信任水平也越低（张明新，2014）。因此，我们针对媒体的政治内容注意程度提出两个假设：

传统媒体的政治性内容注意程度越高，农民工的政治信任水平越高。

新兴媒体的政治性内容注意程度越高，农民工的政治信任水平越低。

3. 新兴媒体、传统媒体的评价与农民工的政治信任

受众媒体内容的态度和评价是影响媒体效果的一个重要变量，本研究中农民工对媒体的态度评价主要针对媒体的可信度评价。通过媒介信任变量，我们可以考察受众对获取信息的媒介渠道的主动性的认知与评价。

媒体的可信度影响着受众对所听到、所看到、所阅读到的信息的接纳与否（Gaziano & McGrath，1986；Kim & Rubin，1987）。一些学者讨论了媒体信任和政治信任的关系时便强调媒介信任是传媒内容影响政治信任的前提条件（Miller& Krosnick，2000）。董毅对农民工的研究中提到，对网

络媒体的信任度越高，农民工的政治信任水平越低。相比之下，信任报纸的农民工则拥有较高的政治信任水平（董毅，2009）。由此可见，对不同媒体渠道的内容的信任差异可能会影响政治信任。所以，我们依据过往研究提出相应的两组假设。

农民工对传统媒体上所传播的政治信息越信任，其政治信任水平越高。

农民工对新兴媒体上所传播的政治信息越信任，他们的政治信任水平越低。

（二）社会政治环境、大众传媒与农民工的政治信任

1. 正面报道、负面报道、与群体利益相关报道和农民工的政治信任

如果想要深入了解在中国社会政治环境影响下的媒体议程设置的影响效应，那么仅按照内容主题（如政治/娱乐等）来划分媒介内容可能并没有很大意义，所以我们需要从受众所处的社会与媒介大环境出发来设置研究假设。

习近平总书记在2016年2月召开的党的新闻舆论工作座谈会时指出："团结稳定鼓劲、正面宣传为主，是党的新闻舆论工作必须遵循的基本方针……舆论监督和正面宣传是统一的。新闻媒体要直面工作中存在的问题，直面社会丑恶现象，激浊扬清、针砭时弊，同时发表批评性报道要事实准确、分析客观。"依据我国媒体报道的特定结构性倾向，尝试着将媒体的内容划分为正面报道、负面报道，与群体利益相关报道（即表达、反映农民工群体的问题报道）。

正面报道是我国社会主义新闻报道遵循的重要指导方针之一。"正面报道"有两个基本特点：一是以报道题材来看，正面报道内容、焦点往往集中在社会的积极部分或光明一面；二是从社会效果来看，报道的基调是提倡和鼓励的，它是倡导某种现象或观念，以保持一定的社会道德水平和社会秩序；它强调"平衡""和睦"和"稳定"（张威，1999）。因此，我们通过考察农民工对"正面报道"的关注程度，进而分析在当前的媒介环境下大众传媒的正面报道对民众政治信任的效应。

负面报道主要集中于那些与现行社会秩序、道德标准相冲突的行为，

其新闻主体大多数是由“不寻常”和“冲突”构成的，例如自然灾害、犯罪、丑闻、事故等。负面报道通常以“暴露”和“批评”社会负面现象为特色。负面报道通常对农民工的政治信任带来较大的冲击。

伴随着市场化的发展，媒体逐步转向“受众本位”。一方面，在当前反腐倡廉运动中，媒体发挥了一定的监督作用，特别是反腐倡廉舆情事件首次曝光于新兴媒体的数量已大于曝光于传统媒体上的数量，新兴媒体成为反腐败事件首次曝光的主要媒介。① 因此，本研究中设置了“政府官员腐败与违纪报道”，以此来检视农民工对政府的负面新闻报道的关注是否会对政治信任产生影响。另一方面，在社会结构转型的背景下，大众媒体成为受众群体表达利益诉求的重要渠道之一，具体体现为在报道中对特定群体的议题的关照。我们在研究中设置了“农民工反映问题、表达意见的新闻报道”的关注程度变量，希冀考察相关受众对此类能够表达群体利益报道的关注能否提升其政治信任水平。

董毅在“基层民众的媒介接触与政治信任关系”的研究中发现，关注“民众向政府反映问题”类的报道能够显著提升其对国家制度、政府机构、政府官员、国家政策的信任度；关注正面报道的民众，其对中央党政官员的信任度越高（董毅，2009）。所以我们推断：（假设 2. 1. 1）对正面报道越关注，农民工的整体政治信任水平越高；（假设 2. 1. 2）对与自身利益相关的报道越关注，农民工的整体政治信任水平越高。威兹和塔奇认为，新闻报道中对警察失当行为的报道会降低民众对警察的信任和满意程度（Weitzer & Tuch，2006）。因此我们推测，（假设 2. 1. 3）对负面报道越关注，农民工的整体政治信任水平越低。

2. 中央、地方媒体的评价和农民工的政治信任

在本研究中，媒体的信任体现出受众对信息渠道所传播内容的相信的评价及心理态度，受众对媒体渠道的信任，意味着受众对媒体所传播内容可能会有着更高接纳程度。因此，我们区别农民工对央地媒体所传播内容

① 资料来源人民网，资料网址：http：//theory. people. com. cn/n/2013/0712/c107503 - 22176745. html

的信任偏好，从而考察在不同行政级别的媒体的可信度与政治信任之间的关系。

李丹峰在媒体信任与选举投票行为的研究中区分了中央媒体和地方媒体的影响效应，对地方媒体的信任会显著影响人们的投票行为，而对中央媒体的信任与投票行为没有显著关系。这可能由于居委会属于地方基层的自治组织，与地方媒体在地域上覆盖的范围比较相似，人们对地方媒体的信任程度越高，越关心本地公共事务，就越有可能参加社区选举投票。中央媒体主要以报道国家新闻内容为主，与受访者本地的政治事务可能完全无关，因此也可能起不到动员作用（李丹峰，2015）。借鉴此研究的启发，我们猜测不同层级的媒体所发挥的政治影响作用与其所覆盖的区域范围密切相关。由此，我们提出两个假设：

对中央媒体所传播的政治信息越信任，农民工对中央政府及中央政府工作人员的信任水平越高。

对地方媒体所传播的政治信息越信任，农民工对地方政府及地方政府工作人员的信任水平越高。

此外，因为政治信任的对象具有多层次性，所以大众传媒对不同层次、不同类型的政治信任的影响效应并非铁板一块。当前国内的研究多是针对特定性机构信任的研究，胡荣、庄思薇的研究显示，中国民众媒介使用对中央和地方两个不同层级的政府信任的影响效果也有所差异。新兴媒体和中央政府信任存在显著负相关。传统媒体使用能够有效地增进居民对地方政府的信任，但对中央政府信任没有显著影响（胡荣、庄思薇，2007）。由于缺乏相应的文献支持，我们在上述研究假设部分中仅仅针对传媒变量展开相应假设，无法进一步细分到对应的政治信任变量，在下面各章节的研究中，我们将会逐一探索大众传媒对各级各类政治信任的差异化影响。

二、关于大众传媒对政治信任的影响机制的理论假设

早期大众传媒效果研究主要是建立在“刺激—反应”理论的基础上，考察各种媒介内容的使用（S）与媒介使用结果（R）这两个主要变量的

因果关系，从中关注受众的态度改变，这种简单的“S-R”模式便是一种媒介效果研究的直观模式，其中魔弹论、拉斯韦尔的5W理论均体现出“S-R”模式的特点。在上述的假设中，本研究因循“S-R”模式的研究路径，探索了大众传播媒介对不同类型政治信任的直接影响。但是鉴于所得到的相应结论依然过于简单，其研究结论未必与现实相符。因此，在影响机制部分，我们将在直接影响效应的基础上，从受众个体层面出发，结合受众的个体属性和社会属性的角度，深入探寻受众个体因素的影响，检验大众传媒与政治信任关系的调节机制和中间作用机制。

（一）大众传媒与农民工政治信任的调节机制

1985年，马尔库和扎荣茨关注到大众传播效果的条件与过程，将“S-R”模式发展成“O-S-O-R”模式（Marku & Zajonc，1985）。其中，第一个“O”表示受众接受媒体内容前，受众自身所具有的结构性的、文化性的、认知性的和动机性的特征，这些特征会被受众带入信息接收的情景之中，形成媒介使用过程中的倾向性，进而影响到媒介使用的效果。媒介效果研究的“O-S-O-R”模式为本研究提供了有益的启示，我们在分析大众传媒对政治信任的影响效应时，不应是简单地对二者的直接关系进行分析，而是需要将媒介使用中隐形的个体差异纳入考量范畴。事实上，农民工并非同质性的群体，该群体内部在个人特质、政治心理偏好等方面也存在较大的差异，因此，大众传播媒介的使用对农民工政治信任的影响并非是同质性的。由此可见，从个体微观视角考察大众传媒对个体政治态度的影响，需要考虑到受众个体的异质性。

如何界定影响媒介传播效果发生的受众因素？媒介传播效应的条件模型和认知作用模型分别从不同的视角作了相关的诠释。

1. 条件模型理论

条件模型理论重点阐释了媒体的影响效果是受到受众个体因素的制约，受众通常会依据个人的兴趣、经历、需求和愿望，以此来筛选、匹配、解读、接纳媒体的曝光内容（Perse，1990）。

（1）人口统计学特征的调节作用

首先，受众的人口统计学特征（如性别、年龄、教育程度、种族等）

可能会障碍或增强媒介的传播效果。依据人口学特征进行人群分类是有意义的，它把人群分成宽泛的类别，不同类别人群之间存在一定的差异，同一类别则代表了共同的参照系。这些参照系形塑着个人的兴趣、经验、能力等，进而影响着其媒体的使用状况。总之，人口统计学特征变量能够便捷地预测媒介的传播效果（Perse，1990）。

第一，年龄变量能够有效地影响媒介使用的效果，研究显示，年幼的孩子在收看电视节目时候更容易受到惊吓（Flavell，1963）。针对本文的研究对象农民工群体，我们认为年龄变量是一个很重要的影响变量。当前，新生代农民工已经成为农民工群体的重要主体，身处于信息化的时代中，新生代农民工在媒体使用、政治态度方面呈现出与老一辈农民工迥异的特点。不少研究者发现，新生代农民工是新兴媒体使用的活跃人群，新兴媒体的普及率远远超过传统媒体，使用时间长，且使用目的以人际交往和休闲娱乐为主（朱荟，2016；周葆华、吕舒宁，2011）。这些研究发现也与我们的研究结论相符，与老一代农民工相比，新生代农民工使用传统媒体的频率更低，但使用新兴媒体的频率更高；对传统媒体中的政治性内容的关注程度较低，但对新兴媒体中的政治性内容关注度更高。

董毅的研究进一步区分出大众传媒对不同年龄阶段农民工的政治信任的影响机制，年龄较大的农民工群体已经形成了固定的政治观念，传媒对其政治信任的影响较为有限。年轻的农民工由于认知观念还没有完全固化，其对政治系统的信任容易受到媒体信息的影响。朱荟的研究进一步发现，在网络社会中，新生代农民工已经成长为一群“批判性公民”，他们受到后物质主义价值观的影响，对政府服务和政治权利有着更高的要求，从而降低了对政府的信任水平（朱荟，2016）。这些研究也都支持了大众传媒与政治信任的关系可能受到年龄因素的影响。因此，我们在上述研究的基础上，将农民工区分为新一代农民工和老一代农民工，并提出如下研究假设：

随着媒体使用频率的增加，老一代农民工和新生代农民工之间的政治信任差距将会越来越大。换而言之，媒介使用频率将会拉大不同年龄段农民工之间的政治信任水平。

随着媒体政治性内容的注意程度的增加，老一代农民工和新生代农民工之间的政治信任差距将会越来越大。换而言之，媒介政治性内容注意程度将会拉大不同年龄段农民工之间的政治信任水平。

第二，人口统计学变量中的教育程度也是影响媒介信息获取的重要因素。知沟理论的研究表明，高教育程度意味着具备丰富的公共事务知识、获取复杂多元信息的机会，所以在高教育程度的受众更倾向于有选择性地接触和吸收媒介信息（D. M. McLeod & Perse，1994；Tichenor et al.，1970）。上述研究发现，受访农民工的教育程度和媒介使用频率、媒介内容的注意程度呈正相关。朱荟的研究显示，农民工的受教育程度越高，其使用网络的时间也越长，因此更容易受到网络多元内容的影响，从而产生心理落差和被剥夺的情绪，进一步降低其对政府的信任感（朱荟，2016）。据此，我们将教育程度作为调节变量，试图考察媒介使用与政治信任的关系是否受到教育程度变量的影响。因此，研究中提出如下假设：

随着媒介使用频率的提升，受到高等教育者和未受过高等教育者之间的政治信任差距将会逐渐扩大。

随着媒介政治性内容的注意程度的提升，受到高等教育者和未受过高等教育者之间的政治信任差距将会逐渐扩大。

（2）个体心理动机因素

第一，预先存在的兴趣同样会影响人们对媒介信息的选择性接纳。政治兴趣是政治认知成熟度的重要维度之一。根据帕特森的研究，政治兴趣是区分个人如何使用媒介的指标，是对不同媒介新闻使用形态影响最显著的因素（Patterson，1994）。在本研究中同样证实了这一点，政治兴趣是增进媒介使用频率、媒介政治性内容注意程度的关键心理变量。此外，张明新、刘伟的研究表明，人们的政治兴趣对政治信任具有显著的影响（张明新、刘伟，2014）。基于此，本研究尝试着考察媒介使用与政治信任的关系是否受到农民工个体政治兴趣变量的影响，提出如下研究假设：

随着媒介使用频率的提升，对政治议题较感兴趣者和对政治议题不感兴趣者之间的政治信任差距将会逐渐扩大。

随着媒介政治性内容的注意程度的提升，对政治议题较感兴趣者和对

政治议题不感兴趣者之间的政治信任差距将会逐渐扩大。

第二，从媒体受众的“使用与满足”的视角来看，人们使用媒体的动机影响着媒体的传播效果（Rubin，1994）。不同媒体使用动机与媒体内容的注意程度密切相关，它决定着人们会选择性地关注哪些类型的媒体内容（Kim & Rubin，1997），所以媒体使用动机是影响媒体传播效果的条件之一。例如，为了获取信息而收看电视的受众将会更为关注新闻，相反，那些只是为了打发时间的人只会漫不经心地切换新闻频道（Rubin，1981）。可见，人们收看电视原因的差异将会有效影响新闻信息和知识的接受能力（Carveth & Alexander，1985；Perse，1990）。总之，媒体使用动机将会增进那些感兴趣的媒体内容的影响效应，而对不投入关注的媒体内容则会产生抑制作用。我们重点选取了农民工使用媒体的动机之一——监视环境动机进行考察，尝试着提出以下假设：

随着媒介使用频率的提升，监视环境动机较强者和监视环境动机较弱者之间的政治信任差距将会逐渐扩大。

随着媒介政治性内容的注意程度的提升，监视环境动机较强者和监视环境动机较弱者之间的政治信任差距将会逐渐扩大。

2. 认知作用模型

除了条件模型理论关注媒介受众特征之外，媒介认知作用模型基于认知心理学的视角，强调人类的心理图式对人们学习和处理媒介信息的影响（Fiske & Taylor，1991）。该模型也认同受众因素是理解媒介效果的关键，因为个体的心理认知图式使得同样的媒介内容呈现出个性化、差异化的理解效果。研究显示，政治上的复杂性是一种人们评估政治选举候选人的认知图式（Lau & Sears，1986）。这种认知图式使得受众在接触媒体时带有相应的目标倾向，影响着人们对媒体内容的选择与接纳（Rubin，1984）。政治复杂性体现出人们对政治有着更丰富、成熟的认知参考框架，其中政治效能感是衡量这种政治认知成熟度的重要维度之一。

政治效能感强烈的民众更富有公民赋权意识，对政府更有信心，相比之下，政治效能感薄弱的民众较容易产生政治无力感（Gilens，Glaser & Mendelberg，2001）。这两种人在使用媒体的目的和效果方面有所差异，前

者可能会巩固对政府的信心，而后者可能会产生政治冷漠感和政治犬儒主义的效果（Bowler & Donovan，1998）。在此基础上，为了剖析媒介使用与政治信任的关系是否受到农民工个体政治效能感变量的影响，我们提出下列假设：

随着媒介使用频率的提升，政治效能感较强者和政治效能感较弱者之间的政治信任差距将会逐渐扩大。

随着媒介政治性内容的注意程度的提升，政治效能感较强者和对政治效能感较弱者之间的政治信任差距将会逐渐扩大。

（二）大众传媒与农民工政治信任的中间作用机制

政治传播学者克拉珀认为，当大众传播具备改变的作用时，可能存在着以下两个条件：第一，有些中间因素是不起作用的，传媒效果是直接的；第二，在正常情况下，某些中间因素起到了加强传媒宣传效果的作用（Klapper，1960）。在过往的相关研究中，金恒江、聂静虹对中国女性政治信任的影响研究不仅验证了女性媒介使用和政治信任之间的直接联系，而且还发现受众的社会心理感知和政治心理—行为因素在媒介使用对政治信任态度的影响上起着中介作用（金恒江、聂静虹，2017）。章秀英、戴春林的研究中也发现了网络使用通过政府绩效评价、全局价值观和政治效能感等因素，间接地影响了政治信任（章秀英、戴春林，2014）。苏振华、黄外斌的研究认为互联网使用使得民众趋向于自我表达价值观，自我表达价值观增强是互联网使用降低政治信任的中间机制。（苏振华、黄外斌，2015）由此可见，大众传媒往往是通过其他中间变量向受众施加影响的效果，受众可能因为使用大众传媒而构成了在心理—行为方面的某些倾向，从而影响了政治信任水平。因此本节重点考察大众传媒与政治信任的中间作用机制，以此分析大众传媒是如何影响农民工的政治信任这一议题。

本研究意图建构大众传媒视角与心理认知视角、政府绩效视角、社会文化视角之间的对话桥梁，因此从政治绩效、政治价值观、社会资本以及政治行为的角度选取相应的中介变量，深入探讨当中可能存在的作用机制。相关研究依据和假设如下：

1. 流入地公共服务政策的了解程度

心理认知视角中将政治认知视为整个政治心理结构的基础，民众的政治认知通常分为两种形式：一方面，通过政治参与活动形成直接认知；另一方面，也可以通过学习政治知识，知情政治新闻的方式等构成间接认知。通过大众传媒，民众能够知晓各种政治事件，了解公共权力、政府政策的运作情况，尤其是政治行动者的基本情况（Fiss，1996）。因此，我们推测作为政府信息传播渠道之一的大众传媒通过对政府信息的传达，提升了民众对政府政策的了解程度，进而对政治信任的形塑产生影响。

由于城乡分离的二元户籍结构，农民工一般难以得到与流入地居民同等的社会、政治和经济权益。伴随着户籍制度的深化改革和农民工市民化政策的有效推进，“十二五”以来国家加大推进公共服务均等化的政策举措，保障常住农民工在居住地享有教育、就业、卫生等领域的基本公共服务，并为农民工提供新市民培训服务，提高农民工综合素质和融入城市的能力，因此公共服务和福利的均等化政策可能会成为农民工判断流入地政府是否具有可信性的核心原则。本研究中将依据 X 市所出台的针对农民工群体的公共服务和福利项目，考察农民工对这一系列公共服务政策的了解程度，并进一步探索大众媒介对流入地政府信任与惠及农民工的公共服务政策的影响。本研究提出以下假设：

公共服务政策的了解程度在媒介使用频率（包括新兴媒体和传统媒体）对农民工流入地政府信任的影响方面具有中介效应。

公共服务政策的了解程度在媒介政治性内容的注意程度（包括新兴媒体和传统媒体）对农民工流入地政府信任的影响方面具有中介效应。

2. 流入地政府绩效的评价

密西勒和罗斯针对政治信任起源，建构了微观—宏观的解释框架，其中，微观的制度视角强调公民个人对政府绩效的评价与政治信任之间存在相关关系（Mishler& Rose，2001）。因此，我们推测大众传媒通过对政府政策信息的传达，能够帮助民众对政治制度和政府行为的可信度作出理性评估，进而对政治信任的形塑产生影响。据此，研究提出如下假设：

流入地政府绩效评价在媒介使用频率（包括新兴媒体和传统媒体）对农民工流入地政府信任的影响方面具有中介效应。

流入地政府绩效评价在媒介政治性内容的注意程度（包括新兴媒体和传统媒体）对农民工流入地政府信任的影响方面具有中介效应。

3. 政治价值观

相关文献指出在不同情景中，个人会透过不同的社会化机制，选择自身所需要的资讯来学习，从而形成他们的政治价值观念（Crystal & Debell，2002；Froman，1962）。政治社会化既可以通过正式的机制（如学校）来进行，亦可以通过大众传播媒介来实现（Chaffee et al.，1970）。霍克在讨论政治社会化时，也将媒介纳为重要的影响机制。随着科技的进步，大众传播手段日益丰富，不断创新的大众传媒为民众提供了大量的政治信息和相关资讯，这有助于传递政治价值观念，帮助个体了解政治生活，以便于个体顺利实现政治社会化（Hooghe，2004）。众所周知，政治价值观对政治信任具有重要作用（Mishler& Rose，2001），个体的政治价值观被认为是影响政治信任的基础性因素之一（马得勇，2007）。鉴于大众传播媒介是形塑政治价值观的重要方式，大众传媒可能通过影响政治价值观，进而对农民工的政治信任产生作用，故本研究提出假设：

个体政治价值观在媒介使用频率（包括新兴媒体和传统媒体）对农民工政治信任的影响方面具有中介效应。

个体政治价值观在媒介政治性内容的注意程度（包括新兴媒体和传统媒体）对农民工政治信任的影响方面具有中介效应。

4. 社会资本

在帕特南对意大利的研究中，他将社会资本定义为是社会组织的特征，诸如信任、规范，以及网络，它们能够通过促进合作来提高社会的效率。根据普特南的界定，社会资本主要包括关系网络、规范和信任（Putnam，1993）。在目前文献中，大众传媒对社会资本的作用探讨集中在社会信任、组织参与行为层面，所以我们也选取这两个维度的社会资本进行讨论。

（1）社会信任

从现有的文献来看，“涵化理论”源自早期以格伯纳为主的电视暴力研究，其认为电视节目充斥着大量的暴力内容，长期使用电视媒体将深刻地影响社会大众对外在世界的认知和行为，进而会让大众对现实社会产生恐惧、疏离、不信任的感觉（Gerbner & Gross，1976；Signorielli & Morgan，1990）。而社会信任正是被研究者视为促进政治信任的要素之一（Aberbach & Walker，1970），金恒江、聂静虹针对女性网民的研究中证实，人际信任在媒介使用对女性政治信任的影响上起到部分中介作用（金恒江、聂静虹，2017）。本研究针对农民工群体，提出如下假设：

社会信任在媒介使用频率（包括新兴媒体和传统媒体）对农民工政治信任的影响方面具有中介效应。

社会信任在媒介政治性内容的注意程度（包括新兴媒体和传统媒体）对农民工政治信任的影响方面具有中介效应。

（2）社会组织参与

“时间替代假设”认为人们在日常时间的安排上分配给不同活动的时间是有限的，花在媒介上的大量时间会挤占人们社会交往的时间和对公共生活的投入，从而削弱了组织参与层面的社会资本（Putnam，1995）。高勇的研究也论证了参与行为对城市居民的政治信任具有显著的影响作用（高勇，2014），社团参与将会促进公共精神，增进民众的利益表达和利益集结，从而提升民众对政治系统的信任（普特南，2011）。鉴于此，我们提出以下假设：

社会组织参与在媒介使用频率（包括新兴媒体和传统媒体）对农民工政治信任的影响方面具有中介效应。

社会组织参与在媒介内容的注意程度（包括新兴媒体和传统媒体）对农民工政治信任的影响方面具有中介效应。

5. 政治参与行为

“良性循环论”关注媒介使用内容，其内在逻辑是阅读报纸、收看新闻节目有助于提升民众的政治认知能力和政治参与水平（Norris，2000），因此政治参与行为与媒介使用行为之间可能是互相促进的。国内的一些研究也表明，具体的政治参与行为（如上访、选举等）将会对政治信任产生显著的影响（胡荣，2007；李连江，2012）。综上，本研究认为大众传媒可能通过影响政治参与，从而进一步作用于农民工的政治信任。因此，我们推测：

政治参与在媒介使用频率（包括新兴媒体和传统媒体）对农民工政治信任的影响方面具有中介效应。

政治参与在媒介政治性内容注意程度（包括新兴媒体和传统媒体）对农民工政治信任的影响方面具有中介效应。

第三节　研究方法

一、资料搜集方法

本研究采用问卷法收集定量资料。研究中所使用的数据资料来源于 2016 年度 X 市社会科学重点课题“X 市人口发展趋势与教育资源布局研究”的问卷抽样调查。课题组于 2016 年 10—12 月在 X 市 SM 区、HL 区、XA 区、HC 区、TA 区、JM 区展开入户问卷调查，调查对象选取年龄在 16—60 岁、户籍为 X 市以外的农村地区的居民。问卷调查总共发放问卷 1200 份，回收 1200 份，有效问卷是 1194 份，问卷有效率为 99. 5%。

问卷内容涉及四大方面，即调查对象的基本情况、媒介使用与评价等预测变量相关指标、政治绩效、社会资本、政治价值观、政治行为等中介变量相关指标以及政治信任等因变量相关指标，共由七个部分组成。第一、二、三部分重点了解调查对象的基本情况，包括性别、出生年月、教育程度、政治面貌、来源地、家庭基本情况、工作状况等；第四部分是关于政治信任、政府绩效评估的相关内容；第五部分是社会资本与政治参与的状况，内容包含社交网络、社会组织与公共政治生活的参与情况；第六部分是关于政治价值观的相关内容；第七部分是涉及大众传媒的相关内

容，主要调查的是受访者对媒体使用的动机、使用频率与内容、对媒体的公正性和可信度评估等。

（一）调查地点选择

X 市是东南沿海重要的中心城市，自 1980 年以来国务院批复设立经济特区后，X 市的经济不断发展，现已成为两岸新兴产业和现代服务业的合作示范区、金融服务中心和贸易中心。良好的经济条件和人文环境吸引了来自全国各地的外来务工人员，X 市现已成为全省人口流动最频繁的区域。截至 2016 年 9 月份，根据 X 市公安局登记数据显示，户籍人口约 212 万，办理暂住证的非户籍人口总数约 280 万。① 若以净流入人口占常住人口比例来看，X 市的比例位居全国第四。②

除了外来人口数量庞大的特点之外，X 市在推动流动人口市民化方面也取得了一定的经验与成就。2014 年，X 市成为全国流动人口社会融合的示范试点城市，尤其在促进流动人口家庭发展和社会平台建设方面起到了全国引领示范作用。③

综上所述，鉴于 X 市位处有代表性的经济地理区位，外来人口比重较大等因素，并且结合开展调查的人力、时间、便捷性的原则，我们最终选择在此展开问卷调查。

（二）抽样方案

为保证样本的代表性，抽样计划覆盖 X 市六个区。本次调查采取多阶段分层随机抽样的方法，具体的抽样方法如下：首先，抽取初级抽样单元（各区下辖街道），根据 X 市卫计委 2016 年 7 月流动人口动态监测

① 根据历史数据变动来看，X 市公安局的登记数据显示，办理暂住证的非户籍人口约 280 万，但实际上办理暂住证人口中至少有 20 万人不在 X 市实际定居。X 市卫计委的监测数据显示，截至 2016 年 6 月份，在 X 市非户籍人口总数约 203 万，但这一数字偏小，约有 20%—30% 的流动人口因流动性太大，无法及时纳入监测。因此两部门统计数据折中之后，“X 市人口发展趋势与教育资源布局研究”课题组预计在 X 市有生活经历的非户籍人口总量约 260 万人。

② 资料来源《X 市外来人数接近户籍人数，人口净流入将影响房价走向》http：//news. xmhouse. com/bd/201605/t20160520_ 616388. htm

③ 资料来源《我市成为全国流动人口社会融合示范试点城市》http：//news. xmnn. cn/a/xmxw/201410/t20141025_ 4158881. htm

数据所显示的外来人口分布情况，我们在X市六个区中抽取了各区流动人口最多的一个街道。其次，在初级抽样单元的基础上再次抽取二级抽样单元（社区），在抽取街道下辖社区的过程中，我们根据流动人口的数量多少，抽取4—6个流动人口最多的社区，全市共计30个社区。在社区中抽取要调查的对象时，主要以各社区流动人口登记花名册为抽样框，每个社区从中抽取40名手机号码末尾数为6的16—60岁之间的外来农村户籍流动人口作为调查对象。调查发出问卷1200份，回收有效问卷1194份。

（三）样本概况

表2-1列出了问卷调查样本的基本情况，样本结构如下：

1. 性别分布。男性样本674人，有效百分比56.5%；女性样本519人，有效百分比43.5%。

2. 流动范围和户口所在地分布。本次调查的有效样本户口均在农村。跨省流动的调查对象有681人，有效百分比为57.7%，其中江西省、河南省、四川省和贵州省为农民工的主要流出地，来自这四个省的调查对象分别占15.1%、9.3%、8.9%和6.5%。福建省内流动的调查对象有500人，有效百分比为42.3%。

3. 年龄分布。本次调查中的农民工以青壮年为主，总体样本的平均年龄为34.07岁，其中16—30岁的样本占38.2%，31—40岁的样本占40.3%，41—50岁的样本占17.3%，51岁及以上的样本最少，占4.2%。

4. 来务工地年份分布。总体样本的来X市工作年份为12.64年，其中来X市务工10年及以上的样本最多，占44.5%。来X市3年及以下和4—6年的样本分别占19.1%和19%，来X市7—9年的占17.4%。

5. 月收入分布。调查样本中农民工的月收入平均为4269.47元，主要集中在2001—4000元之间，其中月收入在2001—3000元的占30.7%，3001—4000元的占28.4%。此外，月收入在4001—5000元的占17.4%，5001元以上的占16.6%。月收入在1000元以下的人数最少，有效百分比仅占1.2%。

6. 工作情况。从工作单位的性质来看，本文将农民工的工作单位性质

划分为 8 类，在调查样本中，在私营企业工作的农民工人数最多，占 32%，其次为在个体经营的企业和外资、合资企业工作的农民工，各占 25.2 %。无单位灵活就业的农民工占总体样本的 9.3%。在政府机关、事业单位、国有企业和集体企业工作的农民工数量极少，仅占 8.3%。

从工作单位所在的行业来看，本文按照国家统计局的国民经济行业分类标准，将农民工所在的工作行业分为 20 类。调查样本中的农民工近半数集中在制造业，有效百分比为 41.9%，其次分布在批发零售业、住宿餐饮业、维修服务业，分别占 14.1%、11.5%和 10%，其余的行业的样本数极少。

7. 政治面貌。调查样本中，政治面貌为群众的农民工占绝大多数，有效百分比为 85.3%，其次是团员和党员，分别占 10.3%和 3.4%，民主党派成员极少，仅占 1%。

8. 婚姻状况。已婚的调查对象最多，有效百分比为 79.3%，其次是未婚的，占 19.1%，丧偶和离异的样本最少，占 1.6%。

9. 受教育程度分布。教育程度为初中和高中/中专、技校的农民工人数较多，分别占 48.3%和 28.6%。其次为大专及以上学历的农民工，占全体样本的 13.2%，受教育程度为小学及不识字的农民工数量占 9.9%。可见，农民工群体整体受教育程度不高，初中及以下学历的农民工超过半数。

总体上看，本次调查收集的样本特征基本分布合理，与全国范围内农民工统计数据相契合，可以用于进一步的分析研究。

表 2-1　问卷调查样本概况

变量	样本量	百分比（%）	变量	样本量	百分比（%）
性别	**流动范围**				
男	674	56.5	跨省流动	681	57.7
女	519	43.4	省内流动	500	42.3

续表

变量	样本量	百分比（%）	变量	样本量	百分比（%）
年龄（岁）	来务工地年数				
16—30	455	38.2	3年以下	228	19.1
31—40	479	40.3	4—6年	227	19.0
41—50	206	17.3	7—9年	207	17.4
51岁以上	50	4.2	10年及以上	530	44.5
政治面貌	婚姻状况				
中共党员	40	3.4	未婚	228	19.1
团员	124	10.3	初婚	926	77.6
民主党派	12	1	再婚	20	1.7
群众	1018	85.3	丧偶	2	0.2
			离婚	17	1.4
受教育程度	单位性质				
不识字	15	1.3	政府机关	10	1
小学	103	8.6	事业单位	12	1.1
初中	577	48.3	国有企业	43	4.2
高中	208	17.4	集体企业	20	2
中专、技校	133	11.2	外资、合资企业	259	25.2
大专	108	9	私营企业（8人以上）	328	32
本科及以上	50	4.2	个体经营（8人以下）	259	25.2
			无单位灵活就业	95	9.3
月收入（元）					
1000元以下	12	1.2			
1001—2000	59	5.7			
2001—3000	319	30.7			
3001—4000	294	28.4			
4001—5000	180	17.4			
5001元以上	172	16.6			

注：部分变量的样本总量与总样本量不一致是由于缺失值导致的。

资料来源：作者自制

二、分析方法

本研究主要根据“X 市人口发展趋势与教育资源布局研究”课题的抽样调查所获得的定量数据展开分析。对于所获得的调查数据，我们利用统计分析软件 SPSS21.0 进行分析处理。具体的操作流程和内容是：首先，对涉及研究的相关变量的数据进行清洗、整理；其次，运用描述统计、回归分析等方法对因变量、自变量的基本现状予以简单的分析和探讨；最后，建立控制变量、自变量和因变量之间的回归分析模型，揭示各个变量之间的内在逻辑关系。

在回归分析模型上，主要依据研究目的和数据特性，采用一般线性回归分析（OLS）、二分类变量的逻辑斯蒂回归分析（BLR），在检验中介效应时采用 Sobel 中介效应检验方法。

（一）一般线性回归分析（OLS）

一般线性回归模型适用于以定距变量为因变量的多元回归分析。在分析大众传媒各变量对农民工不同类型政治信任的影响时，会采用这一方法。具体估计模型为：

$$Y = B_0 + B_1X_1 + B_2X_2 + \cdots\cdots + B_iX_i + \varepsilon$$

其中，Y 代表受访者的政治信任水平；X_1、X_2、X_i代表影响农民工政治信任的各因素，分别是控制变量及媒介使用、媒介评价各指标；B_0是常数项，表示当其它自变量取值为 0 时 Y 的均值；B_1为各自变量的非标准化回归系数，表示在控制其它变量的情况下，X_1每改变一个单位，Y 平均改变 B_1个单位；ε 为随机误差。

（二）二分类变量的逻辑斯蒂回归（BLR）

BLR 模型适用于以二分类变量为因变量的多元回归分析。在本研究中，用二分类变量测量的是受访者对中央政府的信任、中央政府官员的信任、地方政府官员的信任。我们采用该模型来分析大众传媒因素对上述三类政治信任的影响作用。二分类变量的逻辑斯蒂回归模型方程式为：

$$Log（P/1-P）= B_0 + B_1X_1 + B_2X_2 + \cdots\cdots + B_iX_i$$

其中，P 表示的是受访者信任中央政府、中央政府官员和地方政府官员的概率，X_1、X_2、X_i代表控制变量及媒介使用、媒介评价指标，B_i表示在其他变量不变的条件下，自变量 X_i每改变一个单位，受访者“信任中央政府、中央政府官员和地方政府官员”的优势比会平均改变 exp（B_i）个单位。

（三）中介效应检验方法

本研究涉及中介效应的考察，比如政府绩效、社会价值观、社会资本、政治行为是否是媒介使用和不同类型政治信任的中介变量。中介效应有多种检验方法，在此我们选用通过依次检验回归系数的方式判断是否存在中介效应。检验策略如以下三个方程：

①$Y=cX+e_1$；② $M=aX+e_2$；③$Y=c'X+bM+e_3$。

其中，X、Y 分别为自变量与因变量，M 为中介变量。判断方式为：若三个方程中，c、a、b 都显著且 c′小于 c，则可判断存在部分中介效应。如果 c′不显著，则可以判断 X 对 Y 的影响存在完全中介效应；若在①中 c 显著，②中 a 或③中 b 中有一个不显著，则需要通过 Sobel 中介检验进行效应判别（温忠麟等，2012）。

Sobel 的检验公示：$Z=\frac{\alpha\beta}{\sqrt{\alpha^2\delta_\beta^2+\beta^2\delta_\alpha^2}}$；

其中 α 为 a 的标准回归系数，δ_α 为 a 的标准误；β 为 b 的标准回归系数，δ_β 为 b 的标准误。

（四）因子分析

因子分析是把一些具有错综复杂关系的多个变量归结为少数几个综合因子的一种多元统计分析方法，它将每个原始变量都分解成所有变量都具有的公共因 子以及每个变量所独自拥有的特殊因子两部分，其目的是为了简化变量维数，以最少的共同因素对总变异量做出最大的解释。本研究在对中介变量中的政治价值观、社会组织参与、政治参与指标进行操作化时会采用因子分析方法。

第四节 核心变量的测量

一、因变量：政治信任

本研究的因变量为农民工的政治信任。在上述文献综述中，本文将政治信任界定为：公众基于理性思考、实践感知、心理预期等对政治体系产生的一种相信、托付的政治态度或信念，通常反映出在特定环境中民众与政治体系之间直接或间接互动中所产生的支持性政治关系（刘昀献，2009；上官酒瑞，2012）。纵观当前学界相关文献，对政治信任的测量存在多种方式，本研究从政治信任的概念出发，整合了过往研究中的测量方法，力图较为全面呈现农民工政治信任的现状与特点。

第一，对政治信任的对象进行细分。目前多数研究将测量焦点放在政治信任的客体层面。政治信任的客体为政治体系，由于政治体系结构较为复杂，因此对公民的政治信任对象的测量也是多层面的。如有的测量被访者对不同机构（如对法院、警察等）的信任（马得勇，2007）；有的测量被访者对于不同层级政府（如中央、省区级、地市级）的信任，然后提取公共因子（胡荣、胡康、温莹莹，2011）。但多数研究还是局限于政治信任某一层面的单维度测量，这也是造成学界对政治信任的测量存在差异的重要原因。

关于政治体系的结构性研究中，戴维·伊斯顿和皮帕·诺里斯的研究最具代表性。作为政治系统论的创始人，伊斯顿根据政治支持的来源及对象将政治支持分为特定性支持和弥散性支持（Easton，1965）。系统成员因认定权威当局输出符合自己的需求，由此所刺激产生友好态度和倾向。当支持的输入与特定的输出中所得到满足密切相连，此种支持是源于因特定需求得以满足的报酬，可称之为“特定性支持”。除此之外，系统成员对制度规则和共同体存在一种普遍性和弥散性的牢固依附，伊斯顿称之为“弥散性支持”。这种支持情感通常是个人成熟过程中的早期阶段逐渐灌输而成的，独立于权威当局输出的影响。当政治系统输出不能与需求的输入

保持均衡时，这种精神上或象征性的情感使得成员愿意容忍与其需求相左的政治系统输出（Easton，1965）。诺里斯细化了伊斯顿对政治体系分类，区分了当权者、政治机构、政体绩效、政治原则与政治共同体这五个层面的政治支持，并将这五个层面由高到低在特定性支持与弥散性支持光谱中进行排列（Norris，1999）。其中，特定性支持通常指向权威当局，弥散性支持指向的是制度规则和政治共同体。

本研究借鉴伊斯顿和诺里斯的思想，依据信任对象和信任来源的差异，将政治信任区分为特定性政治信任和弥散性政治信任，这两类不同维度政治信任的内在作用机制有所差异。弥散性的政治信任是政治信任发生和发展相对稳定的模式，而特定性的政治信任往往具有多变性，与权威当局的决策和行动密切相关。特定性的政治信任指向对政治机构的信任以及政治行动者的信任，其中政治机构不仅涵盖中央政府和地方政府这类行政机构，也覆盖党委、司法系统、立法系统、军队等。政治行动者包含中央党政官员和地方党政官员。在本问卷中，我们询问了受访者对下列机构的信任程度如何：（1）中国共产党；（2）全国人民代表大会；（3）法院及司法系统；（4）公安部门；（5）军队；（6）中央政府；（7）省级政府；（8）市级政府；（9）区级政府；（10）中央政府官员；（11）地方政府官员。答案分为“很不信任”“不太信任”“比较信任”“非常信任”四类，并由低到高分别赋值1—4分。通过计算农民工对11大政治机构和政治行动者的信任均值，我们得到个体的特定性政治信任度。

对政治共同体以及国家根本政治制度的长远预期与评价，属于弥散性政治信任。在问卷中，我们设置了两道题目，询问被访者是否同意以下表述：（1）作为我们国家的一份子，我感到光荣；（2）整体而言，我以我们国家的政治制度为荣。答案根据利克特量表设计成4个等级：“非常不同意”“不同意”“同意”“非常同意”，并依次赋分1—4分。选择“非常不同意”者的弥散性政治信任水平较低，选择“非常同意”者的信任水平较高。我们通过计算这两个项目的信任均值，从而获得个体的弥散性政治信任度。

在此基础上，我们还结合中国民众政治信任的“央强地弱”特征，从纵向层级的角度，将政治信任划分为中央政治信任和地方政治信任（包含

中央政府、地方政府信任及中央政府官员、地方政府官员信任)①，以此展开层级比较。考虑到农民工自身的流动经历，在地方政府这一层面的分析中我们又进一步对流入地和流出地政府信任进行细分，在问卷中，我们询问了受访者对下列机构的信任程度如何：(1) 流入地市级政府信任；(2) 流入地区级政府信任；(3) 流出地市级政府信任；(4) 流出地区级政府信任。答案分为“很不信任”“不太信任”“比较信任”“非常信任”四类，并由低到高分别赋值1—4分。我们将对“流入地市级政府信任”和“流入地区级政府信任”的信任得分加总平均，得到“流入地政府信任度”指标，同样地，将“流出地市级政府信任”和“流出地区级政府信任”的信任得分加总平均，从而获得“流出地政府信任度”指标。

第二，对政治信任的内容进行细分。以往的研究通常将政治信任笼统地化约为信任主体对客体的信任程度，从而忽略对信任的内容和信任的内在心理动机的考察。实际上，信任的内涵非常丰富，在不同情境中，人们对于信任内涵的理解是有差异的，民众不同的信任内容也决定了不同的政治信任类型，例如什托姆普卡将信任关系分为工具型信任、价值型信任和信用型信任。国内学者一般将政治信任划分为意图和能力两个维度（Li，2004；王向民，2009），对政府能力信任，即公民对政治体系是否具有完成其职能的能力的信任，而对政府意愿信任，即公民对政治体系是否具有为民执政的意愿的信任。本研究将细分民众对政治体系的具体预期内容，综合过往文献，以流入地为信任对象，我们将政治信任划分为对政府能力信任与对政府意愿信任，并设定若干次级指标以考察农民工对政治体系的信任程度（如图2-2）。在问卷中，我们询问被访者以下五个问题，这五个问题及答案分别是：

（1）您相信X市政府做的事情总是对的吗？A. 总是；B. 大多数时间

① 在本问卷中，我们对中央政治信任和地方政治信任的测量指标如下。通过询问受访者对下列机构的信任程度如何：（1）中央政府；（2）省级政府；（3）市级政府；（4）区级政府；（5）中央政府官员；（6）地方政府官员。答案分为“很不信任”“不太信任”“比较信任”“非常信任”四类，并由低到高分别赋值1至4分。其中，地方政府信任指标是通过对调查数据中的省级、市级、区级政府信任的三项得分加总平均而获得。

是；C. 有时候是；D. 从来都不是

（2）您觉得 X 市政府总是代表普通民众的利益吗？A. 总是；B. 大多数时间是；C. 有时候是；D. 从来都不是

（3）您觉得 X 市政府官员在使用政府经费（如税收、财政拨款等）时总是合理的（如没有浪费）吗？A. 总是；B. 大多数时间是；C. 有时候是；D. 从来都不是

（4）您觉得有多少 X 市政府工作人员有能力做好自己的工作？A. 全部都有；B. 大部分有；C. 一部分有；D. 都没有

（5）您觉得有大部分 X 市政府官员的诚信程度怎样？A. 全部都有；B. 大部分有；C. 一部分有；D. 都没有

我们将答案选项进行颠倒编码并且按照 1—4 分依次赋值，分数越高，代表信任度越高。在本研究中，将（1）、（3）、（4）项目加总平均合并为"对政府能力信任"，将（2）、（5）项目加总平均合并为"对政府意愿信任"。

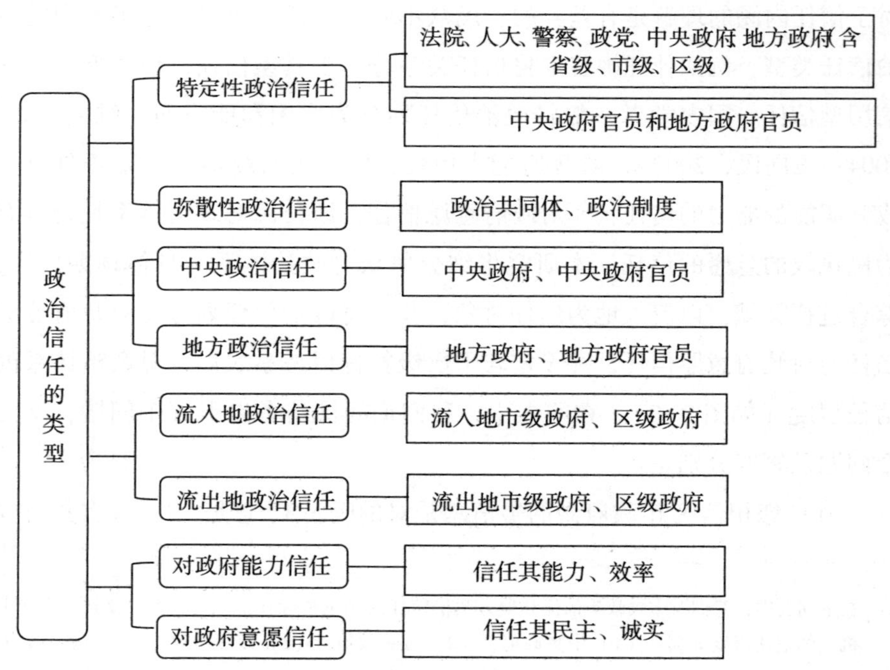

图 2–2　政治信任的类型划分图

资料来源：作者自制

二、自变量：大众传媒

大众传播是由各种机构和技术所构成，凭借这些机构、技术和专业化群体，透过技术手段（如报刊、广播等），向为数众多、各不相同又分布广泛的受众传播符号内容（Janowitz，1968）。大众传播媒介是使大众传播成为可能的有组织的技术或管道。本研究将自变量大众传媒具体操作化为媒介使用、媒介评价两个维度。

（一）媒介使用

媒介使用体现在多个方面，需要具体的解析，故我们将媒介使用变量进一步操作化为媒介使用频率、媒介内容注意程度这两个方面。媒介使用频率是衡量受访者对不同类型媒介的使用时间的积累情况，媒介内容注意程度则是测量受访者对不同类型、不同性质的媒介内容的投入专注情况。

1. 媒介使用频率

媒介使用频率的测量方法是，在问卷中询问受访者“过去两年，您对以下8类媒体的使用频率如何？（1）报纸；（2）杂志；（3）广播；（4）电视；（5）电脑上网；（6）手机；（7）微博；（8）微信”。答案根据利克特量表设计成5个等级：“从不使用”“很少使用”“有时使用”“经常使用”“总是使用”，并依次赋分1—5分。其中，将（1）、（2）、（3）、（4）项目加总平均合并为“传统媒介使用频率”指标，将（5）、（6）项目加总平均合并为“新兴媒介使用频率”指标，本研究将“传统媒介使用频率”和“新兴媒介使用频率”指标得分加总取均值后，获得了“媒介使用频率”指标。此外，我们还将（7）、（8）项目加总取平均值后作为“社交媒体使用频率”指标。

2. 媒介内容注意程度

媒介内容注意程度有两种测量方式。

第一种是按照不同类型的媒体来划分，先分为新兴媒体和传统媒体两类，在此基础上，接下来依据媒介主题将媒介内容划分为政治性内容和娱乐性内容。

具体的测量方法是，首先，询问受访者对以下报纸、杂志及电视中的内容的关注情况：（1）政治、政府类新闻及社会事务类新闻；（2）体育报道、娱乐节目及新闻、电视剧。答案分为“从不关注”“很少关注”“有时关注”“经常关注”“总是关注”，我们并由低到高分别赋值1—5分。

其次，询问受访者对以下互联网、手机中的内容的关注情况：（1）网络游戏、听歌、看电影、电视剧；（2）访问网站浏览政治时事、社会事务新闻；（3）在论坛、QQ群、微信、微博中转发时政观点、社会事务信息；（4）在论坛、QQ群、微信、微博中与他人交流感兴趣的时政新闻；（5）在论坛、QQ群、微信、微博中对时政和社会事务发表自己的观点；（6）通过网络参与社会公共事务的投票；（7）通过网络监督某项政策的执行或向政府机构提意见。问题采用量表格式，答案同样设置为“从不关注”“很少关注”“有时关注”“经常关注”“总是关注”，且由低到高分别赋值1—5分。其中，新兴媒体政治性内容注意程度分为四个维度，项目（2）称为“线上政治信息获取”维度，项目（3）和（4）加总平均后为“线上政治互动”维度，项目（5）为“线上政治表达”维度，项目（6）和项目（7）加总取均值后为“线上政治参与”维度，各个维度得分加总取均值后得到“新兴媒体政治性内容注意程度”指标。

第二种是按照媒体报道的特定结构性倾向来划分，我们将媒体的内容划分为正面报道、负面报道，与群体利益相关报道（即反映农民工群体的民生问题报道），以此考察农民工群体对媒体所设置的议程的关注偏好。具体的测量内容是，问卷中询问受访者通过媒体对下列信息的关注程度如何：（1）政府官员腐败与违纪报道；（2）正面报道；（3）农民工反映问题、表达意见的新闻报道。答案分为“从不关注”“很少关注”“有时关注”“经常关注”“总是关注”，且由低到高分别赋值1—5分。

（二）媒介评价

媒介评价反映了受众解读媒体信息时候的感知、判断和态度，这是影响媒介效果的关键因素。本研究中的媒介评价主要指向媒介的可信度评价。

在本研究中，我们区分了农民工对各级各类媒体的信任程度。首先，按照不同的行政级别，将媒介信任划分为对中央媒体的信任和对地方媒体

的信任，以此考察农民工对不同层级的媒介的信任状况。在问卷中，直接询问受访者对各级媒体所传播的政治信息的信任程度：（1）中央媒体；（2）地方媒体。答案设置为“非常不信任”“不太信任”“比较信任”“非常信任”，分别赋值为1—4分。

其次，按照不同的媒介类型进行划分，在问卷中对应的具体题目为“您对各类媒体所传播的政治信息的信任程度如何？（1）报纸；（2）杂志；（3）广播；（4）电视；（5）电脑上网；（6）手机”。问题采用量表形式，将答案分为“非常不信任”“不太信任”“比较信任”“非常信任”，且依次赋值为1—4分。其中，我们将项目（1）、项目（2）、项目（3）、项目（4）加总取均值，命名为“传统媒介信任指标”，将项目（5）和项目（6）加总取均值，命名为“新兴媒介信任指标”。

三、调节变量和中介变量

（一）调节变量

1. 年龄

不同年龄的农民工不仅在媒介使用方面表现出不同的特点（朱荟，2016；周葆华、吕舒宁，2011），在政治信任方面也存在显著的差异。一些研究也支撑了大众传媒与政治信任的关系可能受到年龄因素的影响（董毅，2009）。因此在研究中，按照出生年份将农民工划分为不同的世代，我们以1980年为分界点，将1980年前出生的受访农民工归为老一代农民工（编码为0），将1980年之后出生的农民工称为新生代农民工（编码为1）。

2. 受教育程度

受教育程度作为最重要的人力资本，也是影响媒介信息获取的重要因素。更高的教育程度意味着具备更丰富的公共事务知识和获取复杂多元信息的机会（D. M. McLeod & Perse，1994；Tichenor et al.，1970）。因此，受教育程度越高者，其使用媒介的水平越高，使用的程度也越深入。所以，不同受教育程度的农民工人群因媒介使用方面存在差异，故在考察其媒介使用与政治信任关系时不能一概而论。本研究把作为调节变量的受教育程度变量分为两类，以是否接受过高等教育为区分，将大专及以上文化程度程度的受访农民工归为“接受过高等教育者”（编码为1），将小学及以下、初中、高中或中专的受访农民工归为“没有接受过高等教育者”（编码为0）。

3. 媒介使用动机

媒介使用动机是考察农民工使用媒体的主观意愿和动力倾向。传播学先驱拉斯韦尔最早提出大众传媒具有监视环境、协调关系、传承文化三大功能（Lasswell，1948）。监视环境是媒介的重要功能之一，它向受众提供与经济、社会生活密切相关的重要新闻。作为一种信息传递的方式，使用媒体满足了民众获取信息、了解社会环境的愿望。因此，本研究中选取监视环境这一角度，重点考察农民工使用媒体获取社会、政府方面信息的意愿与动力。

问卷中主要通过三个问题对农民工的媒介使用动机中的监视环境动机进行测量，询问以下列举的原因是否符合受访者使用媒体的动机：（1）通过使用媒体能帮助我了解一天中社会上发生的事情；（2）通过使用媒体可以帮助我形成对社会的看法；（3）通过使用媒体可以让我了解政府的工作和政策。问题采用量表格式，答案设置为“非常不符合”“不太符合”“比较符合”“非常符合”，分别赋值为1—4分。我们将这三个项目加总取均值，命名为“监视环境动机”指标，

4. 政治兴趣

政治兴趣体现了民众对政治议题、公共事务的感兴趣程度，它也是影响不同类型媒介使用形态的重要因素。政治兴趣可以作为个体区分是否使用、如何使用媒介的指标（Patterson，1994）。因此，本研究通过对个体不同程度的政治兴趣进行区分，以此考察不同政治兴趣的农民工的媒介使用与政治信任之间的差异性关系。

本文的政治兴趣变量通过以下问题来进行测量：“您对政治时事方面的信息感兴趣吗?”答案采用四级李克特量表编码（1—很不感兴趣，4—非常感兴趣）。我们将回答结果合并为二分类变量，回答“非常感兴趣”“比较感兴趣”，重新编码为“对政治较感兴趣（编码为1）”；回答“很不感兴趣”和“不感兴趣”的合并为“对政治不感兴趣（编码为0）”。

5. 政治效能感

“政治效能感”作为一个反映公民政治心理的重要变量而被西方学者广泛关注。作为这一概念的提出者，坎贝尔将其界定为个人认为其“能够在可能的社会政治变革中发挥一定影响力的感觉”（Campbell，1954）。有研究表明，个体政治效能感的强弱程度会影响到媒介使用所产生的政治效应，从而引发不同的政治情绪和态度（Bowler & Donovan，1998）。

本文的政治效能感主要通过问卷中这样一个问题来进行测量：“您是否同意‘政府官员不太在乎我这样的人有何想法’这一表述?”答案采用四级李克特量表编码（1—非常不同意，4—非常同意）。为了更好地测量农民工政治效能感差异与媒介使用对政治信任的影响作用，我们将回答结果合并为二分类变量，回答“非常不同意”“不太同意”，重新编码为“政治效能感较高（编码为1）”，回答“同意”“非常同意”的合并为“政治效能感较低（编码为0）”。

（二）中介变量

1. 公共服务政策的了解程度

在服务型政府成为社会治理主导话语的背景下，能否为民众提供优质的、均等化的公共服务已经成为政府的重要施政原则。民众对于政府所提供的公共服务的了解程度无疑成为其判断政府是否具有可信性的标准之一。根据国家和X市所出台的相关政策文件，我们的调查范围主要涵盖了X市现有针对农民工的教育、劳动就业、医疗卫生、政治权益等方面的公共服务政策。在调查中，我们要求受访农民工回答对下列10项公共服务政策的了解情况：（1）农村户籍人口在厦可获得职业培训补贴、技能鉴定补贴；（2）各级政府组织的职业介绍；（3）遭遇欠薪或劳动纠纷是可向劳动保障监察机构投诉；（4）市工会的“平安返厦”活动可报销路费；（5）政府举办的职业安全、职业病防治教育活动；（6）社区卫生中心为所有居民建立健康档案；（7）非户籍人口也可享受医疗救助；（8）随迁子女可通过积分入学政策在厦读小学；（9）满足一定居住时间可参与社区选举投票；（10）符合一些条件后可获得厦门市户籍。答案选项分为“是”和“否”。我们将答案选项进行编码、赋值（“是”=1，“否”=0），并对这

10 项的得分进行加总，即分数越高，农民工对上述公共服务政策的了解程度越高。

2. 政府绩效评估

政府绩效是指政府在社会经济管理活动中的结果、效益及其管理工作效率、效能，是政府在行使其功能、实现其意志过程中所体现出的管理能力。国内外的一些研究结果显示，不管是政府的客观治理绩效，还是公众对政府治理绩效的主观认知，均对政治信任具有显著的促进作用（Mishler & Rose，2001；胡荣、胡康、温莹莹，2011；孟天广、杨明，2012）。由于本研究尝试探索政府绩效变量作为大众传媒影响政治信任的中介效应，所以重点关注个体对政府治理绩效的主观认知、评估，暂时不考虑集体层面的客观治理绩效变量。

在本研究中，主要采用回顾性评价的方式对政府绩效进行测量，即关注公众对过往政府治理状况的满意度。我们采用这样一道问题进行测量："您对目前 X 市政府开展的各项工作是否满意"。答案选项分为"非常满意""满意""一般""不满意""非常不满意"，我们将答案选项进行颠倒编码并且分别赋值为 1—5 分，即分数越高，对政府治理绩效的满意度越高。

3. 政治价值观

政治价值观是公民在早期的政治社会化过程中所形成的政治道德和政治价值标准（Shi，2001），是政治文化中具有持久影响的因素，政治价值观对政治信任具有重要作用（Mishler & Rose，2001）。

在问卷中，我们询问被访者是否同意以下表述：（1）我会遵从政府的政策和规定；（2）政府官员所做的事情一般是对的；（3）我们应该维护政府的统一领导；（4）遵循政府的决策部署是不会错的。答案采用四级利克特量表编码，并且按照 1—4 分进行赋值（1—非常不同意，4—非常同意）。

这 4 个项目的 Cronbach's alpha 系数为 0.905，表明其具有较高的内在一致性。接下来，我们采用主成分法对这 4 个项目进行因子分析，经过最大方差旋转后提取 1 个因子，命名为"全局价值观"（这四个项目的因子载荷分别为 0.856、0.87、0.905 和 0.904；特征值为 3.126；解释方差为

78.145%）。“全局价值观”指的是强调国家利益、社会整体利益为根本出发点，坚决维护党和政府中央权威和集中统一领导，倾向于认同集体主义的政治价值观。

4. 社会资本

在帕特南对意大利的研究中，他将社会资本定义为是社会组织的特征，诸如信任、规范以及网络，它们能够通过促进合作来提高社会的效率（Putnam，1993）。根据这一定义，社会资本是以信任为核心、同时包括公民参与的网络及互惠互利的规范的同一种资源集合体（胡荣、胡康、温莹莹，2011）。

在文献综述中，社会资本被视为预测政治信任的一个重要指标。大众传媒作为民众了解社会的主要工具，研究者也印证了大众传媒对社会信任、社会交往与公共参与的影响作用（Putnam，1996；Stamm，Emig & Hesse，1997）。因此，本研究认为大众传媒可能通过影响社会资本，进而作用于农民工的政治信任。因此我们将选取社会资本作为中介变量，以考察大众传媒对政治信任的作用机制。

根据帕特南的界定，社会资本主要包括关系网络、规范和信任（Putnam，2001）。在目前文献中，大众传媒对社会资本的作用集中在社会信任、参与行为层面，所以我们也主要从这两个方面对社会资本进行测量。

一是社会信任。社会信任变量通过问卷中这样一个问题来进行测量：“您是否同意‘在这里，大多数人是可以信任’的这一表述?”答案采用四级李克特量表编码、赋值（1—非常不同意，4—非常同意）。

二是社会组织参与。在问卷中询问农民工在过去是否参与过如下6项组织活动：（1）工会（如工会小组）；（2）群众运动（因维权事件形成的组织）；（3）老乡会；（4）宗教团体；（5）慈善组织；（6）体育或娱乐团体。答案分为“参与”（1）和“没参与”（0）两种。这6个项目的KMO测度值为0.68，KMO测度>0.5意味着变量之间具有一定的相关关系，可以进行因子分析。接下来，我们采用主成分法进行因子分析，经最大方差旋转后提取一个因子，命名为“社会组织参与因子”（这四个项目的因子载荷依次为0.414、0.467、0.602、0.438、0.65和0.71；特征值为

1. 872；解释方差为 31. 194%）。

5. 政治行为

政治行为是人类行为的一部分，当人们与政治环境发生关系，介入政治生活时，他们的所作所为便是政治行为。本研究主要从政治参与维度反映政治行为。

政治参与指的是普通公民具有影响政府行动的意图或效果的行为，既包括直接地影响公共政策的制定实施的行为，也包括间接地影响人们对政策抉择的行为（Verba et. al.，1995）。因此，维权抗争、参与社区事务等活动都可被视为政治参与的不同形式。

在问卷中询问农民工在过去是否有过如下经历：（1）上访/集体签名请愿；（2）罢工、集体抗议等；（3）对 X 市政府提出改善工作的意见和建议；（4）向 X 市人大代表、政协委员提意见。答案分为“参与”（1）和“没参与”（0）两种。这 4 个项目的 KMO 测度值为 0. 526，KMO 测度>0. 5 意味着变量之间具有一定的相关关系，可以进行因子分析。然后用主成份法进行因子分析，经最大方差旋转后提取一个因子，命名为“政治参与因子”（这四个项目的因子载荷依次为 0. 454、0. 382、0. 789 和 0. 742；特征值为 1. 526；解释方差为 38. 153%）。

四、控制变量

1. 性别

诸多研究显示，男性和女性在政治信任方面存在显著的差异。符平的研究中认为，相比于女性而言，男性农民工对政府的信任程度更低（符平，2013）。但朱荟的研究却发现，在对流出地政府的信任方面，女性比男性的信任度更高。这可能是因为男女性在感情处理和政治认知方面的巨大差距而造成了对流出地政府信任水平的显著差异（朱荟，2014）。

总之，性别是影响农民工政治信任的一个有效预测变量，但男性和女性在政治信任水平上的差异并不是本文关注核心问题，因此被当作控制变量来处理。在放入统计模型时，性别被操作化为虚拟变量，“男性” =1，“女性” =0。

2. 年龄

不同世代的农民工在政治信任方面也具有相当明显的共性特征。由于出生在1980年以后的新生代流动人口具有鲜明的群体特点，有关研究表明新生代农民工在行为方式、思维习惯等方面与老一代农民工有着显著的差异，容易产生强烈的认知失调问题与严重的相对剥夺感（蔡禾、李超海、冯建华，2009）。这些特点导致了新生代农民工在政治信任问题上将会呈现与他们父辈明显的差异。

因此在本研究中，我们把农民工群体划分为不同的世代，以1980年为分界点，将1980年前出生的受访农民工归为老一代农民工（编码为0），将1980年之后出生的农民工称为新生代农民工（编码为1）。

3. 受教育程度

众多研究表明，随着学历的提升，人们的思维会更具有独立性（陈云松、边燕杰，2005；高勇，2004），这也导致了受教育程度较高者对政府信任度要低于受教育程度较低者的现象（胡荣，庄思薇，2017）。为了测量不同教育程度对农民工政治信任的差异化影响，本研究将受教育程度划分为小学及以下、初中、高中/中专、大专及以上四类，纳入分析模型时进行虚拟变量处理，参照类别为“小学及以下”。

4. 政治面貌

党员是中国社会身份的标志之一。有研究显示，与非党员的居民相比，党员信任中央政府的几率更大（胡荣，庄思薇，2017）。

在问卷中，我们将政治面貌进行虚拟变量处理，“中共党员”=1，“其他”=0，其中，其他类型包含“团员、民主党派、群众”。

5. 单位性质

为了测量不同类型的就业单位对农民工政治信任的影响，我们建构了一个包含三个互相排斥类别的虚拟变量：第一类，政府机关及事业单位；第二类，国有企业和集体企业；第三类，外资、合资企业、私营企业、个体经营及无单位灵活就业。在对就业单位性质进行虚拟变量处理后，将第三类单位性质作为参照组。

6. 管理权力

在单位中的管理权力大小体现了职业地位的高低，在一定程度上，这反映出个体所处的社会地位和所拥有的社会资源。职业地位较高者的交往对象异质性更强、交往范围更广阔，这些因素可能也会影响到其对政府的态度评价。

本研究将管理权力划分为“高层管理者”“中层管理者”“被管理者”三类，其中“高层管理者”指的是只管理别人，不受别人管理的人群；“中层管理者”指的是既管理别人，也被别人管理的人群；“被管理者”指的是只受别人管理的人群。这三类人的管理权力由高到低。纳入分析模型时进行虚拟变量处理，参照类别为“被管理者”。

7. 对政府工作人员办事态度的评价

个体与政治系统的直接互动行为所形成的感知与评价将会影响其对政治系统的态度。因此，我们引入“对政府工作人员办事态度的评价”变量进行考察。

在问卷中，我们设置了这样一道题目进行测量：您是否同意“政府工作人员在执行公务的时候，对待市民和外来人口是平等的”这一说法？答案分为“同意”（编码为1）和“不同意”（编码为0），纳入分析模型时进行虚拟变量处理。

第三章

转型期农民工的政治信任现状

当前中国正处于经济体制和社会结构的转型时期，大规模的人口流动已经成为该阶段的突出特征。伴随着城市化进程的快速推进，在未来一二十年内，我国的人口流动迁移依旧活跃，尤其是作为流动人口主体的农民工的总量仍将持续增长。如此庞大且特殊农民工群体已经成为社会各界所关注的一个重要议题。但在梳理既往文献的过程中发现，相比其他群体的政治信任研究，农民工的政治信任问题却还未得到学界应有的重视。

由于城乡二元体制和结构的区隔，与城市居民和农村居民不同的是，农民工群体是二元体制的产物，他们游走于农村与城市之间。从职业来看，他们是身处于城市中的劳动者，但从身份来看，他们的户籍仍在农村。这一特殊的二元特征使得他们的政治态度可能会有别于不流动的城市居民和农村居民（乔文俊、王毅杰，2015）。本章力图分析农民工群体的政治信任现状，并尝试结合与对比现有的中国民众政治信任的研究成果，总结出农民工群体政治信任的特征。

第一节　关于中国民众政治信任状况的相关研究

中国改革开放的深化不仅促进了经济的发展，也推动了民众的社会态度和政治态度的变迁。面对转型期民众政治信任的水平和结构发生转变这一现象，中国学界也给予了及时的理论回应。现有的研究成果最突出的一个特征在于采用实证定量的研究方法，以科学的抽样调查为基础，通过随机样本来反映和测量中国民众的政治信任水平。

东亚晴雨计和世界价值观调查这两项跨地区的大规模追踪调查中都设计了关于政治信任的调查项目，且调查均是基于全国性的样本，具有较好的信度和效度，所以很多学者采用这些数据进行比较研究。这两项跨国调查的结论反映了当前中国民众政治信任的基本现状。

首先，关于中国民众政治信任的水平特点。学界对于当前中国民众政治信任的总体评价莫衷一是，存在着乐观和悲观两种不同的观点。持乐观观点的学者认为转型期中国民众的政治信任水平总体上相对较高。持悲观观点的学者则认为当代中国政治系统正遭遇信任问题。事实上，笔者认为以上两种观点并不矛盾，因为这是由于参照内容和测量指标的不同所导致。

从国际比较的角度来看，中国与东亚地区其他国家的政治信任水平在世界范围内位于前列，尤其中国民众对政府的信任度在东亚地区中是最高的。孟天广通过对第五次世界价值观调查数据进行分析，研究发现，有90%以上的民众信任中央政府、人大和军队，80%以上的民众信任公务员、法院和警察（孟天广，2014）。马得勇通过对东亚晴雨计数据的研究同样发现，中国大陆的政治信任处于最高水平，为0.907（信任分值在0—1分之间），远远高于中国香港、中国台湾以及东亚的蒙古、菲律宾、日本和韩国（马得勇，2007）。

从时间发展的角度来看，转型期的中国正面临政治信任有所下降现象。史天健和吕杰通过对1992—2003年的追踪调查研究得出，中国民众对

政府的信任度呈现出下降趋势，与世界其他国家的状况大体一致，但总体上未影响到国家的稳定（史天健、吕杰，2007）。

其次，关于中国民众政治信任的结构特点，不同层次和维度的政治信任的特点和功能也不尽相同。第一，中国民众的政治信任呈现出“央强地弱”的差序格局，即政治机构的信任程度呈现由中央向地方逐级下降的谱系。在东亚晴雨计的调查中，在2002年，选择非常信任地方政府的比例远低于选择非常信任中央政府的比例，二者相差42.5个百分点。在2011年，尽管二者比例有所缩减，但差距依旧高达32.7个百分点。不少学者的实证研究也佐证了这一观点，如胡荣的研究中发现，农民对高层政府的信任度较高，但对基层政府的信任度较低（胡荣，2007）。

第二，特定性政治信任和弥散性政治信任存在差异。中国民众认同政府所设定的抽象政治目标，但却怀疑具体的行政过程。这一特征充分反映在特定性政治信任和弥散性政治信任的差异方面。公众对弥散性政治信任整体上持有较高较稳定的信任度，但对特定性政治信任的水平则因机构、人员而异。孟天广的研究指出，我国民众对军队、人大和中央政府等象征性政府的信任度居于世界前列，而对警察、法院和公务员等执行性政府的信任度相对较低（孟天广，2014）。王向民对青年学生政治信任的研究中发现，在抽象的国家共同体和中央政府方面，青年学生表现出极高的政治信任，而在具体的制度执行、官员行为和政策制定方面，青年学生的信任度却并不太高（王向民，2009）。可见，不同维度的政治信任水平也存在着较大差异，并且有学者发现影响特定性政治信任和弥散性政治信任的因素也有显著区别（游宇、王正绪，2014）。

第三，中国民众的“对政府能力信任”和“对政府意愿信任”在水平上存在差异。李艳霞在考察中国民众政治信任水平的研究中认为，公众对于政治体系执政效率的能力型信任要更高（李艳霞，2014）。

第四，中国民众对政治机构的信任度和对政治人的信任度之间有所差异。孟天广认为，中国民众对制度化的政治机构的信任度要高于对具体的政治人的信任度，这可能与近来中国政治“制度化”的积极努力密切相关（孟天广，2014）。

通过上述全国性的样本，我们分析了全国民众对政治信任的水平和结构特点，在近五年中，也有学者开始特别关注农民工这一特殊群体对政治的信任程度。在这里，我们选取一些有代表性的研究成果进行讨论。

首先，关于农民工群体的总体政治信任状况。从当前人口城镇化的滞后现状来看，在未来的时间内，城市中仍会存留大量未能入户的农民工，户籍依旧是影响城市生活的主要制度，所以户籍分割对政治信任的影响不容忽视。范长煜的研究发现农民工对各级政府的平均信任评分均低于城市居民，且随着政府级别的降低，这二者的信任度差异不断扩大（范长煜，2016）。

对于农民工而言，受到户籍分割因素的影响，流入地政府和流出地政府分别代表了不同的意义，因此在对基层政府政府信任的考察中，明确区分出农民工对流入地和流出地的政治信任差异，已经成为农民工群体政治信任研究的特点之一。符平的研究指出农民工对中央政府的信任度最高，其次是对流入地政府的信任，再次是其对流出地政府的信任，而基层领导干部成为政治信任范畴中最缺乏农民工信任的对象。（符平，2013）。朱荟的研究进一步发现，流动人口对法律的认知、民生评价和实际获得政府的帮助这三个因素对中央政府、流入地政府、流出地政府的信任都产生了差异性的影响（朱荟，2014）。

其次，关于农民工人口结构特征与政治信任的关系。在过往的研究中，农民工的年龄、职业、教育程度和流动因素都会对政治信任产生影响。第一，在人口结构特征方面，与第一代农民工相比，新生代农民工的政治信任感普遍较低（唐斌，2012）。文化程度越低的农民工越信任政府。相比低端职业的农民工，属于技术精英、管理精英和经济精英的农民工对政府有着更高的信任度（符平，2013）。第二，考虑到农民工群体的特殊性，一般研究中均会将农民工的流动因素纳入其中。在流动因素方面，农民工流动的时间和次数对政治信任有着负面影响，即流动次数越多，流动时间越长，其政治信任度越低（杜海峰、刘茜、任锋，2015）。

通过梳理以往的研究，我们总结了中国民众政治信任的水平和结构特点，本研究正是在这一前提下，借鉴现有的农民工政治信任的研究成果，选取特定性与弥散性政治信任、中央与地方的政治信任、流入地和流出地

的政府信任、对政府能力和对政府意愿信任这四组不同类型和维度的政治信任指标展开描述，进一步结合人口结构和流动特点来分析农民工群体内部的政治信任水平的差异，尝试着从多角度完整地呈现农民工政治信任的全貌，并对比中国民众的政治信任状况，总结出农民工群体政治信任的特征。

第二节　农民工的总体政治信任水平

因为处于不同的层次、维度的政治信任在整个政治信任结构中的地位和功能有所差异，所以本节将区分特定性与弥散性政治信任、中央与地方的政治信任、流入地和流出地的政府信任、对政府能力信任和对政府意愿信任这四组不同类型和维度的政治信任指标，由此展开对农民工政治信任水平的测度。

一、农民工的特定性政治信任和弥散性政治信任

（一）农民工的特定性政治信任

1. 机构信任

政府机构组织是民众与政治系统之间信任关系展开的重要载体，是构成政治信任的基本内容之一（上官酒瑞，2011）。在该部分中，本研究选取了农民工对中国共产党、中央政府、地方政府（含省级政府、市级政府、区级政府）、全国人民代表大会、法院及司法系统、公安部门、军队系统这几大政府机构进行考察。由表 3-1 可知，具体来看，农民工对各个政府机构的信任水平有所差别。信任度位居前三的政府机构为军队、中央政府和中国共产党，信任比例分别为 94.8%、94%和 93.1%。其次全国人民代表大会也得到 91.3%的较高信任比例，法院及司法系统、公安部门紧随其后，信任比例分别为 89%和 88.8%。相比之下，地方政府的信任比例最低，为 86.1%。

表 3-1　农民工的特定性机构信任水平

	中国共产党	中央政府	地方政府	全国人民代表大会	法院及司法系统	公安部门	军队系统
非常信任	44.4%	43.6%	33.2%	34.1%	29.4%	28.4%	45.8%
比较信任	48.7%	50.4%	52.9%	57.2%	59.6%	60.4%	49.0%
不太信任	4.6%	4.3%	11.2%	6.1%	8.1%	8.5%	3.3%
非常不信任	2.3%	1.7%	2.7%	2.6%	2.9%	2.8%	1.9%
	中国共产党	中央政府	地方政府	全国人民代表大会	法院及司法系统	公安部门	军队系统
均值	3.35	3.36	3.06	3.23	3.16	3.14	3.39

资料来源：作者自制

通常的政治信任研究中将民众对政府的信任程度分为强信任、弱信任和不信任。强信任，即民众毫不质疑、充分信任政府；不信任，又称信任危机，即民众对政府持否定的态度；弱信任是介于强信任和不信任之间的态度，体现为民众对政府持理性怀疑和选择性遵从的态度（徐彬，2011）。

借鉴过往的文献，结合问卷的测量问题，我们将“不太信任”和“非常不信任”均归为“不信任”，将“比较信任”视为“弱信任”，将“非常信任”视为“强信任”。若将问题答案“非常不信任”“不太信任”“比较信任”“非常信任”这四个等级分别赋值 1 至 4 分，那么从平均值的分析中可以看出，农民工对特定性机构信任总体均分为 3.2 分，介于“强信任”和“弱信任”之间。

通过比较司法、立法、行政三大机构的信任度，我们发现，农民工对立法机构（全国人大）的信任度最高为 3.23 分，其次为司法机构（公安、法院及司法系统）的信任和对政府行政机构（中央和地方政府）的信任，得分分别为 3.15 和 3.14 分。全国人民代表大会的信任得分较高的原因主要在于，一方面，作为国家最高权力机关的人大代表的选举机制较为公正民主，另一方面，农民工认为人大代表作为民众和国家机关的桥梁纽带，不仅能够反映民意，而且还能监督、推动立法和行政机构的工作。以上方

面促成了农民工对全国人民代表大会的信任相对独立，其信任水平明显高于行政、司法机构这些具体执行性机构。

2. 政治行动者信任

政治行动者是指“以统治者名义行事的代理人、立法人员、法官、官僚，以及在限制和规定公民自由的可供选择的条件中进行选择的人”（布坎南，1988），简单来讲，就是代表国家以政府名义行使权力的人。政治行动者作为公共组织的重要组成部分，民众与政治行动者的互动最为频繁常见（上官酒瑞，2011），政治行动者的表现是农民工评价政府的重要依据。鉴于上述研究中提出我国民众的政治信任具有“央强地弱”的差序格局，本研究按政治信任的层级特点，将对政治行动者的信任分为对中央政府官员的信任和对地方政府官员的信任。

从表3-2中可以看出，回答“对中央政府官员非常信任和比较信任”的比例为89.8%，相较之下，选择“信任地方政府官员”的比例为76.9%，二者比例相差12.9个百分点，选择“不信任地方政府官员”的比例高达23%。从均值分析中发现，农民工对政治行动者的信任度得分为3.08分，其中中央官员和地方官员的信任度得分分别为3.21分和2.94分。由此看出，政治行动者信任在中央和地方两级政府中存在差异，呈现出“央强地弱”的差序特征。

表3-2　农民工对政治行动者的信任水平

	中央政府官员	地方政府官员
非常信任	33.8%	21.5%
比较信任	56.0%	55.4%
不太信任	7.6%	19%
非常不信任	2.6%	4.1%
	中央政府官员	地方政府官员
均值	3.21	2.94

资料来源：作者自制

（二）农民工的弥散性政治信任

在政治信任的结构序列中，弥散性的政治信任属于政治信任的硬核，

代表整个政治信任结构的根本性质，具有较强的稳定性。在本研究中，弥散性的政治信任的测量包含对国家共同体和政治制度的信任两个部分。

民族国家是现代社会政治共同体的基本形式，对国家共同体的认同是最根本的政治认同。通常而言，政治信任度高的共同体一般表现为民众具有较强的凝聚力、向心力。民众对国家共同体的弥散性信任情感处于硬核结构的最高一层（上官酒瑞，2011）。根据我们的调查数据，95.7%的受访农民工表示“作为国家的一份子，感到光荣”，这一比例明显高于特定性政治信任中的各项指标。

政治制度即典则，是涵盖宪法制度、官僚制度、司法制度、政党制度等的完备规则体系，是民众实现政治预期的公器。这套规则制度能否有效运行，在某一程度上取决于民众对政治制度的信任状况。因此民众对政治制度的信赖是政治信任的基石与关键。在本研究中，有93.9%的受访者表示信任国家的政治制度，这一比例仅次于农民工对国家共同体、军队和中央政府的信任水平，说明了被访农民工对我国现有的政治制度具有较高水平的信赖感。

若将问题答案“非常不信任”“不太信任”“比较信任”“非常信任”这四个等级分别赋值1至4分，那么从表3-3中的平均值的分析中可以看出，本研究所得农民工样本的弥散性政治信任的均分为3.2分，介于“强信任”和“弱信任”之间，其中，对国家共同体的信任度为3.24分，对政治制度的信任的信任得分为3.15分。总体来看，农民工对国家共同体的信任度高于对政治制度的信任度。

表3-3　农民工对国家共同体、政治制度的信任水平

	国家共同体	政治制度
非常信任	30.3%	22.5%
比较信任	65.4%	71.4%
不太信任	2.6%	4.2%
非常不信任	1.7%	1.9%
	国家共同体	政治制度
均值	3.24	3.15

资料来源：作者自制

（三）特定性政治信任与弥散性政治信任的比较

1. 总体比较

本研究依据伊斯顿和诺里斯对政治体系结构的分类，将政治信任区分为特定性政治信任和弥散性政治信任。这两种不同类型的政治信任在政治信任结构序列中的地位与角色不同，导致其所发挥的功能也有所差异。弥散性的政治信任属于政治信任中的硬核结构，而特定性的政治信任属于保护带结构。硬核结构部分代表着整个政治信任的根本性质和总体特征，具备稳固性，且约束和影响着处于保护带层面的政治信任，是建构有序公共生活的核心条件。相较之下，处于保护带结构中的特定性政治信任处于硬核结构的外围，具有多变的特点（上官酒瑞，2011）。我们通过对这两种不同类型的政治信任展开比较，以呈现农民工政治信任的全景图式，为下文探索政治信任的影响因素与机制做好铺垫。

从信任频数的分布角度来看，农民工弥散性政治信任普遍较高，整体的信任比例超过受访总数的93%。在表3-3和表3-1中，我们可以清楚地看到，受访农民工对国家共同体的信任比例位居首位，其对政治制度的信任度也仅次于国家共同体、军队和中央政府。

相较而言，农民工的特定性政治信任内部呈现不同程度的分化差异。军队、中央政府、中国共产党、全国人大拥有广泛的信任基础，其信任比例均高于91%，其次是对中央政府官员、司法系统、公安部门的信任，其信任比例也维持在88%—90%之间，排名靠后的是对地方政府和地方政府官员的信任度，尤其信任地方政府官员的比例仅为76.9%，低于其他指标。

综合来看，上述不同类型的政治信任状况与上述“硬核—保护带”政治信任结构基本吻合，在硬核结构中，国家共同体信任处于最高信任层次，政治制度处于相对较低一层；在保护带结构中，政治机构属于较高层次，政治行动者则属于最低层次，但其内部又存有差异。军队、中央政府、中国共产党、全国人大这几类象征性政府机构处于靠近硬核部分的较高层次，整体信任水平非常高，司法系统、公安部门、地方政府等执行性政府的信任度略低，仍有强化提升的空间。而对政治行动者的信任，尤其是地方政府官员的信任度处于相对外围的最低层次，因为越靠近外围的部分越容易受到外来冲击而产生波动，所以其信任水平较低。

需要澄清的是，从信任均分的角度来看，弥散性政治信任和特定性政治信任的平均得分一致，这点并不符合“硬核—保护带”的假设认知，导致这一结果可能存在以下两点原因：第一，来自测量指标的描述层面，针对政治机构和政治行动者信任的测量主要是采用直接测量的方式，直接询问农民工对不同的机构或政府官员的信任程度。而针对国家共同体和政治制度的测量选取间接测量的形式，如询问受访者“作为我们国家的一份子，我感到光荣”“整体而言，我以我们国家的政治制度为荣”这两个问题，设置“非常不同意”“不同意”“同意”“非常同意”这四个回答选项。一方面，间接测量的方式询问了农民工对共同体、制度有多少“自豪感”，而不是“信任”，这可能影响了测量的效度。另一方面，过往的研究表明直接测量方式属于高度抽象的表达，从潜意识的角度来说，采用对直接、抽象测量方式所获得评价往往较为正面（熊美娟，2014），所以可能会抬高了农民工对特定性政治信任的评价水平。第二，特定性政治信任内部各项指标的差异较大，军队、中央政府、中国共产党、全国人大的较高得分拉高了整体的得分水平。

除了地位与功能的差异外，我们将两种政治信任做相关分析后发现，两者的 Spearman 秩相关系数为 0.205（$p<0.001$），说明特定性政治信任和弥散性政治信任之间存在着一定的正向相关关系，但这种相关关系较弱。这一结果从侧面反映出，特定性政治信任与弥散性政治信任并非相对独立的，特定性政治信任越高的农民工对国家共同体和政治制度的信任度也越高，反之亦然。由于数据的限制，这一结论还有待未来进一步的检验。

2. 制度信任和人格信任的比较

克利和斯托克斯提出了人格信任和制度信任的分析框架（Cleary & Stokes，2006）。人格信任是传统政治信任的要核，民众对政治的信任主要指向政治行动者的政治人格；制度信任是现代政治信任的根本，民众对政治的信任主要仰赖于制度的规范和约束；过渡形态的政治信任则表现为人格信任与制度信任的交融状态。改革开放推动现代性的发展，促进了政治信任结构要素的变迁，具体表现为人格信任大幅消解，制度信任初见端倪，整体的政

治信任结构处于一种转型过渡的形态（上官酒瑞，2011）。那么，农民工群体脱离了乡土的“熟人社会”，主动或被动地迁入了城市社会，在这个过程中他们经历着社会关系和信任关系的变迁。本研究选取弥散性政治信任中对政治制度的信任、特定性政治信任中对制度化的机构信任和人格化的政治行动者信任进行比较，借以考察农民工的制度信任和人格信任的形态。

从上述分析发现，农民工对特定性机构信任（均值3.2分）、对政治制度信任（均值3.15分）均要高于对政治行动者的信任（均值3.08分）。首先，信任国家政治制度的受访农民工比例高达93.9%；其次，中央政府机构所获得的信任高于中央政府官员所获得的信任，94%的农民工信任中央政府，而信任中央政府官员的比例为89.8%；类似地，地方政府所获得的信任高于地方政府官员所获得的信任，信任地方政府的农民工为86.1%，相比之下，只有76.9%的农民工信任地方政府官员。

概括来说，农民工的制度信任要高于人格信任。这一方面可能与转型时期官员腐败现象相关；另一方面也反映了农民工对政治关系的认知模式的转变。邱国良在研究农民群体的政治信任的特征时发现，农民群体政治信任的“人格化”特征甚为显著，对自己越亲近的官员就愈加信任，这种信任深受社会信任状况的影响，属于个别、特殊的而非普遍的信任，因而无法成为一种结构性的、稳定的政治信任（邱国良，2011）。与不流动的农民群体相比，我们的研究发现，农民工的流动经历可能培育了其制度信任的品格。身处城市生活和工作的农民工，体验着制度化的市场经济和现代社会，他们的社会自主性不断增强。在这个过程中，传统社会中以依赖“父母官”与“子民”的庇护主义模式为基础的安全感被冲刷销蚀，逐步转向对制度化的政治治理模式的认可。

二、农民工的中央政治信任和地方政治信任

迄今为止，既往的研究中得出一个比较一致性的结论，那就是中国民众对于政治的信任程度存在一个明显的差序格局，即随着政府的层级降低，民众对其信任程度亦开始下降（Li，2004；胡荣，2007）。符平、朱荟、范长煜等人的研究中也发现农民工群体的政治信任存在这一特征（符

平，2013；朱荟，2014；范长煜，2016）。本研究选取政治机构和政治行动者两个层面来对农民工政治信任的层级现象进行考察。

第一，本研究将政治机构划分为中央政府、省级政府、市级政府和区级政府四个层级。通过表3-4中调查数据我们可以发现，高达94%的受访农民工选择信任中央政府，89.8%的农民工信任省级政府，信任市级政府和区级政府的比例分别为79.1%和74.2%。选择“非常信任”中央政府和选择“非常信任”区级政府的比例相差了22.4个百分点；相比之下，选择非常不信任中央政府的比例仅有1.7%，而选择非常不信任市级政府和区级政府的比例分别扩大到10.3%和11.8%。由此可见，农民工对各级政府的信任差异明显存在，呈现出“地方—中央”逐级上升的趋势。

表3-4 农民工对各级政府的信任水平

	中央政府	省级政府	市级政府	区级政府
非常信任	43.6%	31.2%	25.1%	21.2%
比较信任	50.4%	58.6%	54%	53%
不太信任	4.3%	7.3%	10.6%	14%
非常不信任	1.7%	2.9%	10.3%	11.8%
	中央政府	省级政府	市级政府	区级政府
均值	3.36	3.18	3.04	2.98

资料来源：作者自制

第二，本次调查将政治行动者按层级划分为中央政府官员、地方政府官员。在表3-2中，我们已经详述了农民工对中央政府官员、地方政府官员的信任状况，二者的信任比例相差12.9个百分点，这进一步说明了这种层级信任差异的特征不仅体现在机构信任层面，同样也反映在对不同层级政治行动者的信任层面。

三、农民工的流入地和流出地的政府信任

考虑到农民工群体的流动特性，相关研究中都将农民工对基层政府的信任区分为两个部分：对务工所在的流入地政府信任和对老家所在的流出地政

府信任。因为在现实中，农民工一般与家乡的政府和务工所在城市的政府均有所接触。对他们来说，流入地政府和流出地政府代表了不同的意义，两地相应的政治、文化、经济与社会的发展状况也不尽相同。本研究借鉴这种划分方式，并进一步细化，将市级政府和区级政府层面也纳入其中（见表3-5）。

表 3-5 农民工对流入地和流出地的政府信任水平

	流入地政府（X 市）		流出地政府（老家）	
	市级政府信任	区级政府信任	市级政府信任	区级政府信任
非常信任	25.1%	21%	19.6%	16.8%
比较信任	65.5%	67.7%	59.5%	58.4%
不太信任	7.6%	9.5%	17.1%	20%
非常不信任	1.8%	1.8%	3.8%	4.8%
	市级政府信任	区级政府信任	市级政府信任	区级政府信任
均值	3.14	3.08	2.95	2.87

资料来源：作者自制

首先，受访农民工对流入地政府的信任度要明显高于对流出地政府的信任度。从市级政府信任的比较来看，选择信任流入地市级政府的受访农民工比例为 90.6%，选择信任流出地市级政府的比例为 79.1%，差距达 11.5 个百分点。选择“不太信任”的流出地市级政府的比例比“不太信任”流入地市级政府的比例要高出 9.5 个百分点。从区级政府信任的比较来看，对流入地区政府表示“信任”的农民工占 88.7%，对流出地区政府表示“信任”的农民工占 75.2%，二者相差 13.5 个百分点。选择“不太信任”的流出地区级政府的比例比“不太信任”流入地区级政府的比例要高出 10.5 个百分点。这从侧面反映出农村基层政权与外出农民工群体的信任关系不容乐观。流入地和流出地的政府差异突出反映为城市政府和农村政府的差异，两地政府的民生绩效、政治文化氛围、责任回应的巨大差异导致了政治信任度的落差。

其次，随着基层政府级别的降低，农民工对两地政府的信任度差异不断扩大。从信任均值的角度来看，流入地市级政府的信任得分比流出地市级政府高出0.19分，流入地区级政府的信任得分比流出地区级政府高出0.21分，可见平均信任评分差异从市级政府的0.19分上升到区级政府的0.21分。

最后，不论是流入地政府还是流出地政府，农民工对不同层级政府的政治信任程度均存在差异性。通过比较流入地政府的市级和区级政府信任发现，市级政府的信任比例比区级政府高出1.9个百分点。类似地，流出地的市级政府的信任比例也比区级政府要高3.9个百分点。这一结论与上述提到的农民工政治信任的层级差异特点相符合。

四、农民工对政府能力信任和对政府意愿信任

什托姆普卡认为期望的实现是信任建立的基础，不同的期望内容决定了不同类型的信任（什托姆普卡，2005）。结合李连江、王向民、李艳霞的研究，我们将政治信任的期望内容划分为意图和能力两个维度。对政府能力的信任，即农民工对政治体系是否具有完成其职能的能力的信任，其中包含对政治体系的能力、效率方面的信任；对政府意愿的信任，即农民工对政治体系是否具有执政为民的意愿和品格的信任，涵盖对政治体系的民主、诚实方面的信任（Li，2004；王向民，2009；李艳霞，2014）。与上述抽象、直观的直接测量方式不同的是，这种间接测量的方式对信任内容进行细分，将政治系统置于具体行为环境中。

本次调查借鉴了美国选举调查研究对政治信任的测量，通过五个问题对政治信任的具体预期内容进行划分，以此来了解农民工对政治系统的具体行为和品质的信任程度（见表3-6）。相比于农民工的流出地政府信任，多数学者更为关注流入地政府信任，因为农民工对流入地政府的信任是保障农民工顺利融入城市，加快其市民化的重要助力（杜海峰、刘茜、任锋，2015），因此我们单独选取本次调查的农民工务工流入地X市作为考察对象，着重从对政府能力信任和对政府意愿信任的角度展开研究。

表 3-6 农民工对政府能力信任和对政府意愿信任水平

	测量问题	回答选项	百分比	均值
能力型政治信任	您相信 X 市政府做的事情总是对的吗？（N=1193）	总是相信	12.2%	2.77
		大多数时间相信	54.8%	
		有时候相信	30.8%	
		都不信	2.2%	
	您觉得 X 市政府官员在使用政府经费时总是合理的吗？（N=1193）	总是	6.9%	2.58
		大多数时间是	50.3%	
		有时候是	36.8%	
		从来都不是	6%	
	您觉得有多少 X 市政府工作人员有能力做好自己的工作？（N=1193）	全部都有	6.7%	2.75
		大部分有	61.9%	
		一部分有	30.7%	
		都没有	0.7%	
意愿型政治信任	您觉得 X 市政府总是代表普通民众的利益吗？（N=1193）	总是	9.1%	2.68
		大多数时间是	52.6%	
		有时候是	35.3%	
		从来都不是	3%	
	您觉得有多少 X 市政府工作人员是诚实可信赖的？（N=1193）	全部都可以	8.5%	2.74
		大部分可以	58%	
		一部分可以	32.2%	
		都不可以	1.3%	

资料来源：作者自制

关于农民工对政府能力的信任部分，对农民工是否相信 X 市政府做的事情总是正确的回答显示，回答“总是相信”和“大多数时间相信”的受访者占 67%，在对 X 市政府人员的能力进行评价时，有 68.6%的受访者正面认可大部分 X 市政府工作人员有能力做好自己的工作。但是在对 X 市政府的效率进行评价时，仅有 57.2%的受访农民工认为 X 市政府在使用政府经费时总是或多数时候是合理的，还有 36.8%的农民工认为 X 市政府只是有时候使用经费没有浪费现象，可见近四成农民工对政府经费使用的合理性持有一定的怀疑态度。这些数据显示出，相比于政府的办事、决策能力和政府工作人员的工作能力，农民工对X市政府经济资源的配置效率方面的信赖认可度较低。

关于农民工对政府意愿的信任部分，当就X市政府人员的诚信水平进行评价时，66.5%的农民工认为X市政府官员是诚实可信的，还有三成多的受访者并不完全认可政府工作人员的诚信品质。有61.7%的受访农民工认为X市政府总是或大多数时候是代表普通民众的基本利益，这也说明超过六成多农民工认可X市政府民主执政的意愿。

为了更直观地比较不同类型的政治信任，本研究将问题答案分别赋值，并做了均值处理。首先，农民工对流入地政府能力、政府工作人员能力以及诚实品质较为信任，对农民工对流入地政府的民主性品质的信任度略低，而对政府经济资源的配置效率的信赖度最低。

其次，对比两种对流入地政府的测量方式，我们发现，无论是对政府能力的信任，还是对政府意愿的信任，从整体来看，农民工对流入地的基层政治系统的态度位于弱信任和不信任的区间，趋向于弱信任。相比上述对流入地市级政府和区级政府的信任状况，直接测量的政治信任显示了较高的信任水平。间接测量设定了更为具体的信任内容，引发受访者连结现实生活中经验和相关情境进行理性评价，所以这种从具体情境的角度发出的评价要低于来自抽象、潜意识角度的评价。我们对二种测量方式做相关分析，Spearman 秩相关系数为0.407（$p<0.001$），说明二者存在中等程度的正相关关系。这一结论也需要引起我们的关注，农民工对流入地政府的信任水平不尽如人意，这并不利于农民工在城市中的适应与融入。如果长期无法扭转农民工对政府具体行为和品质的较低评价，那么这种评价可能迟早会侵蚀农民工潜意识中对流入地基层政府的信任。

第三节　农民工的个人特征与政治信任

在本研究中，作为政治信任主体的农民工并非是一个整体性、同质性的群体，三十余年来剧烈的社会分化导致了农民工群体的异质性日益增

长。在工业化、城市化、市场化的影响下，基数庞大的农民工群体内部在年龄、教育背景、职业、阶层地位、社会态度等方面呈现出巨大的差异（朱磊、雷洪，2015）。相关研究也显示，农民工的政治信任状况因个人特征、职业经历、流动经历的不同而呈现出复杂多元的形态（符平，2013）。因此在上一节对农民工整体政治信任状况的分析基础上，本节重点围绕农民工群体内部的不同个人特征，主要选取性别、年龄、政治面貌、教育程度、所在单位性质、在单位中的管理权力作为自变量，以考察其对不同类型的政治信任影响。

一、农民工的个人特征对特定性政治信任、弥散性政治信任的影响分析

（一）农民工的个人特征与特定性政治信任

在该部分中，我们以特定性政治信任、弥散性政治信任各项指标为因变量建立回归模型，表 3-7 列出了个人特征变量对各项特定性政治信任、弥散性政治信任指标的影响效应。

首先来看模型 10 的农民工的个人特征对特定性政治信任的影响。从政治面貌因素来看，党员比非党员的特定性政治信任高出 0.067 分（$p<0.05$），可见中共党员作为一种特殊的政治身份，其对特定性政治信任起到了显著的促进作用。从管理权力因素来看，与不具有管理权力的普通员工相比，具有高层管理权力的农民工的政治信任水平下降了 0.07 分（$p<0.05$）。从单位性质因素来看，在国有企业或集体企业工作的受访农民工的特定性政治信任要比在非公有性质的企业单位工作者低了 0.103 分（$p<0.01$）。

接下来，我们细化农民工个人差异化特征对各类政治机构的影响作用。模型 1-6 和模型 9 显示，影响农民工特定性机构信任的显著性因素包括：性别、年龄、管理权力、单位性质。具体而言，第一，从性别角度看，性别对农民工的部分政治机构的信任水平有着一定的影响作用，显著地表现在对全国人民代表大会、法院及司法部门信任这两方面。具体来看，男性信任全国人民代表大会、法院及司法部门的几率分别为女性的 0.591 和 0.532 倍（全国人民代表大会：$p<0.05$；法院及司法部门：$p<0.01$）。

第二，从年龄的角度看，与传统农民工相比，新生代农民工对中央政府、全国人民代表大会、军队的信任概率更低（中央政府、军队：$p<0.05$；全国人民代表大会：$p<0.01$）。

第三，从管理权力看，具有高层管理权力因素对中央政府、地方政府、司法部门、公安部门、军队的信任度有着负向影响。具有高层管理权力的农民工信任中央政府、司法部门、军队的几率分别是不具有管理权力的普通农民工的0.429、0.56和0.466倍（$p<0.05$）；相比不具管理权力的普通农民工，具有高层管理权力的农民工对地方政府的信任度下降了0.068分（$p<0.05$）。在对公安部门的信任方面，我们发现具有中层管理权的农民工的信任概率低于不具管理权的普通农民工（$p<0.01$）。

第四，从所属单位性质看，政府、事业单位工作者与非公有性质的企业单位工作的农民工之间，在特定性机构信任方面的差异并不具有统计显著性，但在国有或集体企业工作的农民工对政府信任概率低于非公有性质的单位，主要体现在对中国共产党、中央政府、地方政府、司法部门的信任方面（共产党、地方政府：$p<0.001$；中央政府、司法部门：$p<0.05$）。

此外，农民工的受教育程度因素仅对军队信任产生显著影响，对其余的政治机构信任均没有显著作用。与小学及以下文化程度的农民工相比，高中、中专及大专以上学历的农民工的信任几率大幅增长，高中、中专学历的农民工信任军队的几率是小学及以下学历的农民工的2.997倍（$p<0.05$），而大专以上学历的农民工信任几率是小学及以下的6.256倍（$p<0.05$）。

最后，我们关注个体特征变量与对政治行动者信任变量之间的关系。男性信任地方政府官员的可能性要明显低于女性，男性的信任度是女性的0.694倍（$p<0.05$）。与老一代农民工相比，新生代农民工更不容易信任政治行动者，其中新生代农民工对中央政府官员和地方政府官员的信任概率分别是老一代农民工的0.575倍和0.621倍（$p<0.05$）。相比于在非公有性质单位工作的农民工，在国有和集体企业工作的农民工信任政治行动者的概率略低（$p<0.001$）。

表 3-7　农民工个人特征对特定性信任的影响分析

	共产党	中央政府	全国人大	司法部门	公安部门	军队	中央官员	地方官员		地方政府	特定性政治信任
	模型 1	模型 2	模型 3	模型 4	模型 5	模型 6	模型 7	模型 8		模型 9	模型 10
性别[a]	0.041 (1.042)	-0.121 (0.886)	-0.527* (0.591)	-0.632** (0.532)	-0.224 (0.799)	-0.534 (0.586)	-0.216 (0.805)	-0.365* (0.694)	性别[a]	0.02 (0.037)	0.004 (0.036)
新生代农民工[b]	-0.290 (0.748)	-0.762* (0.467)	-0.791** (0.453)	-0.303 (0.739)	-0.431 (0.650)	-0.738* (0.478)	-0.554* (0.575)	-0.477* (0.621)	新生代农民工[b]	-0.031 (0.042)	-0.045 (0.04)
政治面貌[c]	-0.452 (0.636)	0.245 (1.277)	0.543 (1.722)	0.261 (1.299)	0.092 (1.096)	0.442 (1.556)	0.228 (1.256)	-0.352 (0.703)	政治面貌[c]	0.044 (0.101)	0.067* (0.096)
教育程度[d]									教育程度[d]		
初中	0.172 (1.187)	0.268 (1.307)	0.450 (1.569)	-0.257 (0.774)	0.283 (1.327)	0.616 (1.851)	0.463 (1.589)	0.255 (1.291)	初中	-0.011 (0.068)	0.021 (0.065)
高中/中专	0.048 (1.049)	0.383 (1.467)	0.480 (1.615)	0.078 (1.091)	0.109 (1.115)	1.098* (2.997)	0.382 (1.465)	-0.006 (0.994)	高中/中专	0.013 (0.074)	0.062 (0.07)
大专及以上	0.009 (1.009)	0.357 (1.430)	0.769 (2.158)	0.087 (1.841)	0.508 (1.662)	1.834* (6.256)	0.765 (2.148)	0.557 (1.746)	大专及以上	0.054 (0.084)	0.068 (0.08)
管理权力[e]									管理权力[e]		
高层	-0.516 (0.597)	-0.846* (0.429)	-0.570 (0.566)	-0.579* (0.560)	-0.688* (0.502)	-0.764* (0.466)	-0.429 (0.651)	-0.11 (0.896)	高层	-0.068* (0.05)	-0.07* (0.048)
中层	-0.310 (0.733)	-0.334 (0.716)	-0.251 (0.778)	-0.435 (0.647)	-0.756** (0.470)	-0.180 (0.835)	-0.031 (0.970)	-0.012 (0.988)	中层	-0.047 (0.046)	-0.041 (0.044)

续表

	共产党	中央政府	全国人大	司法部门	公安部门	军队	中央官员	地方官员		地方政府	特定性政治信任
	模型 1	模型 2	模型 3	模型 4	模型 5	模型 6	模型 7	模型 8		模型 9	模型 10
企业性质[f]									企业性质[f]		
政府/事业单位	-0.464 (0.629)	-0.997 (0.369)	-0.155 (0.857)	-0.534 (0.586)	-0.373 (0.689)	-1.199 (0.302)	0.02 (1.02)	0.49 (1.633)	政府/事业单位	-0.003 (0.121)	-0.014 (0.116)
国有/集体企业	-1.281*** (0.278)	-0.866* (0.421)	-0.677 (0.508)	-0.762* (0.467)	-0.622 (0.537)	-0.688 (0.503)	-1.079*** (0.34)	-1.072*** (0.342)	国有/集体企业	-0.109*** (0.073)	-0.103** (0.07)
常数项	3.16*** (23.582)*	3.163*** (23.642)	1.901*** (6.695)	1.928*** (6.874)	2.192*** (8.951)*	2.122*** (8.352)	1.979*** (7.233)	0.934* (2.546)	常数项	3.157 (0.088)	3.212*** (0.084)
-2LL	449.182	432.692	562.919	614.068	656.603	387.811	622.728	997.35	F	1.961	2.126
Cox & SnellR^2	0.015	0.016	0.020	0.022	0.021	0.022	0.017	0.034	R^2	0.021	0.022
Chi-square	14.286	14.890	18.815*	20.762*	20.378*	21.11*	16.614	33.279	AdjR^2	0.01	0.012
Nagelkerke R Square	0.039	0.041	0.043	0.044	0.042	0.063	0.035	0.052			
样本量	949	950	950	949	950	950	950	950	样本量	948	948

注明：1. 参照组：[a]女性；[b]1980 年前出生的农民工；[c]非党员；[d]小学及以下；

[e]没有管理权力，只受别人管理；

[f]合资企业、私营企业及无单位灵活就业这三项非公有性质的单位

2. 模型 1-8 中的数字为 B（Exp（b）），模型 9-10 中的数字为 b（SE）；* p<.05，** p<.01，*** p<.001。

资料来源：作者自制

（二）农民工的个人特征与弥散性政治信任

表 3-8 报告了影响农民工弥散性政治信任的回归模型。对于弥散性政治信任而言，与小学及以下学历的农民工相比，接受过大专及以上教育的农民工弥散性政治信任得分能够提升 0.138 分（$p<0.05$）。农民工所在单位性质与弥散性政治信任之间存在负相关，在国有、集体企业工作的人士要比非公有性质单位工作的人低 0.098 分（$p<0.01$）。

表 3-8 中的模型 1 和模型 2 分别呈现了农民工个人特征对国家共同体、政治制度维度的影响作用。从性别角度来看，男性信任国家共同体的可能性更小，男性对国家共同体的信任概率仅为女性的 0.42 倍（$p<0.05$）。从所在单位性质的角度来看，与非公有性质单位工作的农民工相比，在国有、集体企业工作的人士对国家共同体、政治制度的信任几率更低（国家共同体：$p<0.01$；政治制度：$p<0.001$）。

表 3-8　农民工个人特征对弥散性政治信任的影响分析

	国家共同体	政治制度		弥散性政治信任
	模型 1	模型 2		模型 3
性别[a]	-0.868*（0.42）	-0.425（0.654）	**性别**[a]	0.019（0.042）
新生代农民工[b]	-0.928（0.395）	-0.515（0.598）	**新生代农民工**[b]	-0.043（0.046）
政治面貌[c]	-1.008（0.365）	-1.021（0.36）	**政治面貌**[c]	-0.054（0.106）
教育程度[d]			**教育程度**[d]	
初中	0.509（1.663）	-1.356（0.258）	初中	0.081（0.075）
高中/中专	0.706（2.027）	-0.705（0.494）	高中/中专	0.094（0.08）
大专及以上	0.588（1.8）	-1.399（0.247）	大专及以上	0.138*（0.092）
管理权力[e]			**管理权力**[e]	
高层	-0.375（0.687）	-0.007（0.993）	高层	-0.077（0.055）
中层	0.378（1.46）	0.047（1.048）	中层	0.042（0.051）
企业性质[f]			**企业性质**[f]	

续表

	国家共同体	政治制度		弥散性政治信任
	模型 1	模型 2		模型 3
政府/事业单位	-1.292 (0.275)	-0.837 (0.433)	政府/事业单位	-0.058 (0.127)
国有/集体企业	-1.486** (0.226)	-1.538*** (0.215)	国有/集体企业	-0.098** (0.084)
常数项	2.423** (11.278)	3.921*** (50.447)	**常数项**	3.187 (0.097)
-2LL	240.808	300.282	**F**	2.248
Cox & SnellR^2	0.024	0.034	**R^2**	0.032
Chi-square	18.268	24.459**	**AdjR^2**	0.018
Nagelkerke R Square	0.082	0.092	**样本量**	691
样本量	760	712		

注明：1. 参照组：[a]女性；[b]1980年前出生的农民工；[c]非党员；[d]小学及以下；[e]没有管理权力，只受别人管理；[f]合资企业、私营企业及无单位灵活就业这三项非公有性质的单位

2. 模型3中的数字为B（Exp（b）），模型1-2中的数字为b（SE）；* p<.05，** p<.01，*** p<.001。

资料来源：作者自制

二、农民工的个人特征对中央、地方政治信任的影响

在上述分析的基础上，我们总结下个人特征变量与中央政治信任、地方政治信任变量的关系，借此了解农民工的个体差异对层级政治信任的影响效应。第一，在中央、地方的政治机构信任方面，我们将地方政府细化为省级政府、市级政府、区级政府。年龄与中央政府、省级政府的信任之间呈现显著的负相关（$p<0.05$），但对市级和区级政府信任的影响却不具有统计显著性。这说明新生代农民工比老一代农民工低于信任中央政府和省级政府。相比不具管理权力的普通农民工，具有高层管理权力的农民工对中央政府机构、省级政府机构的信任概率较低（中央政府：$p<0.05$；省

级政府：p<0.01）。单位性质对各层级政府信任有着一定显著影响，对比在非公性质单位工作的农民工，在国有、集体企业工作的农民工低于信任中央政府机构和各级地方政府机构（中央政府：p<0.05；省级政府：p<0.001；市级、区级政府：p<0.01）。

第二，在中央、地方的政治行动者方面，性别变量仅对地方政府官员产生显著影响（p<0.05）。与老一代农民工相比，新生代农民工低于信任中央政府官员、地方政府官员（p<0.05）。单位性质变量对中央政府官员、地方政府官员信任均产生显著负向影响（p<0.001），在国有、集体企业工作的农民工比在非公有性质单位工作的农民工的信任概率更低（见表3-9）。

表3-9　农民工的个人特征对中央和地方政府信任的影响分析

	中央政府	省级政府		市级政府	区级政府
	模型1	模型2		模型3	模型4
性别[a]	-0.121 (0.886)	- 0.367 (0.693)	性别[a]	0.005 (0.04)	0.028 (0.04)
新生代农民工[b]	-0.762* (0.467)	-0.612* (0.542)	新生代农民工[b]	-0.014 (0.045)	-0.024 (0.045)
政治面貌[c]	0.245 (1.277)	0.277 (1.319)	政治面貌[c]	0.024 (0.109)	0.015 (0.109)
教育程度[d]			教育程度[d]		
初中	0.268 (1.307)	0.199 (1.22)	初中	-0.008 (0.074)	-0.046 (0.073)
高中/中专	0.383 (1.467)	0.144 (1.155)	高中/中专	0.022 (0.08)	-0.03 (0.079)
大专及以上	0.357 (1.430)	0.421 (1.524)	大专及以上	0.044 (0.091)	0.028 (0.09)
管理权力[e]			管理权力[e]		
高层	-0.846* (0.429)	- 0.882** (0.414)	高层	-0.051 (0.054)	-0.037 (0.054)

续表

	中央政府	省级政府		市级政府	区级政府
	模型 1	模型 2		模型 3	模型 4
中层	-0.334 (0.716)	-0.494 (0.61)	中层	-0.046 (0.05)	-0.041 (0.05)
企业性质[f]			**企业性质[f]**		
政府/ 事业单位	-0.997 (0.369)	-0.6 (0.549)	政府/ 事业单位	0.005 (0.131)	-0.002 (0.13)
国有/ 集体企业	-0.866* (0.421)	-1.134*** (0.322)	国有/ 集体企业	-0.092** (0.079)	-0.094** (0.079)
常数项	3.163*** (23.642)	2.376*** (10.757)	**常数项**	3.091*** (0.095)	3.112*** (0.094)
-2LL	432.692	582.348	**F**	1.255	1.359
Cox & SnellR^2	0.016	0.027	**R^2**	0.013	0.014
Chi-square	14.890	26.061**	**AdjR^2**	0.003	0.004
Nagelkerke R Square	0.041	0.057	**样本量**	950	950
样本量	950	948			

注明：1. 参照组：[a]女性；[b]1980 年前出生的农民工；[c]非党员；[d]小学及以下；[e]没有管理权力，只受别人管理；[f]合资企业、私营企业及无单位灵活就业这三项非公有性质的单位

2. 模型 1-2 中数字为 B（Exp（b）），模型 3-4 中数字为 b（SE）；

*p<.05，**p<.01，***p<.001。

资料来源：作者自制

三、农民工的个人特征对流入地、流出地政府信任和政府能力、政府意愿信任的影响

表 3-10 展示了农民工的个人特征对流入地政府信任、流出地政府信任的影响分析，我们发现，性别、年龄、政治面貌、教育程度以及管理权力和流入地政府信任、流出地政府信任均没有统计意义上的显著关系。仅

有农民工所在单位的性质与流入地、流出地政府信任之间存在负相关。比起在非公有性质单位工作的农民工，国有、集体企业工作者对流入地、流出地各级政府的信任几率更低。具体表现为，在市级政府层面，国有、集体企业工作者对流入地、流出地的市级政府信任仅为非公有性质单位工作者的 0.416 倍和 0.458 倍（p<0.01）。在区级政府层面，国有、集体企业工作者对流入地、流出地的区级政府信任分别为非公有性质单位工作者的 0.443 倍和 0.493 倍（流入地区政府：p<0.05；流出地区政府：p<0.01）。

表 3-10　农民工个人特征对流入地和流出地政治信任的影响分析

	流入地市级政府	流入地区级政府	流出地市级政府	流出地区级政府
	模型 1	模型 2	模型 3	模型 4
性别[a]	-0.245（0.783）	0.091（1.095）	-0.011（0.989）	0.007（1.007）
新生代农民工[b]	-0.139（0.87）	-0.185（0.831）	-0.207（0.813）	-0.211（0.809）
政治面貌[c]	0.026（1.026）	-0.413（0.662）	0.119（1.126）	-0.179（0.836）
教育程度[d]				
初中	-0.46（0.632）	-0.452（0.636）	-0.088（0.916）	-0.239（0.788）
高中/中专	-0.161（0.851）	-0.317（0.729）	-0.176（0.838）	-0.348（0.706）
大专及以上	0.001（1.001）	0.002（1.002）	-0.082（0.922）	-0.131（0.877）
管理权力[e]				
高层	-0.554（0.575）	-0.601（0.548）	-0.067（0.935）	-0.145（0.865）
中层	-0.424（0.654）	-0.346（0.707）	-0.144（0.865）	-0.198（0.821）
企业性质[f]				
政府/事业单位	0.607（1.835）	-0.396（0.673）	-0.171（0.843）	-0.209（0.812）
国有/集体企业	-0.878**（0.416）	-0.814*（0.443）	-0.724**（0.485）	-0.708**（0.493）
常数项	2.601***（13.479）	2.989***（19.873）	1.627***（5.088）	1.605***（4.978）
-2LL	572.285	639.301	981.626	1066.084

续表

	流入地市级政府	流入地区级政府	流出地市级政府	流出地区级政府
	模型 1	模型 2	模型 3	模型 4
Cox & SnellR^2	0.015	0.013	0.01	0.013
Chi-square	14.025	12.781	9.275	12.127
Nagelkerke R Square	0.032	0.027	0.015	0.019
样本量	950	950	950	950

注明：1. 参照组：[a]女性；[b]1980 年前出生的农民工；[c]非党员；[d]小学及以下；[e]没有管理权力，只受别人管理；[f]合资企业、私营企业及无单位灵活就业这三项非公有性质的单位

2. 模型中数字为 B（Exp（b）），* p<.05，** p<.01，*** p<.001。

资料来源：作者自制

表 3-11 列出了个人特征变量与对政府能力信任、对政府意愿信任各项指标之间的影响关系。管理权力变量对信任政府的经济资源配置效率表现出积极影响，高层管理者对 X 市政府经济资源配置效率的信任概率是没有管理权力的普通员工的 1.741 倍（p<0.01）。单位性质对政府能力、政府官员能力、政府民主与诚信品质有着一定的显著影响，国有、集体企业工作者在这四方面的信任概率明显低于非公有性质单位工作者（政府能力、政府官员诚信：p<0.01；政府官员能力、政府民主：p<0.05）。

表 3-11　农民工个人特征对政府能力信任、对政府意愿信任的影响分析

	政府能力	政府官员能力	政府效率	政府民主	政府官员诚信
性别[a]	0.041 (1.041)	0.128 (1.136)	0.083 (1.087)	-0.012 (0.988)	0.066 (1.068)
新生代农民工[b]	-0.076 (0.927)	-0.039 (0.962)	-0.251 (0.778)	-0.29 (0.748)	-0.292 (0.747)
政治面貌[c]	0.64 (1.896)	0.302 (1.352)	0.061 (1.062)	0.126 (1.134)	0.431 (1.538)
教育程度[d]					

续表

	政府能力	政府官员能力	政府效率	政府民主	政府官员诚信
初中	-0.116 (0.891)	0.219 (1.245)	-0.027 (0.974)	0.251 (1.286)	-0.158 (0.854)
高中/中专	-0.229 (0.796)	-0.123 (0.884)	-0.045 (0.956)	0.075 (1.077)	-0.424 (0.654)
大专及以上	0.013 (1.013)	0.095 (1.099)	0.126 (1.135)	0.301 (1.351)	-0.298 (0.742)
管理权力[e]					
高层	0.327 (1.387)	0.189 (1.209)	0.555** (1.741)	0.275 (1.317)	0.074 (1.077)
中层	0.363 (1.438)	-0.123 (0.885)	0.192 (1.212)	0.189 (1.208)	0.069 (1.071)
企业性质[f]					
政府/事业单位	-0.624 (0.536)	-0.519 (0.595)	-0.531 (0.588)	-0.327 (0.721)	-0.417 (0.659)
国有/集体企业	-0.71** (0.492)	-0.668* (0.513)	-0.173 (0.512)	-0.57* (0.565)	-0.556** (0.574)
常数项	0.833* (2.301)	0.975** (2.652)	0.501 (1.65)	0.407 (1.502)	1.237*** (3.444)
-2LL	1191.325	1161.184	1277.774	1254.636	1195.572
Cox & SnellR²	0.021	0.017	0.017	0.015	0.016
Chi-square	19.891	15.906	16.679	14.633	15.645
Nagelkerke R Square	0.029	0.023	0.023	0.021	0.023
样本量	950	950	950	950	950

注明：1. 参照组：[a]女性；[b]1980年前出生的农民工；[c]非党员；[d]小学及以下；[e]没有管理权力，只受别人管理；[f]合资企业、私营企业及无单位灵活就业这三项非公有性质的单位

2. 模型中数字为 B（Exp（b）），* p<.05，** p<.01，*** p<.001。

资料来源：作者自制

总体而言，各模型的拟合度均较低，这从中说明了农民工的个体特征变量对政治信任的解释力度薄弱，还需要增加新的解释变量。

通过上述各模型的比较发现，农民工的个体特征对政治信任会产生一定的影响。具体来看，年龄、单位性质、管理权力对各类政治信任具有较为显著的解释力度。从先赋因素来看，新生代农民工和老一代农民工在对政治行动者、部分政治机构的信任方面存在显著差异。无论是针对哪一类信任客体，新生代农民工对政治的信任几率更低。这与以往的研究中不同世代的农民工对政治信任的年龄差异趋势是相一致的。新生代农民工已经不是严格意义上的农民，他们进城务工的目标是依靠个人奋斗实现向上流动，并冀望能融入城市，享受均等化的公共服务。但当主观期望与客观现实之间存在较大落差，个人的利益诉求因二元体制的藩篱而难以实现时，容易引发他们对政府的偏见（唐斌，2012）。

从后致因素来看，首先，相较于非公有性质单位工作者，在国有、集体企业工作的农民工的政治信任几率较低。政府、事业单位工作者对政治信任的影响回归系数为负数，但与非公有性质单位工作者相比，二者在政治信任方面的差异均没有统计显著性。参照相对剥夺理论的观点，我们需要考虑到参照群体的比较问题。与非公有性质单位工作的农民工相比，单位的公有性质并不一定给在国有、集体企业工作的农民工带来更丰厚的薪资和更多的发展机会；与同单位的本地户籍员工相比，他们在福利待遇、社会保障、晋升机会方面可能也存在着较大差异。所以在这种双重比较的背景下，农民工在国有、集体企业工作中相对较低的薪资待遇和职业地位等因素容易产生相对剥夺感，引发他们的主观不满情绪，这也是影响其政治信任的重要因素。其次，单位的管理权力的大小对农民工的政治信任水平也有显著影响，突出表现在高层管理者比普通员工对政治的信任概率更低。管理权力标志着农民工的职业地位和社会资源，职业地位越高和社会资源较丰富的农民工的社会活动范围更广泛，与政府交往的机会更多，所获得的相关信息更多元，这也可能也间接培育了他们对社会的批判精神，使得他们对政府绩效和社会参与有着更高的要求，从而降低了他们对政府的信任度。

相比之下，性别，教育程度、政治面貌等变量的解释力度较弱，如性别变量仅对部分政治机构、国家共同体信任产生显著影响，教育变量只显著影响农民工对军队信任，政治面貌因素只对特定性政治信任有影响。

在模型的调试中，我们发现农民工流动因素对政治信任并不具有统计意义上的显著影响，这与以往的研究结果并不相吻合，因为以往的研究中指出工作流动性会导致农民政治信任的流失（符平，2013；杜海峰、刘茜、任锋，2015；肖唐镖、王欣，2010）。此外，收入变量在加入管理权力、单位性质变量之后便不再显著了，由此认为，收入变量所产生的效应可能只是来自于管理权力、单位性质变量的作用而已，控制了这两个变量后便不再具有显著影响。这些发现还有待后续研究中进一步完善。

第四节 农民工的总体政治信任特点

在分析中国农民工政治信任现状时，本研究不仅区分了输出信任的主体状况，如综合考虑农民工内部的人口特征、流动特征、职业特征等因素对政治信任的差异化影响，而且在输出信任的内容方面区分了不同类型政治信任的差异，重点比较特定性与弥散性政治信任、中央与地方的政治信任、流入地和流出地的政府信任、对政府能力信任和对政府意愿信任这四组不同类型政治信任指标。因为当前针对中国农民工政治信任的内在特征的讨论仍然较少，所以本研究结合上述对农民工政治信任的全貌概览，试图总结出当前农民工群体的政治信任的核心特征。

一、多层次、非均衡的农民工政治信任格局基本形成

由于社会转型与政治体制改革深刻地改写了中国民众政治生活的逻辑，加之农民工群体的特殊身份与流动经历，我们发现农民工对政治系统的信任并非是统一的整体，个体被置于复杂的政治结构中，根据政治系统内部结构的不同，其政治信任状况呈现出多层面、非均衡的格局。

1. “硬核—保护带”的政治信任结构序列

通过上述的分析发现，农民工的政治信任作为一种政治现象，也存在着多层面的复杂结构序列。从结构地位来看，弥散性的政治信任处于硬核结构部分，而特定性政治信任处于硬核外围的保护带部分，硬核结构部分的整体信任度高于保护带部分，两个部分的内部信任特征也有所差异。

在硬核结构部分，国家共同体信任程度最高，其次为政治制度信任。相比于整体信任度一致较高的硬核结构，保护带结构的内部信任并非一体，而是呈现高低共存的非均衡现象。首先，政治机构信任处于保护带部分中靠近硬核的部分，政治行动者信任处于保护带中的外围部分，总体来说，对政治机构的信任要明显高于对政治行动者信任。其次，政治机构和政治行动者的信任程度也存在分化现象。具体来看，政治机构的抽象程度越高，农民工的信任水平越高；抽象程度越低，信任水平越低。军队、中央政府、中国共产党、全国人大这几类抽象的象征性政府机构整体信任度非常高，并不亚于硬核部分的信任水平。相较之下，司法系统、公安部门、地方政府等具体的执行性政府的信任略低。而政治行动者的信任则体现出内部的层级差异，对中央政府官员的信任度显著高于对地方政府官员的信任度，从整体来看，地方政府官员的信任水平处于相对外围的最低层次。

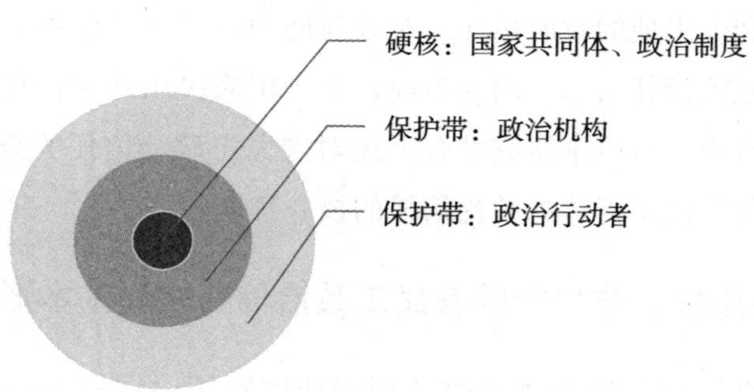

图 3-1　“硬核—保护带”的政治信任结构序列

资料来源：作者自制

2. “流出地—流入地”的基层政府信任区隔

由于农民工游走于老家农村和务工城市之间，这种特殊的流动经历形

成了农民工群体政治信任分析的一个独有角度，即在流出地和流入地两个时空场域中考察农民工的政治信任状况。本研究发现农民工群体对流出地政府和流入地政府的政治信任水平存在明显的差距，主要表现为不论是在市级政府层面还是区级政府层级，农民工群体对流入地政府的信任度始终都高于流出地政府的政治信任度，并且随着基层政府级别的降低，这种信任度的差异不断扩大。

我们猜测造成这种现象主要源自以下两点：首先，从客观的角度来看，城市政府和农村政府本身在政府绩效、政治文化氛围等方面存在一定差距，加之近年来城市政府逐渐倡导公共服务的均等化，将农民工的需求纳入政府服务的范畴内，这也在一定程度上会提升农民工对流入地政府的评价；其次，从主观的角度来看，在城市务工的经历让拓展了农民工的视野，因而他们对基层政府的信息掌握程度比不流动普通农民更丰富，逐渐懂得采用权利保障、利益实现、公共服务等角度批判性地来评价流出地的政府表现。总之，两地政府信任的区隔，实际上体现了农民工个体在两地生活知识经验的比较中所形塑出的一种价值判断与情感心理。

3.“中央—地方”的政治信任差序格局

中国民众关于“中央—地方”的政治信任差序格局这一特征已被学界研究所公认。在本研究中，我们也发现农民工群体同样具备非常鲜明的由上至下的级差政治信任特征，这一特征在政治机构和政治行动者两个层面均有所体现。在农民工看来，高层政府及其政府工作人员往往具有较高的信任度，而对基层政府及其政府工作人员的信任度一般较低。

我们认为信任态度一方面来自于对知识和经验的总结，另一方面也受到社会和政治文化价值观的影响。前者能够解释农民工对基层政府及官员的低信任，因为在日常实践中，他们更容易接触到基层政府，所以他们能够直接感受到基层政府的治理绩效、工作作风，从而做出相应评价。而后者能够说明为何民众对高层政府没有直接接触却有着较高的信任度，中国的政治文化培育了民众的政治价值观，农民工普遍相信中央政府为民执政的意愿是好的，政策是好的（Li，2004），关键是地方政府执行不力才导致了民众不能真正受益。除此之外，来自大众传媒对政府形象的塑造力量也不容忽视，这一点在后面的研究中将会进一步展开讨论。

二、农民工政治信任的现代化转型特征初见端倪

政治信任的现代化集中体现为人格信任日益消解，制度信任逐步成熟，在政治信任的结构内部实现了人格信任向制度信任的转变。上述的研究指出，农民工对政治制度、政治机构的信任要显著高于对政治行动者的信任。

过往对农民群体政治信任的研究发现，农民政治信任具有“人格化”的特征，农民判断政府是否值得信任，是受到政府官员表现的影响，而不是依据相对稳定的规则，这是与传统农村社会的人治政治文化土壤密切相关（邱国良，2011）。但在我们的研究中却得出，农民工不仅能够区分出人格信任与制度信任的差异，而且正处于政治信任的现代化转型过程中，即人格信任逐渐消解，制度信任初见端倪。从二者的比较中发现，虽然农民工与农民同为农民户籍身份，有着同在农村社会的成长经历，但二者的政治信任类型存在差异性。

我们推测，这种差异与农民工的空间位移、职业转型因素密切相关。首先，城市的治理主体是政府制度规定下的政治机构，其治理模式是以制度、法律为取向，以服务型、法治化的政府为定位（孟天广，2014）。这种政治治理模式与农村社会传统的人格化治理结构截然不同，农民工在流入地的嵌入过程中受到流入地政治现代化的影响，传统的信任结构发生转变。其次，职业的非农化也引发了农民工观念和行为的转型。农民工从传统农业社会流向现代工业社会，在市场经济迅猛发展的工作、生活环境中，农民工的制度信任的品格也逐步得以培育。最后，在现代社会背景下，农民工的社交圈子不再局限于农村“熟人社会”，他们同外界接触的机会更多，从大众传播和人际传播中获得的政治信息更为丰富，这些因素可能也间接改变了农民工原先对政府的评价视角与政治态度。

三、政治信任减弱集中于具体政治运行过程中

在本研究中，我们试图探讨如此庞大而又特殊的农民工群体在城市融

入过程中是否会产生政治信任危机现象。通过与东亚晴雨计、世界价值观调查的相关数据进行比较，我们发现，在各项政治信任指标的评估中，此次调查的受访农民工与全国民众的整体政治信任水平、结构基本一致，并没有出现显著的信任减弱现象。那么，这是否表明现阶段的农民工群体不存在政治信任弱化的风险呢？笔者认为，这并不代表农民工对政治系统的完全认可与信赖，因此需要着眼于多层次、非均衡的政治信任格局，区分出政治信任脆弱现象在不同类型、不同层次的政治系统中的表现，这样才能更为精准地把握农民工的政治信任的变化特征。我们通过对上述四组不同类型政治信任的描述中得出，农民工的政治信任减弱问题主要集中于具体政治运行过程中，但仍处于可控范围，具有可协调性。

调查数据显示，受访农民工对具体的执行性机构（法院及司法系统、公安部门、地方政府）、地方政府工作人员、流入地基层政府的能力与效率、行政人性化执行程度、诚信品质等方面的信任评价均有不同程度的偏差。由此可见，政治系统的抽象程度越低，信任水平越低。农民工的政治弱信任指向执行性政府层面，尤其体现在执行性政府运行过程中所表现出的具体行为、品质。这些层面的信任脆弱性将压缩政治系统各结构之间的安全边际，虽然有限的不信任不可能引发可预见的政治合法性的危机，但也可能会产生额外的推力促进政治民主化进程。

这些层面的弱信任状况虽然不同程度地影响了治理秩序，但尚处于可控范围，还未影响到整体政治系统的稳定性。首先，硬核部分以及保护带部分的象征性政府机构的信任度仍旧保持较高水平，说明保护带结构中的执行性政府机构、政治行动者的信任弱化还未冲击、威胁到政治信任的硬核以及保护带的高层结构部分。其次，农民工的制度信任高于人格信任，这也意味着了政治行动者信任和机构信任之间存有缓冲空间，即便农民工对个别政府工作人员不信任，也不至于严重地侵蚀其对相关政府机构的信任。最后，农民工对中央政府的信任度显著高于对地方政府的信任度，且二者之间的差距较大，这体现出地方政府依旧作为“防火墙”保护着农民工对中央政府的信任。

四、不同年龄、职业特征的农民工群体的政治信任水平存在一定差异

与以往针对普通民众的政治信任研究相比较，我们发现模型中的拟合优度较低，性别、受教育程度、政治面貌等变量对政治信任的影响均不具有统计意义上的显著性。这从侧面反映出不同性别、受教育程度、政治身份的农民工群体在政治信任态度方面的差异并不大。

然而农民工也并非是一个整体性、同质性的群体，模型数据显示出，受访农民工在年龄、职业特征方面存在一定的政治信任分化现象，主要表现在新生代农民工对政治的信任几率比老一代农民工更低、在国有/集体企业工作者的政治信任几率要低于在私有部门工作者、具有高层管理权力者对政治信任的几率要低于没有管理权力的普通员工。由此可见，在后面章节的研究中，我们需要将年龄、职业特征变量纳为重点控制变量。

农民工的个体特征对不同类型的政治信任的影响程度也有不同。比起弥散性政治信任，特定性政治信任更易受到农民工个体特征的影响；除了单位性质因素以外，农民工的个体特征对流出地与流入地政府信任、对政府能力信任和对政府意愿信任几乎没有显著影响。

本章小结

农民工作为我国城乡二元体制下出现的社会群体，规模庞大。农民工对政治信任状况可能会影响到整个社会的政治信任水平，同时也是促使其融入城市、加快市民化进程的重要保证。本章选取四组不同类型的政治信任指标进行了描述性分析，并探索了农民工个体特征与政治信任的关系，重点在于回应以下四个问题：第一，当前农民工的总体政治信任状况及特征如何？第二，农民工在城市社会融入中是否会产生政治信任危机的现象？第三，具有城乡二元身份的农民工的政治信任是否会体现出传统向现代社会转型的特征？第四，农民工群体内部对于政治系统的信任是否存在

分化现象？

首先，农民工对政治系统的信任并非是统一的整体，而是根据政治系统内部结构的不同，呈现出多层面、非均衡的格局，集中表现为“硬核—保护带”的政治信任结构序列（弥散性政治信任高于特定性政治信任）、“流出地—流入地”的基层政府信任区隔（流入地政治信任高于流出地政治信任）、“中央—地方”的政治信任差序格局（中央政治信任高于地方政治信任）。

其次，此次调查的受访农民工与全国民众的整体政治信任水平、结构基本一致，并没有出现显著的信任流失现象。但不容忽视的是，受访农民工对具体的执行性机构（法院及司法系统、公安部门、地方政府）、地方政府工作人员、流入地基层政府的能力与效率、行政过程中人性化执行与诚信品质等方面的信任评价均存有一定程度的偏差。由此可见，农民工的政治信任流失主要集中于具体政治运行过程中，但低层次政治系统的信任弱化趋向还未外溢至高层次的政治系统，因此仍处于可控范围。

再次，研究发现农民工的政治信任正处于政治现代化转型的过程中，他们能够区分出人格信任与制度信任的差异，具体表现为其对人格的信任度较低，对制度的信任程度较高。这一方面反映了农民工对现代社会中以制度化、法治化为取向的政治改革的积极回应，另一方面也体现了职业非农化的转型培育了农民工的制度信任的品格。

最后，农民工的年龄、单位性质、管理权力因素在一定程度上影响了各类政治信任状况，这也意味着不同年龄、职业特征的农民工群体的政治信任水平存在一定差异，如新生代农民工对政治的信任几率比老一代农民工更低、在国有/集体企业工作者的政治信任几率要低于在私有部门工作者、具有高层管理权力者对政治信任的几率要低于没有管理权力的普通员工。但从总体来看，个体特征变量对政治信任的解释力极为有限，尤其在流出地与流入地政府信任、对政府能力信任和对政府意愿信任层面，农民工群体内部对于这几类政治系统的信任分化现象并不显著。

第四章

农民工的媒介使用与媒介评价状况

当今社会是一个以大众传媒高度普及和广泛渗透为特征的信息社会（李向娟、郑庆昌，2012）。伴随着媒体技术的更迭加速，传媒产业的市场格局也发生了重大变化。传统媒体持续平稳发展，新兴媒体保持高速增长，新旧媒介之间的融合互动不断地深化。

在信息化的社会背景下，传媒和资讯已经渗透到人们日常生活的方方面面，身处城市的农民工也同样受到资讯时代的深切影响。在本章节中，我们重点探索被多媒体所包裹的城市农民工。他们的媒体使用状况如何？对媒体有着怎样的评价？他们的媒体使用和媒介评价是否受到个体特征的影响，呈现出怎样的特点？通过对上述问题的研究，有助于我们理解差异化的媒介使用行为、媒介观念对农民工政治态度影响，进一步探索如何发挥大众传媒在农民工政治社会化过程中的沟通作用。

第一节　农民工的媒介使用与媒介评价的现状

通过本次调查显示，大众传媒已成为农民工群体获取时政信息的最重

要的渠道，有93.6%的受访农民工选择通过大众传播媒介的途径来了解时事新闻、国家政策，通过与周围人交流的人际传播方式来获取信息的比例仅占5.7%。新兴媒体是受访农民工获取信息的最主要来源，选择通过网络和手机来获取信息的农民工比例分别为23.2%和52.7%，从中可窥见新兴媒体传播的巨大影响力。由此可知，信息化的城市生活环境改变和拓展了农民工群体获取信息的渠道，农民工获取信息的方式不再局限于来自“熟人社会”的人际传播，多元化的大众传媒尤其是新兴媒体，已经成为农民工获取知识与信息、了解城市生活、实现社会融入的一个重要工具，生活经验与媒体信息共同影响着农民工对城市环境的认知与理解（李道荣、彭麟竣，2013）。因此，本节将重点比较传统媒体和新兴媒体这两大不同的媒体类型，详析农民工的媒介使用与媒介评价的基本状况。

一、农民工的媒体使用的基本状况

（一）农民工的媒体使用动机

“使用—满足”理论认为基于社会和个人的心理需求的媒体动机对传播效果具有一定的影响。因为仅仅依靠媒体信息的简单曝光，并不足以产生积极的传播效果（McLeod & McDonald，1985），所以需要考虑受众的需求与偏好因素的影响，其中包括受众的动机与相应的认知行为（Levy & Windahl，1985）。

传播学先驱拉斯韦尔最早提出大众传媒具有监视环境、协调关系、传承文化三大功能（Lasswell，1948）。监视环境是媒介的第一功能，它向受众提供与经济、社会生活密切相关的重要新闻。从“使用—满足”的理论视角来看，监视环境的动机也是人们最常见的媒体使用原因之一（Becker，1979）。作为一种信息传递的方式，使用媒体满足了民众获取信息、了解社会环境的愿望。监视环境动机是认知动机中的关键组成部分（Blumler，1979），是一种典型的“工具性取向”（Rubin，1984）。监视环境意味着关注国家政治活动、经济状况、社区发展状况等。

本研究中主要通过三个问题对农民工的监视环境动机进行测量（见表

4-1）。对“能帮助人们了解社会上发生的事情是否是您使用媒体的原因”的回答显示，有73.6%的受访农民工认可“使用媒体的原因是为了了解社会上发生的事情”。但是在对“帮助形成对社会的看法是否是您使用媒体的原因”进行判断时，仅有63.8%的农民工认可使用媒体是为了形成对社会的看法，但高达36.2%的受访农民工并不认同。

当就“帮助了解政府的工作和政策是否是您使用媒体的原因”进行评价时，高达76.2%的受访农民工认为“使用媒体的原因正是为了了解政府的工作和政策”，有23.8%的受访农民工认为了解政府的工作和政策并非是自己使用媒体的主要动机。

我们将这三个问题结合成测量“监控环境动机”的一个新变量，其内在一致性的信度检定（Cronbach'α）的结果是0.821。我们对这3个问题的选项“非常不符合”“比较不符合”“比较符合”“非常符合”分别赋值1—4分，然后加总，得出“监控环境动机”指数最小值为3分，最大值为12分，平均值为8.34分，这代表着农民工通过使用媒体获取社会、政府方面信息的意愿是较为普遍而强烈的。

表4-1 农民工媒体使用动机的测量

测量问题	回答选项	百分比	均值
通过使用媒体能帮助我了解一天中社会上发生的事情（N=1193）	非常不符合	3.3%	2.84
	不太符合	19.8%	
	比较符合	66.1%	
	非常符合	10.8%	
通过使用媒体可以帮助我形成对社会的看法（N=1193）	非常不符合	4.5%	2.66
	不太符合	31.7%	
	比较符合	57%	
	非常符合	6.8%	

续表

测量问题	回答选项	百分比	均值
通过使用媒体可以让我了解政府的工作和政策（N=1193）	非常不符合	3.6%	2.83
	不太符合	20.2%	
	比较符合	65.6%	
	非常符合	10.6%	

资料来源：作者自制

（二）媒体使用频率方面

首先，我们对不同类型媒体的使用频率进行分析。第一，具体比较各类媒体的使用频率。表 4-2 中列出了六类媒体的使用状况，手机、电视和网络在农民工群体中的使用率远高于其他媒体。如果将问题的选项“从不使用”“很少使用”“有时使用”“经常使用”“总是使用”分别赋值 1—5 分，我们发现，受访者使用最频繁的媒介是手机，平均值为 4.27，高达 85.4%的受访者经常使用或总是使用手机上网；其次是电视和网络，平均值分别为 3.31 分和 3.21 分。相较之下，传统媒体中的报纸、广播和杂志的使用率显著低于上述三类媒体，其均值分别为 1.84 分、1.81 分和 1.73 分，介于“从不使用”和“很少使用”之间。

第二，重点比较新媒体和传统媒体的使用频率。对比二者使用频率的平均值，新兴媒体（包含手机、网络）的使用频率均分为 3.74 分，而传统媒体（包含电视、广播、杂志、报纸）的使用频率均分仅为 2.17 分，新兴媒体的使用频率高出传统媒体 1.57 分。

第三，简要比较下电子媒体和纸质媒体对的使用频率。受访农民工的电子媒体（含手机、网络、电视、广播）使用频率均分为 3.15 分，而纸质媒体（含报纸、杂志）的使用频率均分为 1.79 分，二者相差 1.36 分。

综上所述，当前农民工普遍具有接触媒体的行为和意识。值得重视的是，新兴媒体的使用率已经远远超过了传统媒体中的报纸、广播和杂志。简而言之，当前农民工的信息环境主要是由手机、电视和网络构成的，这一方面，纸质媒体的订阅受到农民工文化程度、流动的生活环境和工作条件的制约，另一方面，手机、电视和网络因其便捷的优势极大地迎合了农民工了解环境、人际交往、休闲娱乐等需求。

其次，我们对农民工使用社交媒体的使用频率进行分析。社交媒体依赖 web2. 0 的发展，是人们用来分享意见、见解、经验和观点的工具。它不仅是娱乐社交活动的方式，同样也成为人们了解和参与公共事务的重要平台，所以我们选取现阶段国内民众常用的微信和微博，以此来考察农民工群体对社交媒体的使用状况。从表 4-2 中得出，农民工的微信使用频率远远超过微博的使用频率。回答“总是使用”和“经常使用”微信的受访农民工占了 45. 2%和 35. 5%，回答“很少使用”和“从不使用”微信的仅有 4. 9%和 2. 9%。相比之下，“总是使用”和“经常使用”微博的受访者比例为 3. 6%和 10. 2%，而“很少使用”和“从不使用”微博的比例高达 33. 8%和 33. 5%。由此可见，不同类型社交媒体的使用状况存在着较大差异，这可能也微博和微信的功能密切相关。微信属于强关系的沟通平台，注重的是私人关系网络的交流与互动。而微博作为一个弱关系的媒体工具，注重的是信息的传播。对于农民工来说，微信的功能广泛、使用便利，不仅是他们获取信息的工具，也是他们与周围亲友日常互动的沟通平台，这些方面均可能是微信使用频率较高的原因。

表 4-2　农民工的媒体使用频率比较

	传统媒体				新兴媒体		社交媒体	
	报纸	杂志	广播	电视	网络	手机	微信	微博
从不使用	38. 5%	41. 3%	44. 4%	4. 8%	9. 1%	0. 8%	2. 9%	33. 5%
很少使用	42. 3%	45. 6%	36. 6%	16. 7%	18%	2. 7%	4. 9%	33. 8%
有时使用	15. 7%	11. 8%	13. 5%	33%	27. 2%	11. 1%	11. 5%	18. 9%
经常使用	3. 2%	1. 1%	5%	34. 2%	34. 6%	39. 4%	35. 5%	10. 2%
总是使用	0. 3%	0. 2%	0. 5%	11. 3%	11. 1%	46%	45. 2%	3. 6%
均值	1. 84	1. 73	1. 81	3. 31	3. 21	4. 27	4. 15	2. 17
样本数	1193	1193	1193	1193	1193	1193	1193	1193

资料来源：作者自制

（三）媒体内容方面

媒体的内容是影响媒体效果的重要解释变量（Perse，2001）。“使用—满足”理论强调，受众对媒体内容并非一味地接受，而是根据自身的需求，选择性地关注相应信息。因此除了关注媒体使用频率之外，我们对媒体内容也进行了细分。一方面区分传统媒体和新兴媒体，比较不同类型的媒体内容的注意程度。另一方面，议程设置理论认为，宏观的媒介结构与政治结构会通过对媒体议程的设置来控制微观信息的生产，从而对受众的态度与价值观施加影响（李普曼，2002）。本研究充分考虑了社会转型时候时期中国的传媒环境和政治结构，依据媒体报道的特定结构性倾向，将媒体的内容划分为正面报道、负面报道，与群体利益相关报道（即反映农民工群体的民生问题报道），以此考察农民工群体对媒体所设置的议程的选择偏好。

1. 农民工对传统媒体内容的注意程度

表 4-3 列出了两类不同的传统媒体内容的关注情况。农民工对娱乐性媒体内容的关注度高于政治性的媒体内容，具体来看，回答“经常关注”和“总是关注”娱乐性媒体内容的农民工占了 25.9%，关注政治性媒体内容的受访农民工仅占了 12.2%，差距达到 13.7 个百分点。如果将问题的选项“从不关注”“很少关注”“有时关注”“经常关注”“总是关注”分别赋值 1—5 分，娱乐性媒体内容的关注均分为 2.94 分，而政治性内容关注均分仅为 2.55 分，二者均处于“有时关注”和“经常关注”之间，这也从侧面反映出了农民工对传统媒体内容的总体关注度并不高，其中对娱乐性的媒体内容更为关注。

表 4-3　农民工对传统媒体内容的关注情况

	政治、政府类新闻及社会事务类新闻（N=1194）	体育报道、娱乐节目及新闻、电视剧（N=1194）
从不关注	9.5%	6.4%
很少关注	39.2%	22.7%
有时关注	39.1%	45%

续表

	政治、政府类新闻及社会事务类新闻（N=1194）	体育报道、娱乐节目及新闻、电视剧（N=1194）
经常关注	11%	22.6%
总是关注	1.2%	3.3%
均值	2.55	2.94

资料来源：作者自制

2. 农民工对新兴媒体内容的注意程度

如表4-4所示，我们区分了娱乐性使用和政治性使用这两类不同的新兴媒体使用内容。与传统媒体相比，新兴媒体具有与受众互动交流的特质，因此它不仅承担信息传播的功能，同时也成为受众互动表达、公共参与的平台。鉴于此，我们将政治性使用划分为政治信息获取、政治互动、政治表达和政治参与这四个维度，其内在一致性的信度检定（Cronbach' α）的结果是0.875，测量的可信度较高。

第一，我们发现农民工对娱乐性内容的关注度要显著高于各类政治性内容的关注。47.6%的受访者表示经常或总是关注网络游戏、歌曲、电影、电视剧，仅有5.4%的受访者从不关注娱乐性内容。我们将问题的选项“从不关注”“很少关注”“有时关注”“经常关注”“总是关注”分别赋值1—5分，新兴媒体的娱乐性内容的关注均分为3.29分，介于“有时关注”和“经常关注”之间；相比之下，新兴媒体的政治性内容的关注均分仅为1.6分，二者相差1.69分。

第二，在政治性内容的关注方面，首先，关注度最高的是政治信息获取维度，17.2%的受访农民工回答“经常或总是访问网站浏览政治时事、社会事务新闻”，30.2%的受访者选择有时访问网站获取政治信息。

其次是政治互动维度，本研究中采用两种形式考察被访者在新兴媒体上与他人进行政治互动的程度：转发政治信息和与他人交流感兴趣的政治新闻。受访者表示经常或总是转发政治信息、与他人交流感兴趣的政治新闻的比例分别为10.7%和8.6%。

再次是政治表达维度，6.3%的被访农民工承认自己在新兴媒体上发表时政观点的频率较高，他们是政治表达的活跃者。12.1%的受访农民工选择“有时发表”，其余81.7%表示很少发表或从不发表。

最后，农民工的政治参与的关注度最低。政治参与是指民众试图影响政府的活动，我们选取了两种常见的网络政治参与形式，即公共事务投票、监督某项政策的执行或向政府机构提意见。根据我们的调查数据，上述农民工极少关注以上两类政治参与形式，选择“经常参与”和“总是参与”之和均不超过3%。

综上所述，从新兴媒体内容的关注取向方面来看，农民工“重娱乐、轻政治”的倾向十分突出，其中新兴媒体的政治信息传播、互动表达、参与功能都没能得到充分发挥。

表4-4　农民工对新兴媒体内容的关注情况

变量	项目	从不关注	较少关注	有时关注	经常关注	总是关注
娱乐性使用	网络游戏、听歌、看电影、电视剧	5.4%	16%	31%	39.6%	8%
政治信息获取	访问网站浏览政治时事、社会事务新闻	15%	37.6%	30.2%	14%	3.2%
政治互动	在论坛、QQ群、微信、微博中转发时政观点与公共事务信息	39.8%	31.2%	18.3%	8.9%	1.8%
	在论坛、QQ群、微信、微博中与他人交流感兴趣的时政新闻	43.3%	30.7%	17.4%	7.1%	1.5%
政治表达	在论坛、QQ群、微信、微博中对时政和社会事务发表自己的观点	52.6%	29.1%	12.1%	5%	1.3%
政治参与	通过网络参与社会公共事务的投票	58.6%	28.8%	10.3%	1.5%	0.8%
	通过网络监督某项政策的执行或向政府机构提意见	71.9%	20.3%	5.6%	1.4%	0.8%

资料来源：作者自制

3. 农民工对媒体特定内容的注意程度

表 4-5 展示了三类特定媒体内容的关注情况。从报道内容上看，相比于负面报道和正面报道，农民工群体最为关注与自身利益相关的报道，有 46. 3%的受访者表示“有时关注”农民工群体反映问题、表达意见的新闻报道，13. 3%的受访者则是“经常或总是关注”与自身利益相关的报道。从报道倾向来看，调查数据显示，农民工对负面报道的关注程度和宣传性正面报道的关注程度差异不大，选择“有时关注”负面报道和正面报道的受访者比例分别为 39. 7%和 37. 6%，选择“经常、总是关注”的比例分别为 12. 2%和 13. 3%。

表 4-5 农民工对媒体特定内容的关注情况

项目	从不关注	较少关注	有时关注	经常关注	总是关注	均值（N=1193）
负面报道（如政府官员腐败与违纪报道）	10. 6%	37. 5%	39. 7 %	10. 2%	2%	2. 56
正面报道（如各项改革建设活动报道）	8. 2%	40. 9%	37. 6 %	11. 3%	2%	2. 58
农民工反映问题、表达意见的新闻报道	8. 5%	31. 9%	46. 3%	11. 3%	2%	2. 66

资料来源：作者自制

二、农民工的媒体评价的基本状况

媒体评价反映了受众如何主动解读媒体的信息，而且个人对媒体的态度和评价是阻碍或提升媒体效果的重要条件。本研究中的媒体评价主要指向媒体的可信度评价，受众是否接受、阅读媒体信息与他们对媒体的信赖度密切相关（Gaziano & McGrath，1986；Kim & Rubin，1997）。

关于媒体的可信度评价，我们区分了农民工对各级各类媒体所传播的政治信息的信任程度。首先，表 4-6 中展示了农民工对中央媒体和地方媒体的信任差异，与“中央—地方”政治信任的差序格局相一致的是，媒体信任也呈现出“中央—地方”的层级差异。回答“非常信任”中央媒体的

受访者占了 32.9%，但选择“非常信任”地方媒体的受访者仅有 10.6%，二者差距高达 22.3 个百分点。选择“不太信任”和“非常不信任”中央媒体、地方媒体的农民工分别占了 7.6% 和 22.5%。我们将问题的选项“非常不信任”“不太信任”“比较信任”“非常信任”分别赋值 1—4 分，农民工对中央媒体的信任均分为 3.24 分，介于“比较信任”和“非常信任”之间；相比之下，其对地方媒体的信任均分为 2.87 分，处于“不太信任”和“比较信任”之间。

表 4-6　农民工对中央媒体、地方媒体的可信度评价

	中央媒体（N=1193）	地方媒体（N=1193）
非常不信任	1.7%	1.5%
不太信任	5.9%	21%
比较信任	59.5%	69.9%
非常信任	32.9%	10.6%
均值	3.24	2.87

资料来源：作者自制

其次，表 4-7 中呈现了农民工对不同类型媒体的信任程度。多数传统媒体的信任度高于新兴媒体的信任度。具体而言，电视和报纸位居信任的前列，超过 8 成的受访农民工表示信任电视和报纸媒体所传播的政治信息。其次是广播，超过 6 成的受访者认为广播所传播的信息是值得信任的。再次是新兴媒体中的网络和手机，回答信任网络和手机的受访农民工的比例占了 50.5% 和 46.4%，但“不太信任”网络和手机媒体的比例分别为 47.1%和 48.6%。最后，农民工信任度最低的媒体是杂志，超过半数以上（55.8%）的受访者表示不信任杂志所传播的政治信息。如果将问题的选项“非常不信任”“不太信任”“比较信任”“非常信任”分别赋值 1—4 分，那么农民工对新兴媒体的信任均分为 2.51，对传统媒体的信任均分为 2.75，二者均介于“不太信任”和“比较信任”之间。

表 4-7 农民工对各类媒体的可信度评价

	传统媒体（N=1193）				新兴媒体（N=1193）	
	报纸	杂志	广播	电视	网络	手机
非常不信任	1.4%	5%	2.4%	1%	2.4%	5%
不太信任	18.2%	50.8%	32.3%	15%	47.1%	48.6%
比较信任	68.6%	40.6%	58.7%	69.6%	44.2%	41%
非常信任	11.8%	3.6%	6.6%	14.4%	6.3%	5.4%
均值	2.91	2.43	2.69	2.97	2.54	2.47

资料来源：作者自制

第二节 农民工的个人特征与媒体使用、媒体评价

在解释媒体效果的研究中，现有四种比较经典的模型，其中有条件的影响模型强调以受众为中心，其认为仅仅依靠媒体的曝光不一定会导致影响效应，因为受众有能力避免曝光或拒绝媒体的影响。媒体的影响是有条件的，当面对同样内容的媒体曝光时，受众的人口学特征、社会经济地位、社会关系和个人差别等因素均会造成媒体影响效果的差异（Perse，2001）。因此在本节中，我们遵循有条件影响模型的思想，结合农民工群体的分化特征，比较农民工内部不同特征群体的媒体使用和媒体评价状况的差异。

一、农民工的个人特征与媒体使用

（一）农民工的个人特征与媒体使用动机

表 4-8 展示了以监视环境动机为因变量的 OLS 回归模型，自变量包括

性别、年龄、教育程度①、收入对数②和政治兴趣③。从年龄来看，与老一代农民工相比，新生代农民工的监视环境动机得分下降了 0.064 分（$p<0.05$），可见，年轻的农民工基于监视环境的媒体使用动机较为薄弱。从教育程度来看，教育程度与监视环境动机呈现显著的正相关（$p<0.001$），这说明在使用媒体时，农民工的受教育程度越高，其所具备的监视环境动机越强烈。从政治兴趣来看，受访者的政治兴趣对媒体监视环境动机有着显著的影响（$p<0.001$），对政治议题越感兴趣的农民工，他们在使用媒体时意图了解社会环境、获取政府工作信息等监控环境的需求就越强烈。

表 4-8　农民工的个人特征对媒体使用动机的影响分析

	媒体使用动机
性别[a]	-0.004（0.036）
新生代农民工[b]	-0.064*（0.037）
教育程度	0.104***（0.006）
收入对数	-0.036（0.039）
政治兴趣	0.326***（0.019）
常数项	2.431***（0.333）
F	28.57***
R^2	0.122
$AdjR^2$	0.118
样本量	1031

注明：1. 参照组：[a]女性；[b]1980 年前出生的农民工；

2. 模型中括号里的数字为 b（SE）；* p<.05，** p<.01，*** p<.001。

资料来源：作者自制

① 本节纳入模型中的教育程度变量是定距变量，具体测量方式是将“不识字”赋值为 0，“小学”赋值为 6，“初中”赋值为 3，“高中”赋值为 3，“中专、技校”赋值为 3，“大专”赋值为 3，“本科及以上”赋值为 4，通过将上述的学历对应的受教育年份进行加总而获得农民工总体的受教育年数变量。

② 本节纳入模型中的收入对数变量是通过农民工月收入做对数变换而获得。本节纳入模型中的政治兴趣变量通过以下问题来进行测量：“您对政治时事方面的信息感兴趣吗？”答案采用四级利克特量表编码并依次赋值 1—4 分（1—很不感兴趣，4—非常感兴趣）。

③ 本节纳入模型中的政治兴趣变量通过以下问题来进行测量：“您对政治时事方面的信息感兴趣吗？”答案采用四级利克特量表编码并依次赋值 1—4 分（1—很不感兴趣，4—非常感兴趣）。

（二）农民工的个人特征与媒体使用频率

1. 农民工的个人特征与新兴媒体、传统媒体的使用频率

表4-9报告了影响农民工新兴媒体使用频率和传统媒体使用频率的OLS回归模型结果。模型1和模型2分别报告了农民工个人特征对传统媒体和新兴媒体使用频率的影响效应。首先，年龄变量对两种不同类型的媒体使用频率均产生显著的影响，但影响效应却相反（传统媒体：$p<0.05$；新兴媒体：$p<0.001$）。与老一代农民工相比，新生代农民工使用传统媒体的频率更低，但使用新兴媒体的频率更高。

其次，教育程度和两类媒体使用频率呈现显著的正向相关关系，农民工的受教育年数每增加1年，其使用传统媒体和新兴媒体的频率分别提升了0.073分和0.141分（传统媒体：$p<0.05$；新兴媒体：$p<0.001$）。最后，政治兴趣变量对传统媒体和新兴媒体使用频率表现出了积极影响，农民工的政治兴趣每提升一个单位，其使用传统媒体和新兴媒体的频率分别上升了0.39分和0.256分（$p<0.001$）。

表4-9　农民工的个人特征对媒体使用频率的影响分析

	传统媒体使用频率	新兴媒体使用频率
	模型1	模型2
性别[a]	−0.055（0.037）	0.002（0.05）
新生代农民工[b]	−0.033*（0.039）	0.234***（0.052）
教育程度	0.073*（0.007）	0.141***（0.009）
收入对数	0.058（0.04）	0.036（0.054）
政治兴趣	0.39***（0.02）	0.256***（0.027）
常数项	0.637（0.346）	1.907***（0.465）
F	41.459***	42.877***
R^2	0.168	0.173
AdjR^2	0.164	0.169
样本量	1031	1031

注明：1. 参照组：[a]女性；[b]1980年前出生的农民工；

2. 模型中的数字为b（SE）；* p<.05，** p<.01，*** p<.001。

资料来源：作者自制

2. 农民工的个人特征和社交媒体使用频率

考虑到社交媒体的影响力，我们选取微信和微博这两种具有广泛使用性的社交媒体进行分析，以此比较农民工的个人特征对不同社交媒体的使用频率的影响（见表4-10）。年龄、教育程度变量对微信、微博使用频率有显著影响，新生代农民工与老一代农民工相比，年轻农民工的社交媒体使用频率更高（$p<0.001$）；农民工的受教育程度越高，其使用社交媒体越频繁（微信：$p<0.05$；微博：$p<0.001$）。农民工的政治兴趣将同样会影响社交媒体的使用频率，具有浓厚政治兴趣的农民工，其使用微信、微博的频率越高（$p<0.001$）。

表4-10　农民工的个人特征对社交媒体使用频率的影响分析

	微信使用频率	微博使用频率
	模型1	模型2
性别[a]	0.003（1.003）	-0.271（0.762）
新生代农民工[b]	1.03***（2.801）	1.183***（3.265）
教育程度	0.116*（1.123）	0.236***（1.266）
收入对数	0.031（1.031）	-0.169（0.845）
政治兴趣	0.69***（1.995）	0.44***（1.553）
常数项	-1.384（0.251）	-4.844（0.008）
-2LL	482.18	632.28
Cox & SnellR^2	0.063	0.109
Chi-square	58.675***	96.235***
Nagelkerke R Square	0.14	0.187
样本量	905	830

注明：1. 参照组：[a]女性；[b]1980年前出生的农民工；

2. 模型中的数字为B（Exp（b））；* $p<.05$，** $p<.01$，*** $p<.001$。

资料来源：作者自制

（三）农民工的个人特征与媒体使用内容

1. 农民工的个人特征与传统媒体、新兴媒体的使用内容

针对媒体使用内容，本研究进行了两个层面的划分：第一个层面对媒

体的类型进行划分，将媒体区分为新兴媒体和传统媒体。第二个层面是在媒体类型区分的基础上，对不同媒体的使用内容进行功能划分，每一类媒体均包含娱乐性内容和政治性内容（见表4-11）。

先来看农民工个人特征对传统媒体使用内容的影响。整体来看，农民工的人口特征对传统媒体的娱乐性内容使用状况的解释效力非常微弱，但对政治性内容的注意程度影响较大。年龄、教育程度、政治兴趣变量对传统媒体的政治性内容均有显著的影响。比起老一代农民工，新生代农民工对传统媒体的政治性内容的注意程度较低（$p<0.001$）。农民工的教育程度越高，其越关注传统媒体所报道的政治性内容（$p<0.001$）。农民工对政治议题越感兴趣，他们对媒体的政治性内容也越关注（$p<0.001$）。

表4-11　农民工的个人特征对传统媒体内容注意程度的影响分析

	传统媒体娱乐性内容	传统媒体政治性内容
	模型1	模型2
性别[a]	-0.373* (0.689)	0.237 (1.268)
新生代农民工[b]	0.146 (1.157)	-0.715** (0.489)
教育程度	0.08* (1.083)	0.032 (1.033)
收入对数	0.031 (1.032)	-0.073 (0.93)
政治兴趣		1.793*** (6.006)
常数项	-1.076 (0.341)	-5.859 (0.003)
-2LL	762.111	449.104
Cox & SnellR^2	0.02	0.245
Chi-square	11.322*	175.056***
Nagelkerke R Square	0.027	0.387
样本量	559	622

注明：1. 参照组：[a]女性；[b]1980年前出生的农民工；

2. 模型中的数字为B（Exp（b））；* $p<.05$，** $p<.01$，*** $p<.001$。

资料来源：作者自制

接下来我们关注农民工的个人特征与新兴媒体的使用内容之间的关系

（见表 4-12）。对于新兴媒体娱乐性内容来说，年龄、教育程度均是显著的影响因素。新生代农民工相比老一代农民工，他们对娱乐性内容的关注度更高（$p<0.001$）；教育程度越高的农民工，其对娱乐性内容的关注程度也越高（$p<0.001$）。对于新兴媒体政治性内容来说，我们同样发现，年轻的农民工比年老的农民工的关注度更高（$p<0.001$）；随着教育程度的提高，农民工对新兴媒体的政治性内容的关注也不断提升（$p<0.001$）。此外，政治兴趣对新兴媒体的政治性内容关注也有着明显的促进作用，政治兴趣越高的农民工，其越关注新兴媒体中的政治性内容部分（$p<0.001$）。

表 4-12　农民工的个人特征对新兴媒体内容注意程度的影响分析

	新兴媒体娱乐性内容	新兴媒体政治性内容
	模型 1	模型 2
性别[a]	-0.215（0.806）	0.012（0.039）
新生代农民工[b]	0.738***（2.092）	0.122***（0.04）
教育程度	0.12***（1.128）	0.175***（0.007）
收入对数	-0.265（0.767）	0.01（0.042）
政治兴趣		0.31***（0.021）
常数项	1.363（3.909）	0.371（0.332）
-2LL	855.81	
Cox & SnellR^2	0.064	
Chi-square	47.62***	
Nagelkerke R Square	0.09	
F		41.649***
R^2		0.169
AdjR^2		0.165
样本量	716	1031

注明：1. 参照组：[a]女性；[b]1980 年前出生的农民工；

2. 模型中 1 的数字为 B（Exp（b）），模型 2 中的数字为 b（SE）；* p<.05，** p<.01，*** p<.001。

资料来源：作者自制

2. 农民工的个体特征与媒体特定内容注意程度

我们依据当前媒体报道的特定结构性倾向，以负面报道、正面报道、反映农民工群体的民生问题报道这三类特定议程为研究切入点，以此来考察农民工个体特征对媒体特定议程的内容注意程度的影响（见表 4-13）。

年龄变量仅对正面报道产生一定影响，相比于老一代农民工，新生代农民工对政治宣传的关注度更低（$p<0.01$）。教育程度变量、政治兴趣变量对这三类特定媒体内容的关注度均有显著的正向影响。农民工的教育程度越高，其对负面报道、正面报道、反映农民工群体的民生问题报道的关注度也相应地提升（负面报道：$p<0.001$；正面报道、民生报道：$p<0.05$）。农民工对政治议题的兴趣愈浓厚，其对这三类特定媒体内容的关注程度也愈高（$p<0.001$）。

表 4-13　农民工的个人特征对新兴媒体特定议程内容注意程度的影响分析

	负面报道	正面报道	与农民工利益相关报道
	模型 1	模型 2	模型 3
性别[a]	0.308（1.361）	0.088（1.092）	-0.021（0.979）
新生代农民工[b]	-0.271（0.762）	-0.665**（0.514）	-0.404（0.668）
教育程度	0.151***（1.163）	0.094*（1.009）	0.1*（1.105）
收入对数	-0.142（0.867）	0.103（1.109）	0.119（1.126）
政治兴趣	1.672***（5.321）	1.615***（5.027）	1.75***（5.757）
常数项	-6.357（0.002）	-7.155（0.001）	-7.633（0.000）
-2LL	455.692	502.836	456.356
Cox & SnellR^2	0.256	0.237	0.275
Chi-square	182.3***	173.602***	177.905***
Nagelkerke R Square	0.397	0.364	0.403
样本量	617	643	553

注明：1. 参照组：[a]女性；[b]1980 年前出生的农民工；

2. 模型中的数字为 B（Exp（b））；* p<.05，** p<.01，*** p<.001。

资料来源：作者自制

二、农民工的个体特征与媒体评价

关于媒体的可信度方面，研究中区分了不同行政级别和不同类型的媒体（见表 4-14）。第一，针对中央媒体与地方媒体的可信度评价，农民工个体特征变量对中央、地方媒体的信任程度并不产生显著影响。

第二，针对新兴媒体与传统媒体的可信度评价，我们同样发现，不同个体特征的农民工在新兴媒体的可信度评价方面并没有存在显著的差异性。但相较之下，教育程度和政治兴趣变量会对传统媒体的可信度评价产生一定的作用，具体来看，教育程度越高的农民工，其对传统媒体中的政治报道越信任（$p<0.05$）；农民工对政治议题越感兴趣，其对传统媒体的信任度也越高（$p<0.001$）。

表 4-14　农民工的个人特征对媒体可信度的影响分析

	传统媒体信任
性别[a]	-0.039（0032）
新生代农民工[b]	-0.051（0.033）
教育程度	0.077*（0.006）
收入对数	-0.024（0.035）
政治兴趣	0.139***（0.017）
常数项	2.673（0.274）
F	5.748***
R^2	0.027
AdjR^2	0.023
样本量	1030

注明：1. 参照组：[a]女性；[b]1980 年前出生的农民工；

2. 模型中的数字为 b（SE）；* p<.05，** p<.01，*** p<.001。

资料来源：作者自制

第三节　农民工的媒介使用与媒介评价特点

本节结合上述对农民工的媒体使用与评价的综合分析，主要回应“研究背景与问题”部分提出的以下疑问：当前农民工群体对媒体使用以及媒介评价具有怎样的特征？当前新兴媒体已经成为社会传播的重要载体与平台，信息时代的“数字鸿沟”现象在农民工群体中是否有所体现？在数字鸿沟背景下的农民工媒介素养呈现出怎样的特点？本节尝试提炼出当前农民工媒体使用与评价的总体特征，并在此基础上描绘出在数字鸿沟背景下农民工媒介素养的整体面貌。

一、农民工的媒体使用特征

1. 农民工普遍具有接触媒体的行为，其信息环境主要是由手机、电视和网络构成。伴随着中国传媒业的迅猛发展，作为社会传播载体的大众传播媒介已成为农民工文化生活中不可或缺的重要部分。根据本研究的数据显示，仅有2%的受访农民工表示从未使用过任何一种大众传媒，其余受访者至少使用过一种及以上的媒介。约有九成多的受访农民工选择通过大众媒介传播来了解时事新闻、国家政策，这一比例远远超过通过人际传播的途径来获取信息。以上的情形从侧面反映出当前的农民工普遍具有接触媒体的行为，该群体的媒体普及率整体均较高。

我们进一步来考察不同类型媒体的使用状况。通过上述分析发现，农民工的使用频率较高的三种大众媒介依次为手机、电视和网络，其中手机的使用频率远远高于电视与网络，这三类媒介的使用状况介于“总是使用”和“经常使用”之间。而报纸、广播和杂志的使用率显著低于上述三类媒体，全部介于“从不使用”和“很少使用”之间。由此可见，手机、电视和网络已成为农民工使用最频繁的大众传播媒介，这三种媒介构成当前农民工的信息环境。这一研究结论也与以往的研究成果相吻合（李向娟、郑庆昌，2012；郑素侠，2010）

2. 新兴媒体使用频率远高于传统媒体，其中八成以上农民工常用微信。相关研究指出，农民工在媒介类型的选择上更倾向于使用新兴媒体(周明星、康艳钦，2015)。本研究也同样证实了这一观点，从整体来看，农民工比较亲近新兴媒体，却较为疏远传统媒体。当前新兴媒体（手机、网络）成为农民工主要使用的媒介，也是受访农民工获取时事新闻和国家政策信息的最主要来源。其中，微信已成为农民工所追捧的社交媒体之一，超过八成的农民工表示经常或总是使用微信。由此可见，微信已经渗透到农民工群体日常生活的方方面面，成为了他们休闲娱乐、维系关系、获取信息的入口。相较之下，在现有的传统媒体中，除了电视还保持较高的使用频率，广播、报纸、杂志早已慢慢地淡出了农民工的视野，这也可能是因为近年来新兴媒体的蓬勃发展从而对传统媒体的传播空间造成了挤迫效应。

3. 无论是新兴媒体还是传统媒体，农民工对媒体内容的关注都存在着“重娱乐、轻政治”的趋向，其对媒体政治性内容的关注度不高，形式较为单一，以单向性的接收为主，倾向于关注与本群体利益相关的信息。

我们的研究结论显示，在传统媒体中，约两成多的受访者经常关注娱乐性新闻，而只有一成多的农民工选择经常关注政治性新闻，后者仅为前者数量的一半。在新兴媒体中，接近五成的受访农民工表示经常或总是使用娱乐性功能，但却只有约三成的农民工经常访问网站浏览政治时事、社会事务新闻，在新兴媒体的载体上介入政治参与、政治表达和政治交流的农民工数量更少。因此，农民工的媒体内容关注主要以休闲娱乐性内容为主，这也因应了农民工在高度流动的生活中排解孤独、消遣娱乐的需求。

众所周知，新兴媒体是一个开放的系统，它的突出优势在于打破传统媒体的封闭式的单向交流，形成一种双向互动的交流模式。很显然，农民工的媒体政治性内容的使用以单向性地接收政治资讯为主，其次为政治互动、政治表达与政治参与。由此可见，新兴媒体使用过程中的政治互动、表达、参与等双向交流的功能没能得到充分发挥，这也意味着农民工群体利用媒介发表意见、维护权益等现象并不多，参与媒介的素养普遍较低。

4. 不同个人特征的农民工在媒体使用方面有所差异。研究发现，农民

工群体的媒体使用状况也并非铁板一块，农民工的年龄、教育程度、政治兴趣状况不仅制约了媒体使用频率，还深刻地影响了媒体政治性内容的注意程度。

具体而言，在媒体使用频率方面，1980 年以后出生、受教育程度较高、对政治议题感兴趣的受访者，其使用大众传媒更加频繁。但值得关注的是，与老一代农民工相比，新生代农民工使用传统媒体的频率更低，但使用新兴媒体的频率更高。这也符合“新兴媒体是 80、90 后年轻受众的主场”这一现实。

在媒体使用内容方面，文化程度较高、对政治有浓厚兴趣的农民工是关注媒体政治性内容的活跃人群，而且该群体对正面报道、负面报道（如官员腐败违纪类报道）、与本群体利益相关的政治新闻都具有高度的关注。年龄变量却对不同类型的媒体政治性内容使用产生差异作用，与老一代农民工比较，新生代农民工对传统媒体的政治性内容的关注程度较低，但对新兴媒体的政治性内容关注度更高，这和上述年龄对媒体使用频率的影响效应相一致。新生代农民工对于政治宣传类新闻的关注程度低于老一代农民工。这些结论从侧面印证了不同世代的农民工所依赖的传播媒体有所不同，这也直接导致了他们对不同类型的媒体政治性内容的注意程度方面存有差异。

二、农民工的媒体评价特征

1. 农民工的媒体信任存在着“央强地弱”的现象。研究显示，农民工在媒体信任方面呈现出显著的层级差异，即地方媒体的公信力远远低于中央媒体。我们猜测民众看重信息源的权威性，中央媒体作为中央级单位主管，因此中央媒体在农民工群体中享有地方媒体难以企及的威信。此外，信任与人们对信任对象的了解程度和距离有关系（尤斯拉纳，2006），地方媒体与地方事务紧密关联，农民工更容易从其他渠道来印证地方媒体所报道资讯的真实性，一旦地方媒体的报道出现与现实不一致之处，便会直接影响其对地方媒体的信任程度。

2. 农民工对传统媒体的信任度普遍高于对新兴媒体的信任度。传统媒

体中的电视、报纸、广播居于信任的前列。尽管新兴媒体为人们提供了更为多元的信息渠道和更为丰富的信息资讯，但这种渠道本身未必会让人产生信任，这可能是由于新兴媒体的本身特点、运作机制、网络环境所决定的。新兴媒体的受众能够主动参与信息的建构与发布，这种互动自由的网络环境也造就了网络信息的多元性、复杂性甚至矛盾性。由于网络环境高度的匿名性，导致网络水军制造虚假信息、引导舆论等现象层出不穷，这也是拉低新兴媒体信任的重要因素。相比之下，传统媒体注重的是作为信息源的权威性，所以它更容易赢取农民工的信任。

三、数字鸿沟背景下的农民工媒介素养

新兴媒体的普及和发展为农民工带来了多元丰富的资讯，提供了社会融入的平台，但也有不少学者关注到因新兴媒体的接入与使用差距所凸显出的弱势群体“数字鸿沟”现象（刘谦、陈香茗，2017；宋红岩，2016；王逊，2013）。数字鸿沟现象是信息时代所带来的严峻的社会不平等问题，从一般意义上来看，数字鸿沟指的是处于不同社会经济水平的个人、家庭、企业和地区之间在获得信息与通信技术的机会上，以及在互联网的使用上所存在的差距①（OECD，2001）。具体而言，这种差距是由技术、经济、知识、社会四个层面所构成的（薛伟贤、刘骏，2010），不仅体现在通讯技术的物理准入方面的差异，更在于人们在线使用中的获取、查找、接受、应用、参与生产信息资源的方式及效果的差异。

数字鸿沟主要分为四种类型，即接入沟、技能沟、内容沟和愿望沟（宋红岩，2016）。对于信息弱势的农民工群体来说，互联网的普及降低了农民工群体的准入难度，部分农民工完成了兴趣接入、物质接入及技能接入，但在内容接入的过程中存在较为严重的障碍（王逊，2013）。由此可见，要跨越农民工群体的数字鸿沟现象，关键在于改善内容型的数字鸿沟，弥合内容沟的核心就是建构与完善农民工的媒介素养。结合上述对农民工媒介使用特点的总结，我们进一步地分析以下两个问题：第一，当前

① 资料来源：”understanding the digital divide“，http：//www.oecd.org

农民工的媒体使用方面存在着怎样数字鸿沟问题？第二，当前数字鸿沟背景下的农民工媒介素养呈现怎样的特点？

第一，在新兴媒体的使用方面，农民工群体内部存在着显著的代际鸿沟和教育鸿沟。在本研究中，影响农民工新兴媒体的使用鸿沟的重要因素主要是年龄和教育程度。这一结论和西方的研究成果较为吻合，西方的研究中同样发现很多人口统计因素与数字鸿沟密切相关（Van Deursen & Van Dijk，2011；Katz & Rice，2002）。

首先，无论是在电脑、手机、社交媒体的使用频率方面，还是在对新兴媒体的娱乐性内容和政治性内容的注意程度方面，老一代农民工的使用水平都低于新生代农民工，二者存在显著的差距。一方面，斯莫尔和沃根认为年龄越大者对网络技术的学习和了解越困难。老一代农民工在以往的生活经验中难有接触新兴媒体的机会。尽管当前他们能较为容易地接触和学习互联网技术，但在技术操作方面，作为“数字移民”的老一代农民工与新生代农民工之间肯定还存有显著落差（斯莫尔、沃根，2009）。另一方面，从使用与满足理论来看，年龄较大的农民工不太可能使用互联网，因为他们的媒介使用需求、社会目标范围典型地小于较年轻群体。此外，年纪较大的人还有可能在意自己隐私的泄露，或是担心自己容易遭遇网络欺诈等社会风险（Loges & Jung，2001）。

其次，教育程度越高的农民工，其对新兴媒体的使用频率更高，对新兴媒体中各类内容的关注程度更深入。几乎在所有文献中，教育都是一个重要变量（Katz & Rice，2002；Mossberger et al.，2003）。有效使用互联网需要掌握更高级的技能，这些技能的学习需要一定的文化基础，教育程度低的人群在网络技术、电子识字能力、信息使用模式方面的学习效率和效果方面不可避免地会受到影响（陈力丹、金灿，2015）。

最后，我们也尝试着放入职业特征，流动状况等变量进行考察，但却发现它们和新兴媒体使用状况并无显著关系。以往的研究中认为个体职业地位的差别会影响个体接触、利用和吸收信息的机会与能力，造成“数字鸿沟”。在本研究中，因为受访农民工所属的单位性质较单一，以私企为主，加之整体的职业地位不高，多数为被管理者，所以在新兴媒体的使用

方面没能够体现出职业差异。尽管有研究显示，农民工来打工地的时长会影响其对新兴媒体的使用状况（陈力丹、金灿，2015），但这还有待在未来的研究中进一步印证。

第二，本研究中数字时代的媒介素养包含对媒体接触意愿和兴趣、媒介的接入状况、媒介的内容关注与状况、媒介的批判认知能力等方面。首先，从媒介接触意愿来看，受访农民工通过使用媒体获取社会、政府方面信息的意愿是较为普遍而强烈的，具有一定的积极性。分析媒体接触意愿是为了考察受众使用媒体时抱有怎样的目的性，这决定了人们如何定位媒体和使用媒体。从媒介的接触的意愿来看，本研究中重点考察了农民工监视环境的动机，监视环境的动机代表了受众主动获取社会、政治环境信息的意图。麦奎尔认为，受众越是积极主动，那么他对于媒介的劝服、宣传和影响行为便越具有弹性和抵抗力（麦奎尔，2006）。本研究发现有6—7成受访农民工使用媒体是出自于想了解社会事务、政府政策以及形成对社会的看法等动机。此外，农民工监视环境的动机受到年龄、教育程度因素的影响。年长的、教育程度较高的农民工基于监视环境的媒体使用动机较为强烈。

其次，从媒介的接入状况来看，“接入型”的数字鸿沟正逐步消失，新兴媒体的接入率较高，已经成为受访农民工较为常用的媒体类型和获取信息的最主要来源。手机和网络位居所有媒体使用频率中的第一位和第三位，超过7成的受访农民工主要通过网络和手机来获取信息，社交媒体中的微信深受农民工的喜爱。

再次，从媒介的使用内容来看，“内容型”的数字鸿沟问题凸显。尽管互联网的普及显著地降低了新兴媒体之于农民工群体的准入门槛，但该群体对媒体内容关注多局限于休闲娱乐方面，对公共事务和政治信息的关注度并不高。此外，媒体使用模式较为单一，基本滞留在被传播层面，主动生产和传播信息的能力极弱，极少使用新兴媒体平台参与公共生活。这种接受和利用信息资源方面的单调性和被动性必然将削弱新兴媒体对农民工的信息赋权功能。

最后，对媒体的批判和认知能力是媒介素养的核心，这关系到如何准确地解读和利用资讯。从媒介的批判认知能力来看，虽然农民工对国内媒体政治报道的公正性提出质疑或批判的意识并不是很高，但也有接近半数的农民工表示并不信任新兴媒体所报道的政治新闻。这二者之间看似矛盾，从中却也反映出，尽管当前农民工在处理和加工媒介信息方面具备一定的理性辨析能力，但这种反思与辨析的方式尚不能全面客观，可能多数是依赖于生活的经验和知识，并非来自系统的知识或辨析工具，容易滋生偏激的心态（李道荣、彭麟竣，2013）。

综上所述，尽管当前农民工群体对大众传播媒介尤其新兴媒体的依赖性较高、使用动机也较为积极，但是在内容接入方面却存在内容娱乐化、使用模式单一被动、参与互动水平低、对内容的辨识和分析能力不足等障碍，这些问题都将进一步拉大“数字鸿沟”。这些素养的差异本身就是社会不平等现象的反映。以本研究的政治议题为例，在政治影响方面，数字鸿沟会使得不同群体之间产生政治知识和素养、网络政治参与方面的差距，进而影响了人们的政治认知能力、政治预测力和政治态度。

本章小节

在信息化的社会背景下，身处城市的农民工深受数字时代的影响。在本章节中，我们重点探索被多媒体所包裹的城市农民工，他们的媒体使用状况如何？对媒体有着怎样的评价？鉴于当前新兴媒体已经成为重要的媒介传播平台，那么，信息时代的“数字鸿沟”现象在农民工群体中是否有所体现？在数字鸿沟背景下的农民工媒介素养呈现出怎样的特点？

第一，在媒体使用方面主要涵盖了对媒体使用动机、媒体使用频率、媒体使用内容的考察。研究发现，从媒体使用动机来看，受访农民工通过媒体获取社会、政府方面信息的意愿是较为普遍而强烈的，具有一定的积极性。从媒体使用频率来看，农民工普遍具有接触媒体的行为，其信息环境主要是由手机、电视和网络构成。对比新兴媒体与传统媒体，新兴媒体使用频率远高于传统媒体，其中八成以上农民工常用微信。从媒体使用内

容来看，无论是新兴媒体还是传统媒体，农民工对媒体内容的关注都存在着“重娱乐、轻政治”的趋向。农民工对媒体的政治性使用程度不高，形式较为单一，以单向性接收为主，倾向于关注与本群体利益相关的信息。此外，不同个人特征的农民工在媒体使用方面有所差异。农民工的年龄、教育程度、政治兴趣状况不仅制约了媒体使用频率，还深刻地影响了媒体的政治性内容的注意程度。

第二，在媒体评价方面主要考察了媒体的可信度。农民工的媒体信任存在着“央强地弱”的现象，即地方媒体的公信力远远低于中央媒体。农民工对传统媒体的信任度普遍高于对新兴媒体的信任度。

第三，本章中还特别考察了当前数字鸿沟背景下的农民工媒介素养的整体状况。在新兴媒体的使用方面，农民工群体内部存在着显著的代际鸿沟和教育鸿沟。当前部分农民工群体对大众传播媒介尤其新兴媒体的依赖性较高、使用动机也较为积极，基本完成了兴趣接入、物质接入。但是积极的媒体使用者并不一定是有效的信息分析者，农民工在内容接入方面却存在内容娱乐化、使用模式单一被动、参与互动水平低、对内容的辨识和分析能力不足等障碍。从农民工个体角度来看，要弥合农民工群体的数字鸿沟现象，关键在于提升其媒介素养，改善内容型的数字鸿沟。

第五章

大众传媒与农民工“特定性—弥散性”政治信任

第一节　大众传媒对农民工“特定性—弥散性”政治信任的直接影响

为了更详细地分析大众传媒对政治信任的影响，在本节中，我们选取特定性和弥散性这两类性质不同的政治信任作为因变量进行研究。在分析策略上，依据研究假设的内容，主要采用逐步回归的方法，将控制变量和大众传媒指标逐步纳入到回归模型中去，比较不同类型的传媒指标对这两种不同类型政治信任的直接影响效应。

一、媒介使用频率与农民工的“特定性—弥散性”政治信任

（一）媒介使用频率与农民工的特定性政治信任

在表 5-1 的模型中，我们控制了受访者基本的人口统计学变量（性别、年龄、政治面貌）、社会经济地位变量（教育程度、单位性质、管理权力）、在政府部门办事经历等变量。模型 1 引入六类不同的媒介形式

（报纸、杂志、广播、电视、网络、手机）的使用频率进行比较，模型 2 依据信息传播的特点，将六类不同媒体划分为新兴媒体（网络、手机）和传统媒体（报纸、杂志、广播、电视）两大维度，模型 3 侧重于对社交媒体（微博、微信）的政治影响效应进行考察。通过对上述三个模型的阐释，从总体到各个角度逐一剖析媒介使用频率变量对特定性政治信任的影响效应。

从模型 1-3 可以看出，控制变量对政治信任的影响与第三章中“农民工的个人特征与政治信任”部分的结论基本一致。中共党员的特定性政治信任水平要显著高于非党员（$p<0.05$），在国有企业或集体企业工作的受访农民工的特定性政治信任低于非公有性质的单位工作的农民工（$p<0.01$）。从个人对政府工作人员的办事态度的评价来看，如果农民工认为政府工作人员在执行公务时对待市民和农民工是公正平等的，那么，他们对政府的信任程度就越高（$p<0.001$）。农民工对政府工作员办事态度的评价可能来自于农民工与政府机构、政治行动者的直接交往过程中的经历与感受，这种感受将直接影响着农民工的政治信任水平。

我们更为关心的是媒体使用频率各项指标与特定性政治信任的关系。具体而言，模型 1 细分了不同形式的媒体使用频率的影响效应，结果显示，报纸和电视对特定性政治信任具有正效应（报纸：$p<0.05$；电视：$p<0.01$），广播对特定性政治信任产生负效应（$P<0.05$），而网络和手机的使用频率与政治信任之间不具有统计显著性。这说明不同形式的媒体使用频率对农民工的特定性政治信任产生的影响效应不同，不能一概而论。农民工越频繁地使用报纸、电视，其特定性政治信任水平就越高；而农民工收听广播越频繁，其特定性政治信任水平就越低。模型 2 在模型 1 的探索基础上，检验新兴媒体和传统媒体对政治信任的作用。模型显示，传统媒体的使用频率对特定性政治信任起到了积极的作用（$P<0.05$），但新兴媒体的使用频率与特定性政治信任之间并不具有统计意义上的显著性。农民工的传统媒体使用频率每增加一个单位，相应的特定性政治信任分数将提升 0.096 分。模型 3 单独考察了社交媒体的政治影响力，在控制了其他变量后，社交媒体的使用频率对农民工的政治信任水平并不产生

显著影响。

在模型的调试中，我们将特定性政治信任区分为对政治行动者的信任和对政治机构的信任两个维度。结果发现，预测变量媒体使用频率各指标对这两个维度的影响效果存在显著差异，其对政治行动者的信任没有统计意义上的显著影响，仅对政治机构信任产生作用。这也间接说明了媒体使用频率对政治信任的影响主要是源自于对政治机构的信任这一维度。

模型 4-6 考察的是媒体使用频率对特定性政治机构信任的作用，各预测变量的影响效应与上述模型 1-3 相近，传统媒体的使用频率对特定性政治信任起到了积极的作用（$P<0.01$），新兴媒体的使用频率与特定性政治信任之间并不具有统计意义上的显著性。在传统媒体中，报纸和电视对特定性政治信任具有正向影响（报纸：$p<0.05$；电视：$p<0.001$），广播对特定性政治信任产生负向影响（$P<0.01$）。在新兴媒体中，网络、手机、社交媒体的使用频率与政治信任之间并不具有统计显著性。

通过上述模型的阐释，首先，在不同类型的媒体的使用频率对特定性政治信任的积极影响方面，传统媒体的影响力尤为强烈。这反映了农民工群体对传统媒介接触时间越长，其特定性政治信任水平越高。我们也初步猜测中国的大众传媒能够动员农民工群体对政治的认同，尤其是传统媒体的引导、宣传作用起到了积极的效果，这一方面与传统媒体的传播技巧的提升密切相关，另一方面是由于农民工自身的媒介素养水平所导致，这有待后续研究中对媒体内容的政治效应展开深入研究。

其次，传统媒体的正向影响最主要来自于电视、报纸媒体的积极效应。纸媒对民众的政治教育作用已经在过往的研究中已被证实（王正祥，2009；Newton，1999），而被西方学者视为引发负面政治效应的电视媒体在中国场景下呈现出积极效应。

最后，研究中发现新兴媒体、社交媒体对特定性政治信任的影响效应并不显著，这一结果与现有的研究成果并不吻合（游宇、王正绪等，2017；朱荟，2016；章秀英、戴春林，2014）。我们猜测，虽然新兴媒体是当前农民工获取信息的主要渠道之一，但政治内容只是信息传播中

的一小部分。从上一章的描述中得出，农民工对新兴媒体的娱乐性内容关注程度远远高于对政治性的内容关注程度，而政治性内容关注可能才是媒体对政治信任发挥影响的关键要素，所以仅仅考察媒体的暴露程度是不够的，我们还需要结合农民工对具体的媒介内容的注意程度进行分析。

表 5-1　媒介使用频率与农民工的特定性政治信任的回归分析结果

	特定性政治信任			政治机构的信任		
	模型 1	模型 2	模型 3	模型 4	模型 5	模型 6
传统媒体使用频率		0.096* (0.033)			0.099** (0.032)	
新兴媒体使用频率		0.007 (0.026)			0.02 (0.026)	
社交媒体使用频率			0.029 (0.025)			0.033 (0.025)
电视使用频率	0.117** (0.02)			0.125*** (0.02)		
报纸使用频率	0.094* (0.028)			0.093* (0.027)		
广播使用频率	-0.1* (0.023)			-0.112** (0.023)		
杂志使用频率	0.014 (0.033)			0.023 (0.033)		
网络使用频率	-0.01 (0.019)			-0.003 (0.019)		
手机使用频率	0.012 (0.027)			0.017 (0.026)		
性别[a]	0.006 (0.039)	0.000 (0.04)	0.000 (0.04)	0.007 (0.039)	0.000 (0.039)	0.001 (0.039)
新生代农民工[b]	-0.025 (0.045)	-0.031 (0.045)	-0.041 (0.045)	-0.023 (0.044)	-0.029 (0.045)	-0.037 (0.045)

续表

	特定性政治信任			政治机构的信任		
	模型 1	模型 2	模型 3	模型 4	模型 5	模型 6
政治面貌[c]	0.072* (0.102)	0.077* (0.103)	0.078* (0.103)	0.075* (0.102)	0.08* (0.103)	0.081* (0.103)
教育程度[d]						
初中	0.044 (0.07)	0.045 (0.07)	0.044 (0.071)	0.034 (0.069)	0.035 (0.07)	0.035 (0.071)
高中/中专	0.083 (0.076)	0.072 (0.076)	0.076 (0.076)	0.084 (0.075)	0.071 (0.076)	0.077 (0.076)
大专及以上	0.096 (0.086)	0.062 (0.086)	0.071 (0.087)	0.085 (0.086)	0.049 (0.086)	0.059 (0.087)
管理权力[e]						
高层	-0.047 (0.052)	-0.066 (0.052)	-0.065 (0.052)	-0.048 (0.051)	-0.068 (0.051)	-0.067 (0.052)
中层	-0.016 (0.048)	-0.015 (0.049)	-0.011 (0.049)	-0.014 (0.048)	-0.013 (0.049)	-0.009 (0.049)
企业性质[f]						
政府/事业单位	-0.058 (0.127)	-0.026 (0.124)	-0.022 (0.124)	-0.026 (0.123)	-0.03 (0.123)	-0.026 (0.124)
国有/集体企业	-0.1** (0.076)	-0.112** (0.076)	-0.108** (0.076)	-0.086** (0.075)	-0.112** (0.076)	-0.097** (0.076)
不公正对待[g]	-0.217*** (0.042)	-0.215*** (0.042)	-0.23*** (0.042)	-0.217*** (0.042)	-0.215*** (0.042)	-0.226*** (0.041)
常数项	3.222 (0.147)	3.284 (0.137)	3.452 (0.108)	3.222 (0.147)	3.265 (0.136)	3.461 (0.108)
F	5.058***	5.185***	5.044***	5.058***	5.047***	4.817***
R^2	0.109	0.087	0.079	0.109	0.085	0.075
AdjR^2	0.087	0.07	0.063	0.087	0.068	0.06
样本量	723	723	723	723	723	723

注明：1. 参照组：[a]女性；[b]1980年前出生的农民工；[c]非党员；[d]小学及以下；[e]没有管理权力，只受别人管理；[f]合资企业、私营企业及无单位灵活就业这三项非公有性质的单位；[g]不认可政府工作人员对待市民和外来人口是平等的

2. 模型中数字为 b（SE），* p<.05，** p<.01，*** p<.001。

资料来源：作者自制

（二）媒介使用频率与农民工的弥散性政治信任

表 5-2 的模型中，因变量是弥散性政治信任，预测变量为媒介使用频率各变量。我们在控制了个人特征变量之后，发现媒介使用频率各变量对农民工弥散性政治信任的作用非常微弱，绝大多数没有统计意义上的显著影响。影响农民工弥散性政治信任的显著性的媒介使用因素仅有广播使用频率和手机使用频率。

表 5-2 模型 1 中显示，广播使用频率对弥散性政治信任有减弱作用，这一影响方向与特定性政治信任相同。值得关注的是，手机使用频率却与弥散性政治信任之间呈现正相关，即农民工越频繁地使用手机，其对国家共同体、政治制度的信任水平也就越高。这一结论与上述“新兴媒体对政治信任的抑制作用”的假设相悖。我们也同时观察到，尽管网络媒体与弥散性政治信任之间不具有统计显著性，但从系数可以看出它对弥散性政治信任具有负效应。两种不同类型新兴媒体对弥散性政治信任的影响效应截然相反，这不禁令人猜测，不同类型的新兴媒体的使用频率所产生的政治效应是否存在一定差异。考虑到微信在农民工中的高使用率，因此我们重点考察了微信对弥散性政治信任的影响效应，继而发现微信对弥散性政治信任具有正向影响，但这种影响并没有统计意义上的显著性。为何手机的使用频率对弥散性政治信任呈现积极的影响作用？是否与农民工对手机媒体某类使用倾向相关联？这种正面的促进效应是否来自于社交媒体微信的作用？微信中的政务微信、党报微信公众平台发展迅速，它们是否对国家共同体、政治制度层面的信任起到了积极促进作用？这都有待于后续研究中进一步展开讨论。

表 5-2　媒介使用频率与农民工的弥散性政治信任的回归分析结果

	弥散性政治信任		
	模型 1	模型 2	模型 3
媒介使用频率			
传统媒体使用频率		-0.003（0.039）	
新兴媒体使用频率		0.043（0.031）	
社交媒体使用频率			0.026（0.03）
电视使用频率	0.068（0.024）		

续表

	弥散性政治信任		
	模型 1	**模型 2**	**模型 3**
报纸使用频率	0.041（0.033）		
广播使用频率	-0.104*（0.028）		
杂志使用频率	-0.031（0.039）		
网络使用频率	-0.071（0.023）		
手机使用频率	0.138**（0.033）		
性别[a]	0.023（0.047）	0.018（0.047）	0.02（0.047）
新生代农民工[b]	-0.02（0.054）	-0.034（0.054）	-0.03（0.054）
政治面貌[c]	-0.059（0.12）	-0.051（0.121）	-0.052（0.121）
教育程度[d]			
初中	0.059（0.084）	0.058（0.085）	0.06（0.085）
高中/中专	0.1（0.092）	0.071（0.092）	0.073（0.092）
大专及以上	0.146*（0.105）	0.119（0.104）	0.118（0.105）
管理权力[e]			
高层	-0.04（0.062）	-0.065（0.062）	-0.064（0.062）
中层	0.071（0.058）	0.066（0.059）	0.068（0.059）
企业性质[f]			
政府/事业单位	-0.054（0.143）	-0.064（0.144）	-0.064（0.144）
国有/集体企业	-0.095*（0.094）	-0.104*（0.095）	-0.103*（0.095）
不公正对待[g]	-0.111**（0.053）	-0.097*（0.053）	-0.099*（0.053）
常数项	2.943（0.178）	3.186（0.165）	3.239（0.13）
F	2.705***	2.131*	2.257**
R^2	0.077	0.048	0.047
$AdjR^2$	0.049	0.025	0.026
样本量	567	567	567

注明：1. 参照组：[a]女性；[b]1980年前出生的农民工；[c]非党员；[d]小学及以下；
[e]没有管理权力，只受别人管理；
[f]合资企业、私营企业及无单位灵活就业这三项非公有性质的单位；
[g]不认可政府工作人员对待市民和外来人口是平等的
2. 模型中数字为 b（SE），* p<.05，** p<.01，*** p<.001。

资料来源：作者自制

综上所述，通过上述对媒介使用频率的分析得出，媒介使用频率各变量对不同维度的政治信任的影响效果存在区别。简而言之，媒介使用频率能够明显地影响农民工的特定性政治信任，而对弥散性政治信任的影响极其微弱。导致这一区别的原因可能要追溯到这两种不同维度的政治信任的内涵和作用。弥散性的政治信任处于政治信任序列中的硬核结构部分，而特定性政治信任处于硬核外围的保护带部分。硬核结构部分的整体稳定性高于保护带部分，越不容易受到外来冲击而产生波动，这种外来的冲击包含了媒体信息的影响和形塑。李艳霞的研究中指出，如果民众对政治系统的信任容易受到来自媒体的宣传教化或者削弱抑制的影响，那么这种类型的政治信任的稳定性较差（李艳霞，2014）。这一研究论点也与本研究的初步结论不谋而合，特定性政治信任的稳定性远低于弥散性的政治信任，所以容易受到媒介使用频率状况的影响。当然，这一结论仅仅是初步的探索，因为从表 5-1、表 5-2 的模型中看出，整体模型的拟合度偏低，这也间接说明了媒介使用频率的解释效力是非常有限的，需要结合其他的大众传媒变量来进行探讨。

二、媒介政治性内容的注意程度与农民工的“特定性—弥散性”政治信任

（一）不同类型的媒介内容的注意程度与“特定性—弥散性”政治信任

为了测量媒介政治性内容的注意程度对农民工特定性、弥散性政治信任的影响作用，我们分别以特定性政治信任和弥散性政治信任为因变量，以个人特征、媒介使用频率为控制变量和以媒介政治性内容的注意程度为预测变量建立回归方程，表 5-3 列出了媒介政治性内容的注意程度对农民工特定性、弥散性政治信任的影响效应。表 5-3 的模型 1 和模型 3 在控制了个人特征变量的基础上，加入传统媒体、新兴媒体的政治性内容的注意程度变量。模型 2 和模型 4 同时控制了个人特征、媒介使用频率变量，以此考察在控制了使用频率变量后，媒介政治性内容的注意程度变量是否依旧具有显著效应。表 5-4 进一步细化了“特定性—弥散性”政治信任指

标，分别以对政治行动者信任、对政治机构信任、对国家共同体信任、对政治制度的信任这4个指标作为因变量进行分析，为了节省篇幅，表中保留各回归方程中的媒介政治性内容的注意程度、媒介使用频率的相关系数，其他控制变量不再讨论。

首先来看媒介政治性内容的注意程度与农民工特定性政治信任的关系。表5-3模型1中显示，在未控制传统媒体、新兴媒体的使用频率的情况下，传统媒体和新兴媒体的政治性内容的注意程度变量对特定性政治信任均具有显著影响，但二者的影响效应截然相反。传统媒体政治性内容的注意程度对特定性政治信任具有正效应（$p<0.01$），即农民工对传统媒体中政治性内容（政治、政府类新闻及社会事务类新闻）的关注程度越高，其特定性政治信任水平越高。相较之下，新兴媒体政治性内容的注意程度对特定性政治信任产生侵蚀作用（$p<0.01$），当农民工对新兴媒体中政治性内容（政治信息搜索、网络政治互动、网络政治表达、网络政治参与）的关注程度每提升一个单位，其特定性政治信任水平相应地下降0.108分。

表5-3模型2展示的是控制了媒介使用频率变量后的情况，结果显示，传统媒体政治性内容的注意程度与特定性政治信任的显著性关系消失了，但新兴媒体政治性内容的注意程度对特定性政治信任的负面影响仍然具有显著性（$p<0.01$）。表5-4中深入探讨了媒介使用频率、媒介内容注意程度对政治机构信任、政治行动者信任的效应，同样证实了新兴媒体政治性内容的注意程度对政治机构信任、政治行动者信任的侵蚀作用（$p<0.01$）。

这些结果表明，新兴媒体政治性内容的注意程度是农民工特定性政治信任的有效解释变量。而传统媒体政治性内容的注意程度变量在加入媒介使用频率变量后便不具有原有的显著效应，可见其原有的影响效果可能被新加入的媒介使用频率变量稀释了。比较媒体使用频率和媒体内容注意程度这两个变量，我们进一步推测，传统媒体和新兴媒体对特定性政治信任的影响方式有所区别，新兴媒体对特定性政治信任的抑制作用是通过对媒介内容的注意和投入程度来发挥影响的。而传统媒体的积极作用则多是来源于传统媒介暴露程度层面，但还需要结合其他媒介变量进行考察。

接下来关注媒介政治性内容的注意程度和弥散性政治信任的影响，表

5-3 模型 3 和模型 4 显示，无论控制了媒介使用频率变量与否，新旧媒体政治性内容的注意程度和弥散性政治信任之间均没有统计意义上的显著关系。表 5-4 中细化了媒介变量对弥散性政治信任中国家共同体和政治制度两大维度的作用，我们却发现在控制了媒体使用频率变量后，新兴媒体中的政治性内容注意变量将会大大降低农民工信任国家共同体、政治制度的几率（$p<0.001$）。这也从侧面反映出尽管新兴媒体使用频率无法对弥散性政治信任产生影响，但新兴媒体政治性内容对政治信任的侵蚀效应依旧能够深入到弥散性政治信任层面。

表 5-3　不同类型媒介内容的注意程度与农民工政治信任回归分析结果（一）

	特定性政治信任		弥散性政治信任
	模型 1	模型 2	模型 3
传统媒体的政治性内容	0.101** （0.024）	0.059（0.026）	-0.012（0.029）
新兴媒体的政治性内容	-0.108** （0.032）	-0.122** （0.033）	-0.008（0.039）
传统媒体使用频率		0.091* （0.036）	
新兴媒体使用频率		0.025（0.027）	
性别[a]	0.001（0.039）	0.002（0.039）	0.022（0.047）
新生代农民工[b]	-0.012（0.044）	-0.016（0.045）	-0.025（0.054）
政治面貌[c]	0.074* （0.103）	0.075* （0.103）	-0.053* （0.121）
教育程度[d]			
初中	0.047（0.07）	0.046（0.07）	0.065（0.085）
高中/中专	0.09（0.076）	0.086（0.076）	0.082（0.092）
大专及以上	0.102（0.086）	0.087（0.086）	0.128（0.105）
管理权力[e]			
高层	-0.057（0.052）	-0.058（0.051）	-0.065（0.062）
中层	0.013（0.049）	-0.012（0.049）	0.068（0.059）
企业性质[f]			
政府/事业单位	-0.021（0.124）	-0.022（0.123）	-0.064（0.145）

续表

	特定性政治信任		弥散性政治信任
	模型 1	模型 2	模型 3
国有/集体企业	-0.099** (0.076)	-0.103** (0.076)	-0.105* (0.095)
不公正对待[g]	-0.233*** (0.041)	-0.21*** (0.042)	-0.101* (0.053)
常数项	3.442 (0.108)	3.281 (0.138)	3.319 (0.129)
F	5.597***	5.243***	2.064*
R^2	0.093	0.1	0.046
$AdjR^2$	0.076	0.081	0.024
样本量	723	723	567

注明：1. 参照组：[a]女性；[b]1980 年前出生的农民工；[c]非党员；[d]小学及以下；

[e]没有管理权力，只受别人管理；

[f]合资企业、私营企业及无单位灵活就业这三项非公有性质的单位；

[g]不认可政府工作人员对待市民和外来人口是平等的

2. 模型中数字为 b (SE)，* p<.05，** p<.01，*** p<.001。

资料来源：作者自制

表 5-4 不同类型媒介内容的注意程度与农民工的政治信任回归分析结果（二）

		传统媒体的政治性内容	新兴媒体的政治性内容	传统媒体使用频率	新兴媒体使用频率
对政治行动者信任（N=724）	b (SE)	0.059 (0.032)	-0.124** (0.04)	0.064 (0.043)	-0.023 (0.032)
对政治机构的信任（N=723）	b (SE)	0.057 (0.026)	-0.117** (0.033)	0.095* (0.036)	0.037 (0.027)
对政治共同体信任（N=621）	b (Exp (B))	-0.148 (0.863)	-1.02*** (0.361)	0.33 (1.391)	0.469 (1.598)
对政治制度信任（N=581）	b (Exp (B))	-0.113 (0.893)	-1.074*** (0.342)	0.421 (1.524)	0.375 (1.455)

注明：1. 模型的控制变量为人口统计学变量（性别、年龄、政治面貌）、社会经济地位变量（教育程度、单位性质、管理权力）、在政府部门办事经历

2. * p<.05，** p<.01，*** p<.001

资料来源：作者自制

（二）特定媒介内容的注意程度与农民工的“特定性—弥散性”政治信任

表 5-5 的模型展示了在控制了总体媒介使用频率变量之后，三类特定的媒介内容的注意程度对农民工的“特定性—弥散性”政治信任的影响效应。为了节约篇幅，表中重点列出了各方程中的预测变量的回归系数，其他控制变量暂不讨论。

第一，负面报道、正面报道与特定性政治信任存在显著的相关关系，但二者的影响方向相反，而与农民工群体利益相关的反映问题、表达意见的报道对特定性政治信任没有显著影响。首先，负面报道对特定性政治信任起到削弱的作用（$p<0.05$），即农民工对政府官员的腐败违纪报道的关注程度每提升一个单位，其特定性政治信任水平会下降 0.107 分。负面报道的侵蚀作用也显著地反映在对政治行动者的信任层面（$p<0.05$）。其次，正面报道显著地提升了农民工的特定性政治信任水平（$p<0.001$），当农民工对正面报道的关注程度每提升一个单位，相应的特定性政治信任水平将提高 0.23 分。此外，我们进一步发现正面宣传报道的这种积极影响效应也同样体现对政治行动者和政治机构的信任之中（$p<0.001$）。

第二，农民工对负面报道、正面报道、与群体利益相关的反映问题、表达意见的报道的注意程度与弥散性政治信任（包含国家共同体信任和政治制度信任）之间不具有统计显著性。

总而言之，媒体报道的特定结构性内容仅对特定性政治信任层面发生作用，而对弥散性政治信任层面不构成影响。正面宣传报道的积极作用支持了“媒体宣传动员效果”假设，这说明了在本研究中，中国媒体中正面报道依旧能够起到教育、动员的积极作用，尤其在提升农民工的特定性政治信任方面，成效显著。相比之下，政府官员的腐败违纪报道则对特定性政治信任起到了负面影响，这和西方研究中的“媒体抑郁症”的结论相一致。

表 5-5 特定媒介内容注意程度与农民工的"特定性—弥散性"政治信任回归分析结果

		负面报道	正面报道	与群体利益相关的反映问题报道	总体媒介使用频率
特定性政治信任（N=723）	b（SE）	-0.107* (0.032)	0.23*** (0.036)	0.03 (0.035)	0.055 (0.04)
对政治行动者信任（N=724）	b（SE）	-0.136* (0.039)	0.137* (0.043)	0.019 (0.043)	0.022 (0.0486)
对政治机构的信任（N=723）	b（SE）	-0.096 (0.032)	0.246*** (0.036)	-0.042 (0.035)	0.062** (0.04)
弥散性政治信任（N=567）	b（SE）	0.006 (0.039)	0.127 (0.043)	-0.096 (0.044)	0.016 (0.049)
对政治共同体信任（N=621）	b（Exp（B））	-0.448 (0.639)	0.07 (1.073)	0.018 (1.018)	0.516 (1.675)
对政治制度信任（N=579）	b（Exp（B））	-0.078 (0.925)	0.105 (1.111)	-0.101 (0.904)	0.394 (1.482)

注明：1. 模型的控制变量为人口统计学变量（性别、年龄、政治面貌）、社会经济地位变量（教育程度、单位性质、管理权力）、在政府部门办事经历

2. * p<.05，** p<.01，*** p<.001

资料来源：作者自制

三、媒介评价与农民工的"特定性—弥散性"政治信任

（一）中央、地方媒体可信度评价与农民工"特定性—弥散性"政治信任

在上一章中提到，农民工的媒体信任存在着"央强地弱"的现象，即地方媒体的公信力远远低于中央媒体，那么这种媒体信任的"央地分化"现象是否会对农民工的政治信任产生影响，我们将在下文中予以进一步验证。表 5-6 呈现的是中央媒体、地方媒体可信度评价与农民工的"特定性—弥散性"政治信任之间的影响关系，为了节约篇幅，表中仅列出了各方程中的媒体预测变量的回归系数。

表 5-6 中的回归系数显示，针对特定性政治信任和弥散性政治信任方

面，在控制了总体媒体使用频率和总体媒体政治性内容的注意程度之后，中央媒体信任指标对特定性政治信任、弥散性政治信任均有着正向的显著作用，当农民工对中央媒体的信任度每提升一个单位，其特定性政治信任水平和弥散性政治信任水平将会分别提升 0.215 分和 0.128 分（特定性政治信任：$p<0.001$；弥散性政治信任：$p<0.01$）。地方媒体的信任程度也能够显著提升农民工群体的特定性政治信任水平（$p<0.001$），但对弥散性政治信任却没有显著影响作用。针对政治行动者和政治机构方面，中央媒体信任、地方媒体信任两大指标也显著地增进了农民工对政治行动者、政治机构的信任（$p<0.001$）。

从标准化回归系数的大小来看，我们发现，中央媒体信任指标比地方媒体信任指标所发挥的影响作用更大，而且对中央媒体的信任已经能够影响到硬核部分的弥散性政治信任层面。由此可见，因为中央媒体具有高度的权威性，能够直接提升农民工对其所传播宣传内容的信任程度，从而塑造农民工群体对政治的信任态度。相比于中央媒体，地方媒体的权威性较低，其宣传动员作用也相对局限，所以难以显著影响到弥散性政治信任水平。

表 5-6　中央媒体、地方媒体可信度评价与农民工的“特定性—弥散性”政治信任的回归分析

	特定性政治信任 b（SE）	对政治行动者信任 b（SE）	对政治机构信任 b（SE）	弥散性政治信任 b（SE）	对政治共同体信任 b（Exp（B））	对政治制度信任 b（Exp（B））
	模型 1	模型 2	模型 3	模型 4	模型 5	模型 6
大众传媒变量						
中央媒体信任	0.215*** (0.047)	0.22*** (0.089)	0.205*** (0.074)	0.128** (0.098)	0.955 (2.6)	1.059* (2.883)
地方媒体信任	0.171*** (0.045)	0.171*** (0.054)	0.165*** (0.045)	0.067 (0.057)	0.24 (1.271)	1.191** (3.292)
总体媒介使用频率	0.073** (0.039)	0.019 (0.046)	0.084** (0.039)	0.002 (0.049)	0.635 (1.887)	0.559 (1.749)

续表

	特定性政治信任 b（SE）	对政治行动者信任 b（SE）	对政治机构信任 b（SE）	弥散性政治信任 b（SE）	对政治共同体信任 b（Exp（B））	对政治制度信任 b（Exp（B））
	模型 1	模型 2	模型 3	模型 4	模型 5	模型 6
总体媒体政治性内容注意程度	-0. 065（0. 03）	-0. 067（0. 036）	-0. 181（0. 04）	-0. 01（0. 038）	-0. 96***（0. 383）	-1. 008***（0. 365）
控制变量（略）						
常数项	2. 727（0. 143）	2. 668（0. 171）	2. 74（0. 143）	2. 914（0. 18）	4. 086（59. 472）	4. 599（99. 352）
F	10. 884***	10. 456***	10. 174***	2. 816***		
R^2	0. 188	0. 181	0. 178	0. 071		
$AdjR^2$	0. 17	0. 164	0. 16	0. 046		
-2LL					196. 455	218. 339
Cox & Snell R^2					0. 059	0. 102
样本量	723	724	723	567	621	581

注明：1. 模型的控制变量为人口统计学变量（性别、年龄、政治面貌）、社会经济地位变量（教育程度、单位性质、管理权力）、在政府部门办事经历

2. * p<. 05，** p<. 01，*** p<. 001

资料来源：作者自制

（二）传统、新兴媒体可信度评价与农民工“特定性—弥散性”政治信任

为了考察不同媒体类型的可信度对农民工政治信任的差异化影响，表 5-7 展示了传统媒体、新兴媒体可信度评价对农民工的“特定性—弥散性”政治信任的影响效应。研究显示，在控制了总体媒体使用频率和总体媒体政治性内容的注意程度以后，传统媒体的信任程度能够显著作用于农民工的特定性政治信任和弥散性政治信任（p<0. 001），即每当农民工对传统媒体的信任度提升一个单位，其特定性政治信任水平和弥散性政治信任水平将会分别提升 0. 313 分和 0. 199 分。传统媒体信任对政治信任的促进

作用也同样体现在对政治行动者、政治机构、政治制度层面。

新兴媒体信任变量的政治影响效应与传统媒体信任变量截然相反。表5-7 显示，新兴媒体信任仅对农民工的弥散性政治信任产生侵蚀作用（$p<0.01$），每当农民工对新兴媒体的信任度提升一个单位，其弥散性政治信任水平将会下降 0.122 分。由此可见，新兴媒体对国家象征性权威构成了一定的影响，农民工越信任新兴媒体中传播的形形色色的政治资讯，其弥散性政治信任水平就将受到影响。

表 5-7　传统媒体、新兴媒体可信度评价与农民工的“特定性—弥散性”政治信任的回归分析

		新兴媒体信任	传统媒体信任	媒体使用频率	媒体政治性内容注意程度
特定性政治信任（N=947）	b（SE）	0.008 （0.03）	0.313*** （0.038）	0.126*** （0.034）	-0.15*** （0.027）
对政治行动者信任（N=949）	b（SE）	0.031 （0.036）	0.298*** （0.046）	0.062 （0.041）	-0.16*** （0.032）
对政治机构的信任（N=947）	b（SE）	0.002 （0.03）	0.306*** （0.038）	0.139*** （0.034）	-0.142*** （0.027）
弥散性政治信任（N=690）	b（SE）	-0.122** （0.037）	0.199*** （0.046）	-0.008 （0.042）	-0.009 （0.034）
对政治共同体信任（N=759）	b（Exp（B））	0.361 （1.435）	0.045 （1.046）	0.667 （1.948）	-0.965*** （0.381）
对政治制度信任（N=705）	b（Exp（B））	-0.221 （0.801）	1.3*** （3.671）	0.715 （2.044）	-1.038*** （0.354）

注明：1. 模型的控制变量为人口统计学变量（性别、年龄、政治面貌）、社会经济地位变量（教育程度、单位性质、管理权力）、在政府部门办事经历

2. * $p<.05$，** $p<.01$，*** $p<.001$

资料来源：作者自制

在控制变量均一致的前提下，本文进一步比较各个媒体可信度评价对“特定性—弥散性”政治信任的影响大小。首先，以特定性政治信任为因变量，未放入媒体评价变量的模型调整后的 R^2 为 4.8%，我们分别媒体可

信度评价各个变量，通过对比模型调整后的R^2的改变量，以此来考察不同类型媒体评价变量对因变量的影响程度。在放入中央媒体和地方媒体信任评价变量后，模型调整后的R^2从4.8%上升至17%；在放入传统媒体与新兴媒体信任评价变量后，模型调整后的R^2从4.8%上升至14.2%。我们从中可以看出，在加入了各类媒体评价变量后，模型的拟合度得以有效改善。尤其是加入了中央媒体和地方媒体信任评价变量，模型调整后的R^2增幅最大，可见“中央媒体—地方媒体信任评价”这组变量对特定性政治信任的影响最大，其次为传统媒体和新兴媒体信任评价。

其次，以弥散性政治信任为因变量，未放入媒体评价变量的模型调整后的R^2仅为1.5%，在此基础上，我们分别加入各个媒体可信度评价变量进行比较。在放入中央媒体和地方媒体信任评价变量后，模型调整后的R^2从1.5%上升至4.6 %；在放入传统媒体与新兴媒体信任评价变量后，模型调整后的R^2从1.5%上升至4.6%。总而言之，尽管加入各类媒体评价变量之后，模型的拟合度有所提升，但整体上模型的拟合效果较差。

通过上述以“特定性—弥散性政治信任”为因变量的模型比较，我们发现媒体评价变量对特定性政治信任的影响效果显著，但对弥散性政治信任的影响力极其有限。这一发现与上述研究中所阐述的“硬核—保护带”政治信任的结构特性相一致。特定性政治信任处于保护带部分，容易受到外界因素的影响而产生波动，弥散性政治信任处于硬核层面，整体的稳定性强于特定性政治信任。

第二节　大众传媒对农民工“特定性—弥散性”政治信任的作用机制

一、大众传媒在农民工个体特征的条件下对“特定性—弥散性”政治信任的影响

本部分从受众个体层面出发，综合农民工的人口统计学特征和个体心

理动机因素两大角度，选取年龄、教育程度、媒介使用动机、政治兴趣、政治效能感作为调节变量，检验大众传媒与农民工“特定性—弥散性”政治信任关系的调节机制。为了方便检验，研究将媒介使用分为媒介使用频率、媒介政治性内容注意程度两个变量，媒介使用频率为传统媒体、新兴媒体的使用频率加总取均值所得；媒介政治性内容注意程度变量是由受众对传统媒体、新兴媒体中的政治性内容注意程度的加总取均值所得，以此综合考量受众个体因素与整体媒介使用状况对“特定性—弥散性”政治信任的影响作用。

（一）农民工人口统计学特征与媒介使用对政治信任的影响

这一部分的因变量为特定性政治信任与弥散性政治信任，我们分别估计了年龄、教育程度与媒体使用的主要解释变量的交互效应，以此检验媒介使用与政治信任关系是否在不同的年龄、教育程度的农民工群体之间存在显著的差异。。

本文以1980年为分界点，将1980年前出生的受访农民工归为老一代农民工（编码为0），将1980年之后出生的农民工称为新生代农民工（编码为1）。我们将大专及以上文化程度程度的受访农民工归为“接受过高等教育者”（编码为1），将小学及以下、初中、高中或中专的受访农民工归于“没有接受过高等教育者”（编码为0）。

首先，在模型的调试中，我们添加了年龄与媒介使用频率、媒介政治性内容的注意程度的交互项，以特定性政治信任与弥散性政治信任为因变量，目的是为了检验媒介使用与政治信任关系的年龄差异。

其次，我们添加了受教育程度与媒介使用频率、媒介政治性内容注意程度的交互项，以此检验媒介使用与特定性政治信任、弥散性政治信任关系的受教育程度差异。

模型调试的结果显示，媒介使用频率和媒介政治性内容的注意程度对以上两类政治信任的影响作用都不会因农民工受年龄、教育程度的差异而发生改变（模型中调节变量与媒介使用频率、媒介政治性内容的注意程度的交互项的回归系数都是不显著的）。因此，在农民工的“特定性—弥散性”政治信任层面，年龄差异、教育程度差异的假设并不成立。

（二）心理动机差异与媒介使用对政治信任的影响

1. 媒介使用动机与媒介使用对政治信任的影响

为了检验媒介使用和政治信任的关系是否受到农民工的媒介使用动机差异因素的影响，在模型的调试过程中，我们添加了监视环境动机与媒介使用频率、媒介政治性内容注意程度的交互项，以特定性政治信任与弥散性政治信任为因变量。模型结果显示，仅在以特定性政治信任为因变量的模型中，监视环境动机与媒介使用的交互项的回归系数才具有统计显著性。

表 5-8 中的模型以特定性政治信任为因变量，估计了监视环境动机与媒介使用频率、媒介政治性内容注意程度的交互效应。模型结果显示，首先，监视环境动机与媒介内容政治性的注意程度的交互项的回归系数在统计意义上均不显著，这也表示，媒介政治性内容注意程度对政治信任的作用不论在监视环境动机较低的还是在监视环境动机 较高的农民工群体之中均没有显著差异。

其次，在表 5-8 的模型中，监视环境动机与媒介使用频率的交互项的回归系数均是显著的，为 1.08（$p<0.001$），这表明了媒介使用频率与特定性政治信任的关系都受到了农民工使用媒介动机差异的影响。具体来看，当农民工并不具备监视环境动机时（监视环境动机=1），媒介使用频率每增加一个单位，特定性政治政治信任将会增加 0.483 分（媒介使用频率变量的系数与交互项的系数，即 $1.08*1-0.597=0.483$）。在同样的媒介使用频率下，监视环境动机的得分越高，其特定性政治信任水平也越高。当农民工使用媒体时所具备的监视环境动机越强烈，且媒介使用频率越高时，其特定性政治信任感将会更高。

总体而言，媒介使用动机因素在媒介使用频率与特定性政治信任关系之间起到了调节作用，媒介使用频率透过媒介使用动机影响了特定性政治信任。随着媒介使用频率的增加，不同的监视环境动机水平的农民工特定性政治信任程度的差异会显著扩大。

表 5-8　媒介使用动机、媒介使用状况与农民工特定性政治信任的回归分析

	特定性政治信任 b（SE）
交互项	
监视环境动机	-0.529**（0.187）
媒介使用频率	-0.597**（0.204）
媒介内容注意程度	-0.177（0.149）
媒介使用频率 * 监视环境动机	1.08***（0.07）
媒介内容注意程度 * 监视环境动机	0.071（0.051）
控制变量	
性别[a]	0.017（0.039）
新生代农民工[b]	-0.02（0.043）
政治面貌[c]	0.071*（0.1）
教育程度[d]	
初中	0.04（0.069）
高中/中专	0.067（0.075）
大专及以上	0.079（0.085）
管理权力[e]	
高层	-0.056（0.05）
中层	-0.011（0.048）
企业性质[f]	
政府/事业单位	-0.02（0.121）
国有/集体企业	-0.119***（0.074）
不公正对待[g]	-0.193***（0.041）
常数项	4.844（0.535）
F	7.083***

续表

	特定性政治信任 b（SE）
R^2	0. 138
$AdjR^2$	0. 119
样本量	723

注明：1. 参照组：[a]女性；[b]1980 年前出生的农民工；[c]非党员；[d]小学及以下；
[e]没有管理权力，只受别人管理；
[f]合资企业、私营企业及无单位灵活就业这三项非公有性质的单位；
[g]不认可政府工作人员对待市民和外来人口是平等的
2. * p<. 05，** p<. 01，*** p<. 001。

资料来源：作者自制

2. 政治兴趣差异与媒介使用对政治信任的影响

本文的政治兴趣变量通过以下问题来进行测量："您对政治时事方面的信息感兴趣吗?"答案采用四级李克特量表编码（1—很不感兴趣，4—非常感兴趣）。我们将回答结果合并为二分类变量，回答"非常感兴趣""比较感兴趣"，重新编码为"对政治较感兴趣（编码为 1）"；回答"很不感兴趣"和"不感兴趣"的合并为"对政治不感兴趣（编码为 0）"。

为了检验媒介使用和政治信任的关系是否受到农民工的政治兴趣差异因素的影响，在模型的调试过程中，我们添加了政治兴趣与媒介使用频率、媒介政治性内容注意程度的交互项，以特定性政治信任与弥散性政治信任为因变量。模型结果显示，仅在以特定性政治信任为因变量的模型中，政治兴趣与媒介使用的交互项的回归系数才具有统计显著性，因此下文就围绕特定性政治信任展开分析。

表 5-9 中的模型以特定性政治信任为因变量，估计了政治兴趣与媒介使用频率、媒介政治性内容注意程度的交互效应。模型结果显示，首先，政治兴趣与媒介内容政治性的注意程度的交互项的回归系数在统计意义上均不显著，这也表示，媒介政治性内容注意程度对政治信任的作用不论在政治兴趣较低的还是在政治兴趣较高的农民工群体之中都没有显著差异。

其次，在这个模型中，政治兴趣与媒介使用频率的交互项的回归系数

均是显著的，分别为 0.841（p<0.01），这表明了媒介使用频率与特定性政治信任的关系都受到了农民工政治兴趣差异的影响。

具体来看，在表 5-9 模型中，对于政治兴趣较低的农民工而言，控制了性别、教育程度、政治面貌、管理权力、企业性质等变量之后，媒介使用频率对特定性政治信任有着正向影响，但影响作用并不显著（模型 1 中媒介使用频率变量的系数为 0.005，但没有统计显著性）。而对于政治兴趣较高的农民工而言，其他因素不变，媒介使用频率每提升一个单位，其对特定性政治信任水平将会上升 0.846 分（媒介使用频率变量的系数与交互项的系数，即 0.005+0.841=0.846）。这也表明了媒介使用频率对特定性政治信任的影响在政治兴趣较高的农民工群体中的作用力更强。政治兴趣较高者和政治兴趣较低者的回归直线不是平行的，是相交的。当农民工媒体使用频率为 1.15 左右时候，政治信任没有受到政治兴趣差异的影响。而之后随着媒介使用频率的增加，政治兴趣较高者的特定性政治信任水平开始超越政治兴趣较低者。

表 5-9　政治兴趣、媒介使用与农民工特定性政治信任的回归分析

	特定性政治信任 b（SE）
交互项	
政治兴趣[h]	-0.967**（0.395）
媒介使用频率	0.005（0.075）
媒介内容注意程度	-0.162*（0.056）
媒介使用频率＊政治兴趣	0.841**（0.125）
媒介内容注意程度＊政治兴趣	0.183（0.098）
控制变量	
性别[a]	0.072（0.059）
新生代农民工[b]	-0.062（0.063）
政治面貌[c]	0.031（0.138）
教育程度[d]	

续表

	特定性政治信任 b（SE）
初中	0.133（0.1）
高中/中专	0.166（0.108）
大专及以上	0.152（0.125）
管理权力[e]	
高层	−0.12*（0.073）
中层	−0.073（0.072）
企业性质[f]	
政府/事业单位	−0.056（0.196）
国有/集体企业	−0.153**（0.111）
不公正对待[g]	−0.131*（0.062）
常数项	3.433（0.207）
F	3.014***
R^2	0.135
AdjR^2	0.09
样本量	327

注明：1. 参照组：[a]女性；[b]1980 年前出生的农民工；[c]非党员；[d]小学及以下；
[e]没有管理权力，只受别人管理；
[f]合资企业、私营企业及无单位灵活就业这三项非公有性质的单位；
[g]不认可政府工作人员对待市民和外来人口是平等的；
[h]对政治不感兴趣者
2. * p<.05，** p<.01，*** p<.001。

资料来源：作者自制

3. 政治效能感差异与媒介使用对政治信任的影响

本文的调节变量政治效能感主要通过问卷中这样一个问题来进行测量："您是否同意'政府官员不太在乎我这样的人有何想法'这一表述？"答案采用四级利克特量表编码（1—非常不同意，4—非常同意）。为了更好地测量农民工政治效能感差异与媒介使用对政治信任的影响，我们将回

答结果合并为二分类变量，回答“非常不同意”“不太同意”，重新编码为“政治效能感较高（编码为1）”，回答“同意”“非常同意”的合并为“政治效能感较低（编码为0）”。表5-10模型1-2以“特定性—弥散性”政治信任为因变量，分别估计了政治效能感与总体媒介使用频率、总体媒介政治性内容的注意程度的交互效应（见表5-10）。

第一，关于政治效能感与媒介使用频率的交互项应部分，模型1-2的结果显示，政治效能感与总体媒介使用频率的交互项的回归系数在统计意义上具有显著性（特定性政治信任：$p<0.05$；弥散性政治信任：$p<0.01$），这表明不同政治效能感的受众的媒介使用频率对“特定性—弥散性”政治信任的影响确实是有显著差异的，但影响的方式却有不同。

首先，在模型1中，对于政治效能感较低的农民工来说，在控制了其他变量之后，媒介使用频率对特定性政治信任有着正向影响，但并不显著（模型1中媒介使用频率变量的系数分别为0.013，但没有统计显著性）。同样的，对于政治效能感较高的农民工来说，其他因素不变，媒介使用频率每提升一个单位，其对特定性政治信任水平上升了0.58分（媒介使用频率变量的系数与交互项的系数，即0.013+0.567=0.58）。由于政治效能感较高的农民工的回归直线斜率显然大于政治效能感较低者，且回归直线的系数符号均为正向的，这体现出了媒介使用频率对特定性政治信任的影响在政治效能感较高的农民工群体中的作用力更强，也就是说，随着自变量（媒介使用频率）的增加，不同政治效能感的农民工之间的政治信任水平的差距将会逐渐拉大。在同样的媒介使用频率下，政治效能感较高者，其特定性政治信任水平将会更高。

其次，在模型2中，对于政治效能感较低的农民工来说，控制了其他变量之后，媒介使用频率对弥散性政治信任均有着负向影响，但并不显著（模型2中媒介使用频率变量的系数分别为-0.072，但没有统计显著性）。相比之下，对于政治效能感较高的农民工来说，其他因素不变，媒介使用频率对弥散性政治信任、流入地政府信任、政府能力信任产生正向影响作用，媒介使用频率每提升一个单位，其弥散性政治信任水平上升了0.721分（媒介使用频率变量的系数与交互项的系数，即-0.072+0.793=

0.721)。由于政治效能感较高的农民工的回归直线斜率显然大于政治效能感较低者，这也说明媒介使用频率对弥散性政治信任的影响在政治效能感较高的农民工群体中的作用力更强。此外，政治兴趣较高者和政治兴趣较低者两条回归直线并不相交，且政治兴趣较高者和政治兴趣较低者的回归直线的系数符号是相反的，随着自变量（媒介使用频率）的增加，不同政治效能感的农民工之间的政治信任水平的差距将会逐渐拉大。换句话说，在同样的媒介使用频率下，政治效能感较高者，其弥散性政治信任水平将会更高。

第二，关于政治效能感与媒介内容注意程度的交互项应部分，政治效能感与媒介内容政治性的注意程度的交互项的回归系数在统计意义上均不显著，这也表示，媒介政治性内容注意程度对“特定性—弥散性”政治信任的作用不论在政治兴趣较低的还是在政治兴趣较高的农民工群体之中都没有显著差异。

表 5-10　政治效能感、媒介使用与农民工“特定性—弥散性”政治信任的回归分析

	特定性政治信任	弥散性政治信任
	模型 1	模型 2
交互项		
政治效能感[h]	-0.331（0.271）	-0.781**（0.312）
媒介使用频率	0.013（0.074）	-0.072（0.09）
媒介内容注意程度	-0.071（0.059）	0.015（0.074）
政治效能感 * 媒介使用频率	0.567*（0.101）	0.793**（0.119）
政治效能感 * 媒介内容注意程度	-0.056（0.078）	-0.01（0.096）
控制变量（略）		
常数项	3.426（0.212）	3.587（0.254）
F	3.862***	1.687*
R^2	0.122	0.067

续表

	特定性政治信任	弥散性政治信任
	模型 1	模型 2
$AdjR^2$	0.091	0.027
-2LL		
Cox & Snell R^2		
样本量	461	391

注明：1. 模型的控制变量为人口统计学变量（性别、年龄、政治面貌）、社会经济地位变量（教育程度、单位性质、管理权力）、在政府部门办事经历

2. 参照组：[a]女性；[b]1980 年前出生的农民工；[c]非党员；[d]小学及以下；

[e]没有管理权，只受别人管理；

[f]合资企业、私营企业及无单位灵活就业这三项非公有性质的单位；

[h]政治效能感较低者

3. * $p<.05$，** $p<.01$，*** $p<.001$。

资料来源：作者自制

二、大众传媒与农民工“特定性—弥散性”政治信任的中间作用机制

本部分选取政治价值观、社会资本以及政治行为作为中介变量。为了分析政治价值观、社会资本、政治行为变量是否中介了媒介使用对农民工政治信任的影响，研究采用中介分析法分析对媒介使用与农民工“特定性—弥散性”政治信任之间是否存在中介作用进行检验。研究将媒介使用分为媒介使用频率和媒介政治性内容注意程度两个变量，媒介使用频率包括传统媒体的使用频率、新兴媒体的使用频率；媒介政治性内容注意程度变量区分了传统媒体的政治性内容注意程度、新兴媒体的政治性内容注意程度。

传统意义上的中介效应研究的前提条件是自变量显著影响了因变量，在本研究中表现为新兴和传统媒介使用频率、新兴和传统媒介政治性内容注意程度分别对“特定性—弥散性”政治信任的影响显著。通过上文的研究发现，满足这一前提条件的模型仅有传统媒介使用频率与特定性政治信任关系（见表 5-1 模型 2）、新兴媒介政治性内容注意程度与特定性政治信任关系（见表 5-3 模型 2）这两组模型，新兴和传统媒介使用变量对弥散

性政治信任均没有统计意义上的显著影响，所以本部分重点分析以特定性政治信任为因变量，传统媒介使用频率和新兴媒介政治性内容注意程度分别作为自变量的模型。

（一）政治价值观的中介效应检验

本文的中介变量政治价值观主要采用因子分析获得，经最大方差旋转后提取一个因子，命名为“全局价值观”。“全局价值观”强调维护党中央和政府的核心地位，维护党和政府的权威和集中统一领导，以国家利益、社会整体利益为根本出发点的价值取向。该部分我们选取“特定性—弥散性”政治信任作为因变量进行中介效应检验。

第一，在以传统媒介使用频率为自变量的模型中（详见表5-11），首先，传统媒介使用频率仅对特定性政治信任的影响是显著的（P<0.001）。其次，我们进一步分析间接效应的回归系数，传统媒介使用频率对全局价值观的影响系数是显著的（P<0.05），全局价值观对特定性政治信任的影响系数同样具有显著性（P<0.001）。再次，在控制了全局价值观的影响之后，传统媒介使用频率对特定性政治信任的影响效应消失了，这说明全局价值观在传统媒介使用频率和特定性政治信任之间起到中介效应，就影响水平来看，中介效应占总效应的44.22%。这一结论也解释了传统媒介使用频率对特定性政治信任的积极影响现象。传统媒介的使用使得民众趋向于全局价值观，具体表现为，传统媒介的使用频率越高，农民工的全局价值观会越强烈。全局价值观是传统媒介使用增加特定性政治信任的中间机制，全局价值观的增强将会提升农民工的特定政治信任水平。

第二，在以新兴媒介的政治性内容注意程度为自变量的模型中（详见表5-12），我们发现了新兴媒介的政治性内容注意程度对特定性政治信任的总效应是显著的（P<0.001），中介变量的间接效应均呈现统计意义上的显著性，但在控制了全局价值观的影响之后，新兴媒介的政治性内容注意程度对特定性政治信任的直接效应并不显著。因此，我们可以判断全局价值观在新兴媒介的政治性内容注意程度与农民工特定性政治信任之间存在中介效应。就影响水平来看，中介效应占总效应的44.91%。具体而言，新兴媒介的政治性内容注意程度越高，农民工的特定性政治信任水平会显著地降低。这一

现象可以从新兴媒介使用对全局价值观的影响上，得到解释。农民工对新兴媒介的政治性内容注意程度越高，将会削弱其全局价值观，进而降低了特定性政治信任水平。由此可见，全局价值观的削弱是新兴媒介使用降低特定性政治信任的中间机制。

结合前面的分析，传统媒体使用频率能够对农民工的特定性政治信任产生积极的影响，而新兴媒体政治性内容的注意程度却是削弱农民工特定性政治信任的重要变量。造成这两种不同类型媒体差异化影响的机制之一，可能就来自于全局价值观变量的中介作用。全局价值观变量对特定性政治信任具有积极影响，但不同类型的媒介使用对全局价值观产生了截然相反的作用，价值观的改变进一步对农民工的特定性政治信任发挥了影响。

表 5-11　全局价值观在传统媒介使用频率对农民工特定性政治信任影响中的中介效应检验表

预测类型	b	SE	t	Sig
传统媒介使用频率→特定性政治信任	0.124	0.029	3.817	0.000
传统媒介使用频率→全局价值观	0.111	0.086	2.145	0.033
全局价值观→特定性政治信任	0.494	0.029	10.598	0.000
传统媒介使用频率→全局价值观→特定性政治信任	0.054	0.048	1.173	0.241

表 5-12　全局价值观在新兴媒介的政治性内容注意程度对农民工特定性政治信任影响中的中介效应检验

预测类型	b	SE	t	Sig
新兴媒介内容注意程度→特定性政治信任	−0.127	0.029	−3.784	0.000
新兴媒介内容注意程度→全局价值观	−0.115	0.082	−2.184	0.03
全局价值观→特定性政治信任	0.496	0.029	10.63	0.000
新兴媒介内容注意程度→全局价值观→特定性政治信任	−0.035	0.045	−0.745	0.457

注明：表 5-11 和表 5-12 模型中的控制变量为人口统计学变量（性别、年龄、政治面貌）、社会经济地位变量（教育程度、单位性质、管理权力）

资料来源：作者自制

（二）社会资本的中介效应检验

1. 社会信任、媒介使用与农民工的政治信任

本文的中介变量社会信任变量通过问卷中这样一个问题来进行测量："您是否同意'在这里，大多数人是可以信任的'这一表述?"答案采用四级利克特量表编码、赋值（1—非常不同意，4—非常同意）。

在以传统媒介使用频率为自变量的模型中（详见表5-13），首先，传统媒介使用频率对特定性政治信任的影响是显著的（P<0.001）。其次，我们进一步分析间接效应的回归系数，传统媒介使用频率对社会信任的影响系数并不显著的，但在控制了传统媒介使用频率的情况下，社会信任对特定性政治信任的影响系数检验显著（P<0.001）。若间接效应的回归系数中有一个不显著的话需要通过Sobel检验来判断中介效应是否存在。Sobel检验结果表明，社会信任对传统媒介使用频率和特定性政治信任的关系的中介效应显著，检验结果分别为：z=4.611，p =0.000。从上述可以得出，社会信任在传统媒介使用频率与农民工特定性的政治信任之间的作用机制属于中介效应，中介效应占总效应的4.29%。

在以新兴媒介的政治性内容注意程度为自变量的模型中（详见表5-14），新兴媒介的政治性内容注意程度对特定性政治信任的总效应是显著的（P<0.001），中介变量的间接效应均呈现统计意义上的显著性。在控制了社会信任变量的影响之后，新兴媒介的政治性内容注意程度对特定性政治信任的直接效应依旧显著（P<0.01）。在这样的情况下，我们需要检验间接效应系数乘积与直接效应系数的符号方向。从模型中可知，间接效应乘积符号为负号（-0.079 * 0.275），直接效应的回归系数同为负号（-0.102），二者符号相同。由此，我们可以判断社会信任在新兴媒介的政治性内容注意程度与农民工特定性政治信任之间的作用机制是中介效应。就影响水平来看，社会信任对自变量和因变量之间的中介效应为17.11%。

综上，社会信任是新兴媒介和传统媒介使用影响特定性政治信任的中间机制。一方面，社会信任的增强是传统媒介使用促进特定性政治信任的中介机制，具体表现为，传统媒介的使用时间越频繁，农民工的社会信任水平将会越强，农民工更能够信任社会中的大多数人。社会信任水平的提

升进一步增进了其特定性政治信任度。另一方面，社会信任的削弱是新兴媒介使用降低特定性政治信任的中间机制，农民工对新兴媒介上的政治性内容的关注程度越高，其社会信任水平将会降低，社会信任水平的削弱则降低了特定性政治信任水平。

表 5-13　社会信任在传统媒介使用频率与农民工特定性政治信任影响中的中介效应检验表

预测类型	b	SE	t	Sig
传统媒介使用频率→特定性政治信任	0. 124	0. 029	3. 817	0. 000
传统媒介使用频率→社会信任	0. 019	0. 031	0. 497	0. 619
社会信任→特定性政治信任	0. 28	0. 04	7. 717	0. 000
传统媒介使用频率→社会信任→特定性政治信任	0. 149	0. 032	4. 132	0. 000

表 5-14　社会信任在新兴媒介的政治性内容注意程度与农民工特定性政治信任影响中的中介效应检验表

预测类型	b	SE	t	Sig
新兴媒介内容注意程度→特定性政治信任	-0. 127	0. 029	-3. 784	0. 000
新兴媒介内容注意程度→社会信任	-0. 079	0. 031	-2. 023	0. 043
社会信任→特定性政治信任	0. 275	0. 041	7. 51	0. 000
新兴媒介内容注意程度→社会信任→特定性政治信任	-0. 102	0. 032	-2. 728	0. 007

注明：表 5-13 和表 5-14 模型中的控制变量为人口统计学变量（性别、年龄、政治面貌）、社会经济地位变量（教育程度、单位性质、管理权力）

资料来源：作者自制

2. 社会组织参与、媒介使用与农民工的政治信任

本文的中介变量社会组织参与的测量主要通过因子分析获得，经最大方差旋转后提取一个因子，命名为“社会组织参与因子”。

在以传统媒介使用频率为自变量的模型中（详见表 5-15），我们发现，传统媒介使用频率对特定性政治信任的总效应是显著的（P<0. 001），

中介变量的间接效应均为显著。在控制了社会组织参与变量的影响之后，传统媒介使用频率对特定性政治信任的直接效应仍旧显著（P<0.001）。因此，我们进一步检验间接效应系数乘积与直接效应系数的符号方向。从模型中看出，间接效应乘积符号为负号（0.117＊-0.144），直接效应的回归系数却为正号（0.141），二者符号恰好相反。此外，传统媒介使用频率对特定性政治信任的总效应（0.124）的绝对值小于直接效应（0.141）的绝对值。由此，我们可以判断社会组织参与在传统媒介使用频率与农民工特定性政治信任之间的作用机制不是中介效应，而是遮掩效应，间接效应占直接效应的比例为11.95%。

在以新兴媒介的政治性内容注意程度为自变量的模型中（详见表5-16），第一，新兴媒介的政治性内容注意程度对特定性政治信任的影响是显著的（P<0.001）。第二，我们进一步分析间接效应的回归系数后发现，新兴媒介的政治性内容注意程度对社会组织参与的影响系数是显著的(P<0.001)。在控制了新兴媒介的政治性内容注意程度变量的情况下，社会组织参与对农民工特定性政治信任的影响同样显著（P<0.001）。第三，在控制了社会组织参与的情况下，新兴媒介的政治性内容注意程度对特定性政治信任的影响系数也呈现显著性（P<0.01）。第四，鉴于此，下一步我们需要检验间接效应系数乘积与直接效应系数的符号方向。从模型中得知，间接效应乘积符号为负号（0.183＊-0.108），直接效应的回归系数同为负号（-0.107），二者符号相同。综上，我们可以判断社会组织参与在新兴媒介的政治性内容注意程度与农民工特定性政治信任之间的作用机制是中介效应。就影响水平来看，中介效应占总效应的15.56%。

上述验证结果表明，社会组织参与在媒介使用与特定性政治信任之间存在“遮掩效应”和“中介效应”两种不同的作用机制。具体而言，社会组织参与在传统媒介使用频率与特定性政治信任之间的作用机制为遮掩效应，也就是说，在控制了社会组织参与变量后，会显著扩大不同的传统媒介使用频率的农民工之间的特定性政治信任度差异。而社会组织参与在新兴媒介的政治性内容注意程度与特定性政治信任之间发挥部分中介效应，亦即新兴媒介使用促进了农民工的社会组织活动参与行为，这将会进一步

削减农民工的特定性政治信任度。

表 5-15　社会组织参与在传统媒介使用频率与农民工特定性政治信任影响中的中介效应检验表

预测类型	b	SE	t	Sig
传统媒介使用频率→特定性政治信任	0.124	0.029	3.817	0.000
传统媒介使用频率→社会组织参与	0.117	0.051	3.632	0.000
社会组织参与→特定性政治信任	−0.144	0.018	−4.391	0.000
传统媒介使用频率→社会组织参与→特定性政治信任	0.141	0.029	4.347	0.000

表 5-16　社会组织参与在新兴媒介的政治内容注意程度与农民工特定性政治信任影响中的中介效应检验表

预测类型	b	SE	t	Sig
新兴媒介内容注意程度→特定性政治信任	−0.127	0.029	−3.784	0.000
新兴媒介内容注意程度→社会组织参与	0.183	0.05	5.575	0.000
社会组织参与→特定性政治信任	−0.108	0.019	−3.252	0.001
新兴媒介内容注意程度→社会组织参与→特定性政治信任	−0.107	0.029	−3.154	0.002

注明：表 5-15 和表 5-16 模型中的控制变量为人口统计学变量（性别、年龄、政治面貌）、社会经济地位变量（教育程度、单位性质、管理权力）

资料来源：作者自制

（三）政治行为的中介效应检验

针对中介变量政治参与的测量主要通过因子分析获得，经最大方差旋转后提取一个因子，命名为“政治参与因子”。在因变量部分，我们选取特定性政治信任和弥散性政治信任作为因变量进行中介效应检验。

在以传统媒介使用频率为自变量的模型中，我们发现，间接效应部分中的传统媒介使用频率对政治参与的影响并不显著，若间接效应的回归系数中有一个不显著的话需要通过 Sobel 检验来判断中介效应是否存在。检验结果表明，政治参与变量对传统媒介使用频率和特定性政治信任的关系

的中介效应并不显著，检验结果为 z=-1.17，p=0.24。

在以新兴媒介的政治性内容注意程度为自变量的模型中（详见表5-17），新兴媒介的政治性内容注意程度对特定性政治信任的总效应是显著的（P<0.001），中介变量的间接效应均具有统计意义上的显著性。在控制了政治参与的影响之后，新兴媒介的政治性内容注意程度对特定性政治信任的直接效应同样显著（P<0.01）。鉴于此，下一步我们要检验间接效应系数乘积与直接效应系数的符号方向。间接效应乘积符号为负号（0.204 * -0.092），直接效应的回归系数同为负号（-0.108），二者符号相同。因此，我们可判断政治参与在新兴媒介的政治性内容注意程度与农民工特定性政治信任之间的作用机制是中介效应，中介效应占总效应的 14.78%。

表5-17　政治参与在新兴媒介的政治性内容注意程度与农民工特定性政治信任影响中的中介效应检验表

预测类型	b	SE	t	Sig
新兴媒介内容注意程度→特定性政治信任	-0.127	0.029	-3.784	0.000
新兴媒介内容注意程度→政治参与	0.204	0.052	6.125	0.000
政治参与→特定性政治信任	-0.092	0.018	-2.797	0.005
新兴媒介内容注意程度→政治参与→特定性政治信任	-0.108	0.029	-3.174	0.002

注明：表5-17模型中的控制变量为人口统计学变量（性别、年龄、政治面貌）、社会经济地位变量（教育程度、单位性质、管理权力）

资料来源：作者自制

本章小结

本章分析了大众传媒对农民工“特定性—弥散性”政治信任的影响及其作用机制，从研究假设的检验结果来看，部分假设得到数据支撑，以下为本章的研究结果的摘要。

（一）大众传媒对“特定性—弥散性”政治信任直接影响

1. 新兴媒体、传统媒体与农民工的“特定性—弥散性”政治信任

从媒体使用频率来看，传统媒体使用频率能够正向地影响农民工的特定性政治信任。其中，传统媒体使用频率仅对政治机构信任产生积极的作用，其对政治行动者信任并没有显著影响。从媒体内容注意程度来看，新兴媒体政治性内容的注意程度是削弱农民工特定性政治信任（包含对政治机构信任和对政治行动者信任）的重要变量。相较而言，各媒介使用变量对弥散性政治信任的影响极其微弱。值得关注的是，虽然新兴媒体使用频率无法对弥散性政治信任产生影响，但新兴媒体内容对政治信任的侵蚀效应依旧能够深入到弥散性政治信任中的国家共同体、政治制度信任层面。

从媒介评价来看，传统媒体的信任程度能够显著促进农民工的特定性政治信任（包含对政治机构信任和对政治行动者信任）和弥散性政治信任，新兴媒体信任仅对农民工的弥散性政治信任产生侵蚀作用。

2. 社会政治环境、大众传媒与农民工的“特定性—弥散性”政治信任

从媒介内容的角度来看，媒体报道的特定结构性内容仅对特定性政治信任层面发生作用，正面报道对特定性政治信任（包含对政治机构信任和对政治行动者信任）的积极作用支持了“媒体宣传动员效果”假设，负面报道则对特定性政治信任和政治行动者信任起到了消极影响。

从媒介评价的角度来看，中央媒体信任指标对特定性政治信任（包含对政治机构信任和对政治行动者信任）、弥散性政治信任均有着正向的显著作用。地方媒体的信任程度也能够显著提升农民工群体的特定性政治信任和政治行动者信任水平，但对弥散性政治信任却没有显著影响作用。

（二）大众传媒对“特定性—弥散性”政治信任影响机制

1. 大众传媒与农民工“特定性—弥散性”政治信任的调节机制

相比于受众的人口统计学特征变量，个体的心理动机变量的调节效应更为显著。

首先，在特定性政治信任层面，媒介使用动机因素在媒介使用频率与特定性政治信任关系之间起到了调节作用，随着媒介使用频率的增加，不

同的监视环境动机水平的农民工特定性政治信任程度的差异会显著扩大，即当农民工使用媒体时所具备的监视环境动机越强烈，且媒介使用频率越高时，其特定性政治信任感会更高。

其次，在特定性政治信任层面，“政治兴趣”同样也是一个重要的调节变量。媒介使用频率与特定性政治信任的关系都受到了农民工政治兴趣差异的影响。随着媒介使用频率的提升，政治兴趣较高者的政治信任水平也越高。

最后，在特定性政治信任、弥散性政治信任层面，不同政治效能感的受众的媒介使用频率对政治信任的影响确实是有显著差异的。随着媒介使用频率的增加，不同政治效能感的农民工之间的政治信任水平的差距将会逐渐拉大。在同样的媒介使用频率下，政治效能感较高者，其特定性、弥散性政治信任水平将会更高。

2. 大众传媒与农民工“特定性—弥散性”政治信任的中间作用机制

整体而言，全局价值观、社会资本、政治参与行为在媒介使用和农民工的特定性政治信任之间均起到了中介作用。

首先，全局价值观是媒介使用影响特定性政治信任的中间机制。全局价值观变量对特定性政治信任具有积极影响，但不同类型的媒介使用对全局价值观产生了截然相反的作用。一方面，全局价值观的削弱是新兴媒介使用降低特定性政治信任的中间机制。另一方面，全局价值观的增强是传统媒介使用提升特定性政治信任的中间机制。

其次，社会信任是新兴媒介和传统媒介使用影响特定性政治信任的中间机制。一方面，社会信任的增强是传统媒介促进特定性政治信任的中介机制。另一方面，社会信任的削弱是新兴媒介使用降低特定性政治信任的中间机制。

再次，社会组织参与在媒介使用与特定性政治信任之间存在“遮掩效应”和“中介效应”两种不同的作用机制。具体而言，社会组织参与在传统媒介使用频率与特定性政治信任之间的作用机制为遮掩效应，而社会组织参与在新兴媒介的政治性内容注意程度与特定性政治信任之间发挥部分中介效应。

最后，政治参与在新兴媒介的政治性内容注意程度与农民工特定性政治信任之间的作用机制是中介效应，即新兴媒介的政治性内容注意程度能够促进线下政治参与行为，更高的政治参与水平将会削弱了特定性政治信任度。

第六章

大众传媒与农民工
“中央—地方”政治信任

第一节 大众传媒对农民工“中央—地方”政治信任的直接影响

既往的研究中发现农民工群体的政治信任存在“央强地弱”这一政治信任差序格局（符平，2013；朱荟，2014；范长煜，2016）。为了探讨大众传媒对农民工的中央和地方政治信任的影响作用，我们分别以中央政府及其官员信任、地方政府及其官员信任为因变量，以控制变量和媒介使用频率、媒介内容注意程度、媒介评价为预测变量建立回归方程。

一、媒介使用频率和农民工的“中央—地方”政治信任

在该部分中，我们首先引入六类不同形式的媒介使用频率进行比较。再次依据信息传播的特点，将六类不同媒体划分为新兴媒体和传统媒体两大维度。最后侧重于对社交媒体的政治影响效应进行考察。

第一，我们先来比较媒介使用频率变量与农民工的中央政府信任、地

方政府信任的关系。在控制其他变量的情况下，表6-1模型1-3显示各媒介使用频率变量对中央政府信任均没有统计意义上的显著影响。模型5揭示了媒介使用频率对地方政府信任的积极影响主要是来自传统媒体所发挥的显著正向作用（P<0.01）。模型4中进一步细分了各类传播媒体的政治效应，研究发现，传统媒体中的广播和电视媒体对地方政府信任产生了显著的影响，但二者效应恰好相反。农民工使用电视的频率每提升一个单位，其对地方的政府信任得分相应地提高0.146分（p<0.001）；而农民工收听广播的频率每提升一个单位，其对地方政府的信任水平则降低0.095分（p<0.05）。模型6发现，在控制了其他变量后，社交媒体的使用频率对农民工的政治信任水平并不产生显著影响。由此可见，媒介使用频率对中央和地方层级的政府信任的影响存有显著的差异，这可能和中央政府机构、地方政府机构在政治系统中的定位、特性有关。具体来说，中央政府机构位于保护带结构中靠近硬核部分，其抽象程度较高，而地方政府机构处于保护带结构中相对外围的部分，后者稳定性不如前者，所以中央政府机构信任完全不受媒介曝光的作用，而地方政府机构信任较为容易受到媒介的影响。

第二，表6-2深入讨论了各媒介使用频率变量对不同层级地方政府的信任程度的作用。在省级政府机构层面，农民工阅读报纸频率的增加将会显著增进其对省级政府信任的几率（p<0.05）。在市级政府机构层面，农民工使用传统媒体越频繁，其对市级政府的信任度越高（传统媒体使用频率：p<0.01）。具体来看，电视、报纸媒体的使用频率越高，越能够促进市级政府的信任水平（电视：p<0.001；报纸：p<0.05），相反的是，广播媒体的使用频率变量对市级政府信任产生显著的负效应（p<0.05）。在区级政府层面，传统媒体的使用频率能够显著提升区级政府信任水平（p<0.05），特别是电视媒体对政府信任的积极促进作用依旧显著（p<0.001）。总之，传统媒体中的报纸、电视能够对各级地方政府的信任起到动员促进的作用。此外，媒介使用频率变量对省级、区级层面的影响力较为薄弱，相比之下，市级层面的政府机构最容易受到大众传媒的影响，这可能是由于当前地方媒体多数发挥其地缘性的优势，以解读地方性公共政策、服务

当地居民等内容为新闻报道的主要方向，所以农民工日常所接触的地方新闻资讯多数指向市级层面的政治、社会、经济等内容。

表 6-1 媒介使用频率和农民工的“中央—地方”政府信任的回归分析

	中央政府信任 b（Exp（B））			地方政府信任 b（SE）		
	模型 1	模型 2	模型 3	模型 4	模型 5	模型 6
传统媒体使用频率		0.121 （1.128）			0.096** （0.033）	
新兴媒体使用频率		0.055 （1.057）			−0.011 （0.027）	
社交媒体使用频率			0.174 （1.19）			0.033 （0.026）
报纸使用频率	0.334 （1.396）			0.082 （0.028）		
杂志使用频率	0.304 （1.355）			−0.004 （0.034）		
广播使用频率	−0.25 （0.779）			−0.095* （0.024）		
电视使用频率	−0.188 （0.829）			0.146*** （0.02）		
网络使用频率	−0.091 （0.913）			0.004 （0.019）		
手机使用频率	0.202 （1.224）			−0.026 （0.027）		
性别[a]	−0.119 （0.888）	−0.101 （0.904）	−0.098 （0.907）	0.026 （0.04）	0.019 （0.041）	0.018 （0.041）
新生代农民工[b]	−0.786 （0.456）	−0.775 （0.461）	−0.818* （0.441）	0.001 （0.046）	−0.005 （0.046）	−0.02 （0.046）
政治面貌[c]	0.22 （1.247）	0.261 （1.298）	0.258 （1.295）	0.038* （0.105）	0.041* （0.106）	0.043* （0.106）
教育程度[d]						
初中	0.428 （1.534）	0.431 （1.538）	0.398 （1.488）	0.013 （0.072）	0.012 （0.073）	0.009 （0.073）

续表

	中央政府信任 b（Exp（B））			地方政府信任 b（SE）		
	模型 1	模型 2	模型 3	模型 4	模型 5	模型 6
高中/中专	0.662 （1.94）	0.628 （1.873）	0.578 （1.783）	0.061 （0.078）	0.052 （0.078）	0.052 （0.079）
大专及以上	0.398 （1.489）	0.383 （1.466）	0.308 （1.361）	0.094 （0.089）	0.058 （0.089）	0.062 （0.09）
管理权力[e]						
高层	−0.688 （0.503）	−0.694 （0.499）	−0.666 （0.514）	−0.029 （0.053）	−0.048 （0.053）	−0.046 （0.053）
中层	−0.27 （0.764）	−0.255 （0.775）	−0.229 （0.796）	−0.012 （0.05）	−0.011 （0.05）	−0.008 （0.05）
企业性质[f]						
政府/事业单位	−0.928 （0.395）	−0.944 （0.389）	−0.9 （0.406）	−0.008 （0.127）	−0.01 （0.128）	−0.007 （0.128）
国有/集体企业	−0.823 （0.439）	−0.937* （0.392）	−0.921* （0.398）	−0.104** （0.078）	−0.116*** （0.078）	−0.111** （0.078）
不公正对待[g]	−0.742* （0.476）	−0.744* （0.475）	−0.765* （0.465）	−0.264*** （0.043）	−0.262*** （0.043）	−0.275*** （0.043）
常数项	3.579 （35.855）	3.678 （39.554）	3.685 （39.847）	3.244 （0.151）	3.285 （0.141）	3.407 （0.111）
F				6.133***	6.353***	6.344***
R^2				0.129	0.104	0.097
AdjR^2				0.108	0.088	0.082
−2LL	340.041	347.997	347.567			
Cox & Snell R^2	0.039	0.028	0.029			
样本量	724	724	724	723	723	723

注明：1. 参照组：[a]女性；[b]1980 年前出生的农民工；[c]非党员；[d]小学及以下；
[e]没有管理权力，只受别人管理；[f]合资企业、私营企业及无单位灵活就业这三项非公有性质的单位；
[g]不认可政府工作人员对待市民和外来人口是平等的
2. * p<.05，** p<.01，*** p<.001。

资料来源：作者自制

表 6-2 媒介使用频率和农民工的各级地方政府信任的回归分析

	省级政府信任 b（Exp（B））	市级政府信任 b（SE）	区级政府信任 b（SE）
报纸使用频率	0.446*（1.561）	0.092*（0.031）	0.042（0.031）
杂志使用频率	−0.067（0.935）	0.003（0.037）	0.018（0.037）
广播使用频率	−0.271（0.762）	−0.085*（0.026）	−0.064（0.026）
电视使用频率	−0.096（0.909）	0.149***（0.022）	0.125***（0.022）
网络使用频率	−0.024（0.977）	0.04（0.021）	−0.008（0.021）
手机使用频率	−0.055（0.946）	−0.029（0.03）	−0.061（0.03）
传统媒体使用频率	0.007（1.007）	0.115**（0.037）	0.085*（0.036）
新兴媒体使用频率	−0.077（0.926）	0.019（0.029）	−0.047（0.029）
社交媒体使用频率	−0.015（0.985）	0.066（0.028）	−0.007（0.028）

注明：1. 模型的控制变量为人口统计学变量（性别、年龄、政治面貌）、社会经济地位变量（教育程度、单位性质、管理权力）、在政府部门办事经历
2. * p<.05， ** p<.01， *** p<.001

资料来源：作者自制

最后，表 6-3 中区分了农民工对不同层级的政治行动者的信任水平，结果发现，各媒介使用频率变量对中央政府官员、地方政府官员信任的影响力度微乎其微。其中，报纸的使用频率会对中央政府官员的信任水平产生正向效应（$p<0.05$），新兴媒体使用频率的增加会显著减弱农民工对地方政府官员的信任度（$p<0.05$）。

表 6-3 媒介使用频率和农民工的“中央—地方”政府官员信任的回归分析

	中央政府官员信任 b（Exp（B））	地方政府官员信任 b（Exp（B））
报纸使用频率	0.411*（1.508）	0.189（1.208）
杂志使用频率	−0.042（0.959）	−0.14（0.869）
广播使用频率	−0.089（0.915）	0.129（1.138）
电视使用频率	−0.025（0.975）	−0.01（0.99）

续表

	中央政府官员信任 b（Exp（B））	地方政府官员信任 b（Exp（B））
网络使用频率	-0.143（0.867）	-0.075（0.928）
手机使用频率	0.005（1.005）	-0.247（0.781）
传统媒体使用频率	0.268（1.307）	0.182（1.199）
新兴媒体使用频率	-0.189（0.828）	-0.297*（0.743）
社交媒体使用频率	0.027（1.027）	-0.078（0.925）

注明：1. 模型的控制变量为人口统计学变量（性别、年龄、政治面貌）、社会经济地位变量（教育程度、单位性质、管理权力）、在政府部门办事经历

2. * p<.05， ** p<.01， *** p<.001

资料来源：作者自制

综上所述，不论是在政治机构层面，还是政治行动者层面，媒介使用频率对“中央—地方”政治信任的影响效应呈现“央弱地强”的关系，这恰好与政治信任的“央强地弱”的特性相反。特别是在农民工的地方政府信任层面，传统媒体的积极效果较为显著。

二、媒介政治性内容的注意程度和农民工的“中央—地方”政治信任

（一）不同类型的媒介内容注意程度与农民工的“中央—地方”政治信任

基于上述的研究假设，本文首先分别以中央政府信任、地方政府信任、中央政府官员信任、地方政府官员信任为因变量，以个人特征、媒介使用频率为控制变量和媒介政治性内容的注意程度为预测变量建立四个回归方程，表 5-13 列出了媒介政治性内容的注意程度对农民工特定性、弥散性政治信任的影响效应。然后，表 6-4 进一步细化了地方政府信任指标，分别以对省级政府信任、市级政府信任、区级政府信任这 3 个指标作为因变量进行分析，并比较媒介内容注意程度变量对不同层级地方政府的信任水平的影响力度。为了节省篇幅，表中保留各回归方程中的媒介政治

性内容的注意程度、媒介使用频率的相关系数，其他控制变量不再讨论。

表6-4中显示，在控制了传统媒体、新兴媒体使用频率的情况下，传统媒体的政治性内容对“中央—地方”政治信任并没有起到预期中的动员教化作用。但新兴媒体的政治性内容注意程度对农民工的中央政府信任、地方政府信任、地方政府官员信任水平却会产生不同程度的负面影响（$p<0.01$）。表6-5中对各级地方政府信任的影响分析中印证了这一结论，新兴媒体的政治性内容的注意程度变量对信任的侵蚀效应也同样深入到省级、市级、区级政府层面（省级政府信任：$p<0.05$；市级、区级政府信任：$p<0.01$），这也说明了对新兴媒体的政治性内容更为关注的农民工，更有可能对各级政府机构、地方政府官员产生不信任感，即使在放入媒介使用频率因素之后依然如此。正如假设所言，新兴媒体是农民工获取信息的重要渠道，其开放式的信息生产模式往往会“放大”负面的网络舆论，因此相对于传统媒体而言，农民工通过新兴媒体平台关注到多元新闻的机会更多，从而影响了个体的政治信任感。

表6-4　不同类型媒介内容注意程度与“中央—地方”政治信任回归分析结果

	中央政府信任 b（Exp（B））	地方政府信任 b（SE）	中央政府官员信任 b（Exp（B））	地方政府官员信任 b（Exp（B））
	模型1	模型2	模型3	模型4
传统媒体的政治性内容	0.297 （1.345）	0.009 （0.027）	0.117 （1.124）	0.039 （1.039）
新兴媒体的政治性内容	-0.624** （0.536）	-0.104** （0.034）	-0.371 （0.69）	-0.462** （0.63）
传统媒体使用频率	0.036 （1.036）	0.109** （0.037）	0.254 （1.289）	0.228 （1.256）
新兴媒体使用频率	0.154 （1.166）	0.011 （0.028）	-0.132 （0.877）	-0.218 （0.804）
性别[a]	-0.095 （0.909）	0.022 （0.041）	-0.165 （0.848）	-0.19 （0.827）

续表

	中央政府信任 b（Exp（B））	地方政府信任 b（SE）	中央政府官员信任 b（Exp（B））	地方政府官员信任 b（Exp（B））
	模型 1	**模型 2**	**模型 3**	**模型 4**
新生代农民工[b]	−0.661 (0.516)	0.003 (0.047)	−0.53 (0.588)	−0.323 (0.724)
政治面貌[c]	0.197 (1.218)	0.04 (0.106)	0.015 (1.015)	−0.381 (0.683)
教育程度[d]				
初中	0.42 (1.521)	0.016 (0.072)	0.833* (2.301)	0.558 (1.747)
高中/中专	0.705 (2.023)	0.066 (0.078)	0.984* (2.675)	0.358 (1.431)
大专及以上	0.556 (1.743)	0.076 (0.089)	1.196* (3.306)	1.215** (3.369)
管理权力[e]				
高层	−0.632 (0.532)	−0.044 (0.053)	−0.366 (0.694)	0.088 (1.092)
中层	−0.229 (0.796)	−0.006 (0.05)	0.113 (1.12)	0.072 (1.075)
企业性质[f]				
政府/事业单位	−0.896 (0.408)	−0.007 (0.127)	−0.009 (0.991)	0.549 (1.732)
国有/集体企业	−0.761 (0.467)	−0.111** (0.078)	−1.233*** (0.292)	−0.984** (0.374)
不公正对待[g]	−0.705* (0.494)	−0.259*** (0.043)	−0.7** (0.496)	−1.247*** (0.287)
常数项	3.596 (36.441)	3.303 (0.142)	3.179 (24.031)	3.694 (40.188)
F		6.017***		

续表

	中央政府信任 b（Exp（B））	地方政府信任 b（SE）	中央政府官员信任 b（Exp（B））	地方政府官员信任 b（Exp（B））
	模型 1	模型 2	模型 3	模型 4
R^2		0.113		
AdjR^2		0.094		
-2LL	340.203		460.526	722.52
Cox & Snell R^2	0.039		0.046	0.116
样本量	724	723	722	663

注明：1. 参照组：[a]女性；[b]1980 年前出生的农民工；[c]非党员；[d]小学及以下；

[e]没有管理权力，只受别人管理；[f]合资企业、私营企业及无单位灵活就业这三项非公有性质的单位；

[g]不认可政府工作人员对待市民和外来人口是平等的

2. * p<.05， ** p<.01， *** p<.001。

资料来源：作者自制

表 6-5　不同类型媒介内容的注意程度与各级地方政府信任的回归分析结果

		传统媒体的政治性内容	新兴媒体的政治性内容	传统媒体使用频率	新兴媒体使用频率
省级政府信任（N=720）	b（Exp（B））	0.17（1.186）	-0.5*（0.606）	-0.028（0.972）	0.005（1.005）
市级政府信任（N=724）	b（SE）	-0.005（0.03）	-0.096**（0.037）	0.133***（0.04）	0.041（0.03）
区级政府信任（N=724）	b（SE）	-0.034（0.03）	-0.118**（0.037）	0.119**（0.04）	-0.014（0.03）

注明：1. 模型的控制变量为人口统计学变量（性别、年龄、政治面貌）、社会经济地位变量（教育程度、单位性质、管理权力）、在政府部门办事经历

2. * p<.05， ** p<.01， *** p<.001

资料来源：作者自制

（二）特定媒介内容的注意程度与农民工的“中央—地方”政治信任

媒介报道的特定性结构倾向无疑会形塑着受众的政治态度。表 6-6 的

模型展示了在控制了总体媒介使用频率变量之后，三类特定的媒介内容注意程度对农民工的“中央—地方”政治信任的影响作用。

第一，在政府机构层面，负面报道、正面报道会对农民工的地方政府影响产生显著影响，但与中央政府信任之间没有统计意义上的显著性。正如预期的假设，农民工对负面报道的高度关注行为将会直接拉低其对地方政府的信任水平（$p<0.05$）。负面报道对地方政府信任的弱化效应也突出表现在农民工对省级政府、市级政府、区级政府的信任方面（$p<0.01$）。相较之下，正面报道的教化作用能够提升农民工对地方政府信任水平（$p<0.05$），即农民工对正面报道的注意程度每提升一个单位，其政治信任水平将会拉高 0.137 分。我们同时发现，在省级和市级政府信任方面，媒体中正面报道的政治动员作用依旧显著（$p<0.05$）。

第二，在政治行动者层面，一方面，农民工对负面报道的关注仅显著作用于地方政府官员信任水平（$p<0.05$）。因为大众媒体对地方政府具有一定的监督作用，受众从传媒内容上接触到的多是来自地方政府官员的违纪腐败行为的信息，比较而言，来自中央政府官员腐败违纪行为的报道较少，所以农民工对负面报道的高度关注将会减弱其信任地方政府官员的可能性。另一方面，农民工对正面报道的高度关注有助于提升其信任中央政府官员的几率（$p<0.05$）。

表 6-6　特定媒介内容的注意程度与“中央—地方”政治信任的回归分析结果

		负面报道	正面宣传报道	与群体利益相关的反映问题报道	总体媒介使用频率
中央政府信任（N=724）	b（Exp（B））	-0.219 （0.804）	0.304 （1.355）	0.33 （1.39）	-0.05 （0.951）
地方政府信任（N=724）	b（SE）	-0.136* （0.039）	0.137* （0.043）	0.019 （0.043）	0.022 （0.0486）
省级政府的信任（N=719）	b（Exp（B））	-0.644** （0.525）	0.552* （1.737）	0.329 （1.389）	-0.222 （0.801）

续表

		负面报道	正面宣传报道	与群体利益相关的反映问题报道	总体媒介使用频率
市级政府的信任（N=724）	b（SE）	−0.176***（0.036）	0.121*（0.041）	0.066（0.04）	0.101**（0.045）
区级政府的信任（N=724）	b（SE）	−0.204***（0.036）	0.092（0.04）	0.068（0.04）	0.051（0.045）
中央政府官员信任（N=721）	b（Exp（B））	−0.296（0.744）	0.541*（1.717）	0.037（1.038）	−0.052（0.949）
地方政府官员信任（N=660）	b（Exp（B））	−0.388*（0.679）	0.002（1.002）	0.104（1.109）	0.021（1.022）

注明：1. 模型的控制变量为人口统计学变量（性别、年龄、政治面貌）、社会经济地位变量（教育程度、单位性质、管理权力）、在政府部门办事经历

2. * p<. 05，** p<. 01，*** p<. 001

资料来源：作者自制

三、媒介评价与农民工的“中央—地方”政治信任

（一）中央媒体、地方媒体可信度评价与农民工的“中央—地方”政治信任

为了考察媒体信任的央地分化特点对农民工的“中央—地方”政治信任的影响，我们以中央政府信任、各级地方政府信任、中央政府官员信任、地方政府官员信任为因变量，以个人特征、媒介使用频率、媒体政治性内容的注意程度为控制变量和以中央媒体、地方媒体可信度评价为预测变量建立回归方程，为了节约篇幅，表中仅列出了各方程中的各类媒体变量的回归系数。

表 6-7 中的回归系数显示，在各级政府机构信任层面，在控制了总体媒体使用频率和总体媒体政治性内容的注意程度之后，中央媒体信任和地方媒体信任指标对各级政治机构信任产生了显著的“正效应”（中央政府、地方政府、省级政府：P<0.001；市级政府：P<0.05；区级政府：P<0.01），这也说明了农民工对中央媒体、地方媒体所报道内容的信任程度

越高，越有可能增加其对中央政府、省级政府的信任几率，提升市级政府、区级政府的信任得分。在各级政府官员信任层面，中央媒体信任、地方媒体信任变量对中央政府官员信任、地方政府官员信任均有着积极效应（中央政府官员：P<0.001；地方政府官员：P<0.01）。

表 6-7　中央、地方媒体可信度评价与“中央—地方”政治信任的回归分析

	中央政府信任 b（Exp（B））	地方政府信任 b（SE）	省级政府信任 b（SE）	市级政府信任 b（SE）	区级政府信任 b（SE）	中央政府官员信任 b（Exp（B））	地方政府官员信任 b（Exp（B））
	模型 1	模型 2	模型 3	模型 4	模型 5	模型 6	模型 7
大众传媒变量							
中央媒体信任	1.724*** (5.608)	0.179*** (0.074)	1.562*** (4.768)	0.09* (0.085)	0.103** (0.084)	1.591*** (4.91)	1.016** (2.761)
地方媒体信任	1.102** (3.011)	0.185*** (0.045)	1.023*** (2.781)	0.173*** (0.052)	0.214*** (0.051)	1.459*** (4.3)	1.293*** (3.646)
总体媒介使用频率	-0.004** (0.996)	0.078* (0.039)	-0.207 (0.813)	0.116** (0.045)	0.054 (0.044)	-0.154 (0.857)	-1.12 (0.887)
总体媒体政治性内容注意程度	-0.304 (0.738)	-0.061 (0.03)	-0.263 (0.768)	-0.074 (0.035)	-0.103** (0.034)	-0.147 (0.863)	-0.362* (0.696)
控制变量（略）							
常数项	1.907 (6.734)	2.739 (0.144)	3.27 (26.324)	2.73 (0.165)	2.85 (0.162)	0.85 (2.34)	1.807 (6.094)
F		10.722***		8.583***	9.418***		
R^2		0.185		0.154	0.166		
AdjR^2		0.168		0.136	0.149		
-2LL	301.147		375.645			398.26	667.609
Cox & Snell R^2	0.089		0.121			0.125	0.181
样本量	724	723	723	724	724	724	724

注明：1. 模型的控制变量为人口统计学变量（性别、年龄、政治面貌）、社会经济地位变量（教育程度、单位性质、管理权力）、在政府部门办事经历

2. * p<.05，** p<.01，*** p<.001

资料来源：作者自制

值得关注的是，中央媒体信任变量的积极影响显著地体现在各级地方政府层面，这也说明了中央媒体信任变量是一个强有力的解释变量，因为中央媒体的报道不限于国家层面的新闻内容，还涵盖了各级地方政府的政治、经济、社会方面的重大事务，所以能对农民工的地方各级政府信任度起到促进作用。我们同样发现，地方媒体信任变量对政治信任的积极效应不仅作用在了农民工的各级地方政府信任层面，而且还突破了地方地域的限制，也显著影响了中央政府机构和官员的信任水平。这一点从侧面反映出在地方媒体的报道中通常也会涉及到中央的政策以及中央官员的活动等内容，因此农民工对地方媒体信任也能够提升中央政治机构和政治行动者的信任水平。

（二）新兴媒体、传统媒体可信度评价与农民工的“中央—地方”政治信任

表 6-8 展示了不同媒体类型的可信度评价与农民工的“中央—地方”政治信任关系的回归分析结果。研究显示，在控制了总体媒体使用频率和总体媒体政治性内容的注意程度以后，传统媒体的信任程度能够显著提升农民工对中央政府、中央政府官员、地方政府、地方政府官员的信任水平（P<0.001），并且传统媒体信任对政治信任的这种促进作用也同样体现在对各级地方政府层面（P<0.001）。相比之下，新兴媒体信任变量对农民工的“中央—地方”政治信任的影响并不显著。

表 6-8 传统、新兴媒体可信度评价与“中央—地方”政治信任的回归分析

		新兴媒体信任	传统媒体信任	总体媒体使用频率	总体媒体政治性内容注意程度
中央政府信任（N=719）	**b（Exp（B））**	0.291（1.337）	1.208***（3.348）	0.101（1.106）	−0.411（0.663）
地方政府信任（N=722）	**b（SE）**	−0.034（0.036）	0.27***（0.045）	0.078*（0.04）	−0.092*（0.031）
省级政府的信任（N=612）	**b（Exp（B））**	0.273（1.314）	1.033***（2.81）	−0.113（0.893）	−0.355（0.701）

续表

		新兴媒体信任	传统媒体信任	总体媒体使用频率	总体媒体政治性内容注意程度
市级政府的信任（N=723）	b（SE）	−0.048 （0.04）	0.222*** （0.05）	0.119** （0.045）	−0.091 （0.034）
区级政府的信任（N=723）	b（SE）	−0.03 （0.039）	0.284*** （0.049）	0.054 （0.044）	−0.121** （0.034）
中央政府官员信任（N=715）	b（Exp（B））	0.156 （1.169）	1.221*** （3.39）	0.004 （1.004）	−0.26 （0.771）
地方政府官员信任（N=634）	b（Exp（B））	0.554 （1.74）	1.027*** （2.793）	−0.052 （0.95）	−0.432** （0.649）

注明：1. 模型的控制变量为人口统计学变量（性别、年龄、政治面貌）、社会经济地位变量（教育程度、单位性质、管理权力）、在政府部门办事经历

2. * p<.05，** p<.01，*** p<.001

资料来源：作者自制

第二节　大众传媒对农民工“中央—地方”政治信任的作用机制

一、大众传媒在农民工个体特征的条件下对“中央—地方”政治信任的影响

本部分选择年龄、教育程度、媒介使用动机、政治兴趣、政治效能感作为调节变量，以检验受众人口统计学学特征、心理动机因素与整体媒介使用状况对“中央—地方”政治信任的影响作用。

（一）农民工人口统计学特征与媒介使用对政治信任的影响

这一部分是检验媒介使用与政治信任关系是否在不同的年龄、教育程度的农民工群体之间存在显著的差异，分别估计年龄、教育程度与媒体使用的主要解释变量的交互效应。因变量分别为中央、地方政府信任与中央政府、地方政府官员信任。

模型调试的结果显示，媒介使用频率、媒介政治性内容的注意程度对以上四类政治信任的影响作用都不会因农民工受年龄、教育程度的差异而发生改变（模型中调节变量与媒介使用频率、媒介政治性内容的注意程度的交互项的回归系数都是不显著的）。因此，在农民工的“中央—地方”政治信任层面，年龄差异、教育程度差异假设并不成立。

（二）心理动机差异与媒介使用对政治信任的影响

1. 媒介使用动机与媒介使用对政治信任的影响

为了检验媒介使用和“中央—地方”政治信任的关系是否受到农民工的媒介使用动机差异因素的影响，我们添加了监视环境动机与媒介使用频率、媒介政治性内容注意程度的交互项，以中央政府及其官员信任、地方政府及其官员信任为因变量。模型的调试结果显示，仅在以中央政府信任、地方政府信任为因变量的模型中，监视环境动机与媒介使用的交互项的回归系数才具有统计显著性。

表 6-9 中的模型 1-2 分别以中央政府信任和地方政府信任为因变量，估计了监视环境动机与媒介使用频率、媒介政治性内容注意程度的交互效应。模型结果显示，监视环境动机与媒介内容政治性的注意程度的交互项的回归系数在统计意义上均不显著。这也表示，媒介政治性内容注意程度对中央政府信任、地方政府信任的作用不论在监视环境动机较低的还是在监视环境动机较高的农民工群体之中都没有显著差异。

在表 6-9 的模型中，监视环境动机与媒介使用频率的交互项的回归系数均是显著的（中央政府信任：$p<0.01$；地方政府信任：$p<0.001$），这表明了媒介使用频率与中央政府信任、地方政府信任的关系受到了农民工监视环境动机差异的影响。具体来看，在模型 1 中，媒介使用频率透过媒介使用动机影响了中央政府信任，在同样的媒介使用频率下，监视环境动机的得分越高，其信任中央政府的几率也越高。伴随着媒介使用频率的增加，监视环境动机水平较低者和动机水平较高者的信任几率的差距会随之增加。在模型 2 中，当农民工并不具备监视环境动机时（监视环境动机 = 1），媒介使用频率每增加一个单位，其地方政府信任将会增加 0.472 分

（媒介使用频率变量的系数与交互项的系数，即 1.067 * 1-0.595=0.472）。当农民工使用媒体时所具备的监视环境动机越强烈，且媒介使用频率越高时，其地方政府信任感会更高。媒介使用动机因素在媒介使用频率与地方政府信任关系之间起到了调节作用。随着媒介使用频率的增加，不同的监视环境动机水平的农民工地方政府信任程度的差异会显著扩大。

表 6-9 媒介使用动机、媒介使用状况与农民工"中央—地方"政府信任的回归分析

	中央政府信任 b（Exp（B））	地方政府信任 b（SE）
	模型 1	模型 2
交互项		
监视环境动机	-0.998（0.369）	-0.424*（0.065）
媒介使用频率	-4.493*（0.011）	-0.595**（0.212）
媒介内容注意程度	0.243（1.275）	0.074（0.155）
监视环境动机 * 媒介使用频率	1.786**（5.967）	1.067***（0.072）
监视环境动机 * 媒介内容注意程度	-0.309（0.734）	-0.232（0.053）
控制变量（略）		
常数项	12.533（277471.908）	4.576（0.555）
F		7.219***
R^2		0.141
AdjR^2		0.121
-2LL	324.712	
Cox & Snell R^2	0.059	
样本量	724	723

注明：1. 参照组：[a]女性；[b]1980 年前出生的农民工；[c]非党员；[d]小学及以下；
[e]没有管理权力，只受别人管理；
[f]合资企业、私营企业及无单位灵活就业这三项非公有性质的单位；
[g]不认可政府工作人员对待市民和外来人口是平等的；
2. * p<.05， ** p<.01， *** p<.001。

资料来源：作者自制

2. 政治兴趣差异与媒介使用对政治信任的影响

为了检验媒介使用和“中央—地方”政治信任的关系是否受到农民工的政治兴趣差异因素的影响，在模型的调试过程中，我们添加了政治兴趣与媒介使用频率、媒介政治性内容注意程度的交互项，并以不同类型的政治信任为因变量。模型结果显示，仅在以地方政府信任为因变量的模型中，政治兴趣与媒介使用的交互项的回归系数才具有统计显著性，因此下文就围绕地方政府信任展开分析。

表 6-10 模型分别以地方政府信任为因变量，估计了政治兴趣与媒介使用频率、媒介政治性内容注意程度的交互效应。模型结果显示，首先，政治兴趣与媒介内容政治性的注意程度的交互项的回归系数在统计意义上均不显著，这也表示，媒介政治性内容注意程度对地方政府信任的作用不论在政治兴趣较低的还是在政治兴趣较高的农民工群体之中都没有显著差异。

其次，政治兴趣与媒介使用频率的交互项的回归系数是显著的，为 0.77（$p<0.05$），这表明了媒介使用频率与地方政府信任的关系都受到了农民工政治兴趣差异的影响。

具体来看，对于政治兴趣较低的农民工来说，在控制了其他变量之后，媒介使用频率对地方政府信任有着负向影响，但并不显著（媒介使用频率变量的系数为-0.003，但没有统计显著性）。而对于政治兴趣较高的农民工来说，其他因素不变，媒介使用频率每提升一个单位，其对地方政府信任上升了 0.767（媒介使用频率变量的系数与交互项的系数，即 $-0.003+0.77=0.767$）。由于政治兴趣较高的农民工的回归直线斜率的绝对值显然大于政治兴趣较低者，这也反映出了媒介使用频率对地方政府信任的影响在政治兴趣较高的农民工群体中的作用力更强。从上述模型可以看出，政治兴趣较高者和政治兴趣较低者两条回归直线并不相交，且政治兴趣较高者和政治兴趣较低者的回归直线的系数符号是相反的，随着自变量（媒介使用频率）的增加，不同政治兴趣的农民工的地方政府信任水平之间的差距将会逐渐拉大。

表 6-10　政治兴趣、媒介使用与农民工地方政府信任的回归分析

	地方政府信任 b（SE）
交互项	
政治兴趣[h]	-0. 646*（0. 398）
媒介使用频率	-0. 003（0. 075）
媒介内容注意程度	-0. 083（0. 056）
媒介使用频率 * 政治兴趣	0. 77*（0. 126）
媒介内容注意程度 * 政治兴趣	-0. 155（0. 099）
控制变量	
性别[a]	0. 113*（0. 059）
新生代农民工[b]	-0. 011（0. 064）
政治面貌[c]	-0. 011（0. 139）
教育程度[d]	
初中	0. 033（0. 101）
高中/中专	0. 112（0. 109）
大专及以上	0. 08（0. 126）
管理权力[e]	
高层	-0. 066*（0. 074）
中层	-0. 039（0. 072）
企业性质[f]	
政府/事业单位	-0. 071（0. 198）
国有/集体企业	-0. 139*（0. 112）
不公正对待[g]	-0. 204***（0. 062）
常数项	3. 377（0. 209）
F	3. 377***
R^2	0. 146
AdjR^2	0. 101
样本量	327

注明：1. 参照组：[a]女性；[b]1980 年前出生的农民工；[c]非党员；[d]小学及以下；

[e]没有管理权力，只受别人管理；

[f]合资企业、私营企业及无单位灵活就业这三项非公有性质的单位；

[g]不认可政府工作人员对待市民和外来人口是平等的；

[h]对政治不感兴趣者

2. * p<. 05， ** p<. 01， *** p<. 001。

资料来源：作者自制

3. 政治效能感差异与媒介使用对政治信任的影响

表6-11模型1-3以中央政府信任、地方政府信任与中央政府官员信任为因变量，分别估计了政治效能感与总体媒介使用频率、总体媒介政治性内容的注意程度的交互效应。

第一，关于政治效能感与媒介使用频率的交互项应部分，模型1-3的结果显示，政治效能感与总体媒介使用频率的交互项的回归系数在统计意义上具有显著性（$p<0.05$），这表明不同政治效能感的受众的媒介使用频率对上述三类政治信任的影响确实是有显著差异的，但影响的方式却有不同。

首先，在模型2中，对于政治效能感较低的农民工来说，控制了其他变量之后，媒介使用频率对地方政府信任不产生任何影响（模型2中媒介使用频率变量的系数为0）。比较而言，对于政治效能感较高的农民工，媒介使用频率与地方政府信任的关系呈现显著正相关，媒介使用频率每提升一个单位，其地方政府信任的水平将会提升0.536分（交互项的系数）。由此可见，媒介使用频率在政治效能感较低的农民工群体中并不发挥影响作用，而在政治效能感较高的群体中能够起到提升地方政府信任的作用。随着媒介使用频率的提升，政治效能感较高的农民工对地方政府信任水平将会更高，且与政治效能感较低群体之间的政治信任水平逐渐拉大。

其次，在模型1和模型3中，对于政治效能感较低的农民工来说，控制了其他变量之后，媒介使用频率对中央政府信任、中央政府官员信任均有着负向影响，但并不显著（模型1、3中媒介使用频率变量的发生比分别为0.845和0.816，但没有统计显著性）。对于政治效能感较高的农民工来说，媒介使用频率对中央政府政府、中央政府官员信任产生了积极影响作用，简而言之，在同样的媒介使用频率下，政治效能感较高者信任中央政府信任、中央政府官员的几率将会更高。

第二，关于政治效能感与媒介政治性内容的注意程度部分，在模型1-3中，政治效能感与总体媒介政治性内容注意程度的交互项的系数并不显著，这说明了不同政治效能感者的媒介政治性内容注意程度对“中央—地方”政治信任的影响并没有存在显著差异的。

表 6-11　政治效能感、媒介使用与农民工“中央—地方”政治信任的回归分析

	中央政府信任	地方政府信任	中央政府官员信任
	模型 1	模型 2	模型 3
交互项			
政治效能感[h]	-3.692（0.025）	-0.247（0.272）	-3.002（0.05）
媒介使用频率	-0.168（0.845）	0.000（0.074）	-0.204（0.816）
	模型 1	模型 2	模型 3
媒介内容注意程度	0.22（1.246）	-0.055（0.059）	-0.241（0.786）
政治效能感 * 媒介使用频率	1.741*（5.703）	0.536*（0.101）	1.473*（4.361）
政治效能感 * 媒介内容注意程度	-0.525（0.592）	-0.071（0.079）	-0.043（0.958）
控制变量（略）			
常数项	3.707（40.721）	3.402（0.213）	2.69（14.734）
F		5.376***	
R^2		0.162	
AdjR^2		0.132	
-2LL	207.118		304.688
Cox & Snell R^2	0.043		0.068
样本量	461	461	458

注明：1. 模型的控制变量为人口统计学变量（性别、年龄、政治面貌）、社会经济地位变量（教育程度、单位性质、管理权力）、在政府部门办事经历

2. 参照组：[a]女性；[b]1980 年前出生的农民工；[c]非党员；[d]小学及以下；

[e]没有管理权力，只受别人管理；

[f]合资企业、私营企业及无单位灵活就业这三项非公有性质的单位；

[g]不认可政府工作人员对待市民和外来人口是平等的；

[h]政治效能感较低者

3. * $p<.05$，** $p<.01$，*** $p<.001$。

资料来源：作者自制

二、大众传媒与农民工“中央—地方”政府信任的中间作用机制

本部分选取政治价值观、社会资本以及政治行为作为中介变量。中介效应研究的前提条件是自变量显著影响了因变量，在本研究中表现为新兴和传统媒介使用频率、新兴和传统媒介政治性内容注意程度分别对“中央—地方”政府信任的影响显著。通过上文的研究发现，满足这一前提条件的模型仅有传统媒介使用频率与地方政府信任关系（见表6-1 模型5）、新兴媒介政治性内容注意程度与中央政府信任、地方政府信任关系（见 6-4 模型1 和模型2）这三组模型，因此我们重点分析以中央政府信任、地方政府信任为因变量，传统媒介使用频率和新兴媒介政治性内容注意程度分别作为自变量的模型。

（一）政治价值观的中介效应检验

第一，在以传统媒介使用频率为自变量、地方政府信任为因变量的模型中（详见表 6-12），首先，传统媒介使用频率仅对地方政府信任的影响是显著的（P<0.001）。其次，我们进一步分析间接效应的回归系数，传统媒介使用频率对全局价值观的影响系数是显著的（P<0.05），全局价值观对地方政府信任的影响系数同样具有显著性（P<0.001）。再次，当控制了全局价值观的影响之后，传统媒介使用频率对地方政府信任的显著影响消失了，这说明全局价值观在传统媒介使用频率和地方政府信任之间起到中介效应，就影响水平来看，中介效应占总效应的 44.57%。这一结论很好地解释了传统媒介使用频率对地方政府信任的正面影响效应。传统媒介的使用形塑了农民工的全局价值观，突出表现为，当传统媒介的使用频率越高，农民工的全局价值观会越强烈。从中可知，全局价值观是传统媒介使用增加地方政府信任的中间机制。

第二，在以新兴媒介的政治性内容注意程度为自变量、中央政府信任为因变量的模型中（见表 6-13），新兴媒介的政治性内容注意程度对中央政府信任的总效应是显著的（P<0.001），中介变量的间接效应均具有显著性，但在控制了全局价值观的影响之后，新兴媒介的政治性内容注意程度对中央政

府信任的直接效应并不显著。因此，我们可以判断全局价值观在新兴媒介的政治性内容注意程度与农民工中央政府信任之间存在中介效应。

第三，在以新兴媒介的政治性内容注意程度为自变量、地方政府信任为因变量的模型中（见表6-14），我们发现，总效应和间接效应都是显著的，但新兴媒介的政治性内容注意程度对地方政府信任的直接效应并不显著。所以，全局价值观的中介效应显著，中介效应占总效应的比例为45.3%。

由此可见，全局价值观的削弱是新兴媒介使用降低中央政府、地方政府信任的中间机制。这一结论很直观地解释了新兴媒介使用对中央政府信任、地方政府信任的影响作用，即全局价值观变量对政治信任具有积极影响，对新兴媒介的政治性内容的关注降低了农民工的全局价值观水平，从而削减了农民工对中央政府的信任几率，削弱了农民工对地方政府信任度。

表6-12 全局价值观在传统媒介使用频率与农民工地方政府信任影响中的中介效应检验表

预测类型	b	SE	t	Sig
传统媒介使用频率→地方政府信任	0. 129	0. 03	3. 944	0. 000
传统媒介使用频率→全局价值观	0. 111	0. 086	2. 145	0. 033
全局价值观→地方政府信任	0. 518	0. 03	11. 28	0. 000
传统媒介使用频率→全局价值观→地方政府信任	0. 072	0. 049	1. 58	0. 115

表6-13 全局价值观在新兴媒介的政治性内容注意程度与农民工中央政府信任影响中的中介效应检验表

预测类型	b	SE	t/Wals	Sig
新兴媒介内容注意程度→中央政府信任	-0. 612	0. 19	10. 333	0. 001
新兴媒介内容注意程度→全局价值观	-0. 115	0. 082	-2. 184	0. 030
全局价值观→中央政府信任	1. 282	0. 261	24. 118	0. 000
新兴媒介内容注意程度→全局价值观→中央政府信任	-0. 316	0. 32	0. 975	0. 324

表 6-14 全局价值观在新兴媒介的政治性内容注意程度与农民工地方政府信任影响中的中介效应检验表

预测类型	b	SE	t	Sig
新兴媒介内容注意程度→地方政府信任	-0. 132	0. 03	-3. 919	0. 000
新兴媒介内容注意程度→全局价值观	-0. 115	0. 082	-2. 184	0. 030
全局价值观→地方政府信任	0. 52	0. 03	11. 311	0. 000
新兴媒介内容注意程度→全局价值观→地方政府信任	-0. 05	0. 047	-1. 072	0. 285

注明：表 12-14 中模型的控制变量为人口统计学变量（性别、年龄、政治面貌）、社会经济地位变量（教育程度、单位性质、管理权力）

资料来源：作者自制

（二）社会资本的中介效应检验

1. 社会信任、媒介使用与农民工的政治信任

在以传统媒介使用频率为自变量、地方政府信任为因变量的模型中，我们发现，间接效应部分中的传统媒介使用频率对社会信任的影响并不显著，若间接效应的回归系数中有一个不显著的话需要通过 Sobel 检验来判断中介效应是否存在。检验结果表明，社会信任变量对传统媒介使用频率和地方政府信任的关系的中介效应并不显著，检验结果为 $z=0.61$，$p=0.54$。

在以新兴媒介的政治性内容注意程度为自变量、中央政府信任为因变量的模型中（详见表 6-15），新兴媒介的政治性内容注意程度对中央政府信任的总效应是显著的（$P<0.001$），中介变量的间接效应均呈现统计意义上的显著性。在控制了社会信任变量的影响之后，新兴媒介的政治性内容注意程度对中央政府信任的直接效应并不显著。在这样的情况下，我们可以判断社会信任在新兴媒介的政治性内容注意程度与农民工中央政府信任之间的作用机制是中介效应。

在以新兴媒介的政治性内容注意程度为自变量、地方政府信任为因变量的模型中（详见表 6-16），首先，新兴媒介的政治性内容注意对地方政府信任的影响是显著的（$P<0.001$）。其次，我们进一步分析间接效应的

回归系数，新兴媒介的政治性内容注意对社会信任的影响系数是显著的（P<0.05）。当控制了新兴媒介的政治性内容注意的情况下，社会信任对地方政府信任的影响系数检验显著（P<0.001）。再次，在控制了社会信任变量的影响之后，新兴媒介的政治性内容注意程度对地方政府信任的直接效应依旧显著（P<0.01）。下一步我们需要检验间接效应系数乘积与直接效应系数的符号方向，间接效应乘积符号为负号（-0.079*0.262），直接效应的回归系数同为负号（-0.116），二者符号相同。鉴于此，我们可以判断社会信任在新兴媒介的政治性内容注意程度与农民工地方政府信任之间的作用机制是中介效应。就影响水平来看，社会信任对自变量和因变量之间的中介效应为15.68%。

综上所述，社会信任是新兴媒介影响中央政府信任、地方政府信任的中间机制之一。农民工对新兴媒介上的政治性内容的关注程度越高，其社会信任水平将会降低，而社会信任水平的削弱正是导致中央政府信任几率和地方政府信任水平下降的重要因素之一。

表6-15　社会信任在新兴媒介的政治性内容注意程度与农民工中央政府信任影响中的中介效应检验表

预测类型	b	SE	t	Sig
新兴媒介内容注意程度→中央政府信任	-0.612	0.19	10.333	0.001
新兴媒介内容注意程度→社会信任	-0.079	0.031	-2.023	0.043
社会信任→中央政府信任	1.654	0.276	36.008	0.000
新兴媒介内容注意程度→社会信任→中央政府信任	-0.165	0.256	0.414	0.52

表6-16　社会信任在新兴媒介的政治性内容注意程度与农民工地方政府信任影响中的中介效应检验表

预测类型	b	SE	t	Sig
新兴媒介内容注意程度→地方政府信任	-0.132	0.03	-3.919	0.000
新兴媒介内容注意程度→社会信任	-0.079	0.031	-2.023	0.043

续表

预测类型	b	SE	t	Sig
社会信任→地方政府信任	0. 262	0. 042	7. 098	0. 000
新兴媒介内容注意程度→社会信任→地方政府信任	-0. 116	0. 034	-3. 074	0. 002

注明：表 15-16 中模型的控制变量为人口统计学变量（性别、年龄、政治面貌）、社会经济地位变量（教育程度、单位性质、管理权力）

资料来源：作者自制

2. 社会组织参与、媒介使用与农民工的政治信任

在以传统媒介使用频率为自变量、地方政府信任为因变量的模型中（详见表 6-17），我们发现，传统媒介使用频率地方政府信任的总效应是显著的（P<0. 001），中介变量的间接效应也均为显著。在控制了社会组织参与变量的影响之后，传统媒介使用频率对地方政府信任的直接效应仍旧显著（P<0. 001）。在此情况下，我们需要进一步检验间接效应系数乘积与直接效应系数的符号方向。从模型中看出，间接效应乘积符号为负号（0. 117 * -0. 153），直接效应的回归系数却为正号（0. 147），二者的符号恰好相反。除此之外，传统媒介使用频率对地方政府信任的总效应（0. 129）的绝对值小于直接效应（0. 147）的绝对值。由此，我们可以判断社会组织参与在传统媒介使用频率与农民工地方政府信任之间的作用机制不是中介效应，而是遮掩效应，间接效应占直接效应的比例为 12. 18%。

在以新兴媒介的政治性内容注意程度为自变量、地方政府信任为因变量的模型中（详见表 6-18），首先，新兴媒介的政治性内容注意程度对地方政府信任的影响是显著的（P<0. 001）。其次，新兴媒介的政治性内容注意程度对社会组织参与的影响系数是显著的（P<0. 001）。在控制了新兴媒介的政治性内容注意程度变量的情况下，社会组织参与对农民工地方政府信任的影响具有显著性（P<0. 001）。第三，在控制了社会组织参与的情况下，新兴媒介的政治性内容注意程度对地方政府信任的直接效应也呈现显著性（P<0. 01）。最后，我们需要检验间接效应系数乘

积与直接效应系数的符号方向。间接效应乘积符号为负号（0.183 * -0.116），直接效应的回归系数同为负号（-0.11）。由于二者的符号方向相同，我们判断社会组织参与在新兴媒介的政治性内容注意程度对农民工地方政府信任信任影响上起到部分中介作用。就影响水平来看，中介效应比例为16.08%。

上述的研究结果说明，社会组织参与在媒介使用与地方政府信任之间存在“遮掩效应”和“中介效应”两种不同的作用机制。一方面，社会组织参与在传统媒介使用频率与地方政府信任之间的作用机制为遮掩效应，也就是说，在控制了社会组织参与变量后，会显著扩大不同的传统媒介使用频率的农民工之间的地方政府信任水平的差异。另一方面，社会组织参与在新兴媒介的政治性内容注意程度与地方政府信任之间发挥了部分中介效应，也就是说，新兴媒介政治性内容的关注促进了农民工的社会组织活动参与行为，社会组织活动参与行为会对地方政府信任产生削弱影响，由此可知，新兴媒介使用通过增进农民工的社会组织参与行为，间接性地导致了其对地方政府的信任水平的降低。

表6-17 社会组织参与在传统媒介使用频率与农民工地方政府信任影响中的中介效应检验表

预测类型	b	SE	t	Sig
传统媒介使用频率→地方政府信任	0.129	0.03	3.944	0.000
传统媒介使用频率→社会组织参与	0.117	0.051	3.632	0.000
社会组织参与→地方政府信任	-0.153	0.019	-4.671	0.000
传统媒介使用频率→社会组织参与→地方政府信任	0.147	0.03	4.513	0.000

表 6-18　社会组织参与在新兴媒介的政治性内容注意程度与农民工地方政府信任影响中的中介效应检验表

预测类型	b	SE	t	Sig
新兴媒介内容注意程度→地方政府信任	-0. 132	0. 03	-3. 919	0. 000
新兴媒介内容注意程度→社会组织参与	0. 183	0. 05	5. 575	0. 000
社会组织参与→地方政府信任	-0. 116	0. 019	-3. 49	0. 001
新兴媒介内容注意程度→社会组织参与→地方政府信任	-0. 11	0. 03	-3. 248	0. 001

注明：表 17-18 中模型的控制变量为人口统计学变量（性别、年龄、政治面貌）、社会经济地位变量（教育程度、单位性质、管理权力）

资料来源：作者自制

（三）政治行为的中介效应检验

通过系列模型的检验（具体过程可参照上文），我们排除了政治参与在传统媒介使用频率和地方政府信任、新兴媒介政治性内容注意程度和中央政府信任之间的中介作用。我们发现，政治参与仅在新兴媒介的政治性内容注意程度对农民工地方政府信任的影响上起到中介作用。

在以新兴媒介的政治性内容注意程度为自变量、地方政府信任为因变量的模型中（详见表 6-19），新兴媒介的政治性内容注意程度对地方政府信任的总效应是显著的（P<0. 001），中介变量的间接效应都具有显著性。在控制了政治参与的影响之后，新兴媒介的政治性内容注意程度对地方政府信任的直接效应同样显著（P<0. 01）。鉴于此，我们要检验间接效应系数乘积与直接效应系数的符号方向。间接效应乘积符号为负号（0. 204 * -0. 106），直接效应的回归系数同为负号（-0. 11），二者符号相同，因此可判断政治参与的中介效应是显著的，中介效应占总效应的 16. 38%。

表 6-19　政治参与在新兴媒介的政治性内容注意程度与农民工地方政府信任影响中的中介效应检验表

预测类型	b	SE	t	Sig
新兴媒介内容注意程度→地方政府信任	-0.132	0.03	-3.919	0.000
新兴媒介内容注意程度→政治参与	0.204	0.052	6.125	0.000
政治参与→地方政府信任	-0.106	0.019	-3.237	0.001
新兴媒介内容注意程度→政治参与→地方政府信任	-0.11	0.03	-3.225	0.001

注明：表 19 中模型的控制变量为人口统计学变量（性别、年龄、政治面貌）、社会经济地位变量（教育程度、单位性质、管理权力）

资料来源：作者自制

本章小节

本章分析了大众传媒与农民工“中央—地方”政治信任的影响关系，以下为本章的研究结果的摘要。

（一）大众传媒对“中央—地方”政治信任的直接影响

1. 新兴媒体、传统媒体与农民工的“中央—地方”政治信任

从媒介使用频率来看，在政治机构层面，媒介使用频率对“中央—地方”政治信任的影响效应呈现“央弱地强”的关系，即中央政府机构信任完全不受传统媒介曝光频率的作用，而地方政府机构（包括市级、区级政府）信任容易受到传统媒介使用频率的影响。在政治行动者层面，新兴媒体使用频率的增加会显著减弱农民工对地方政府官员的信任几率。

从媒介内容的注意程度来看，传统媒体的政治性内容对“中央—地方”政治信任并没有起到预期中的动员作用。但新兴媒体的政治性内容注意程度对农民工的中央政府信任、各级地方政府信任、地方政府官员信任水平均会产生不同程度的负面影响。

从媒介评价来看，传统媒体的信任程度能够显著提升农民工对中央政

府、中央政府官员、各级地方政府、地方政府官员的信任水平，新兴媒体信任变量对农民工的“中央—地方”政治信任的影响并不显著。

2. 社会政治环境、大众传媒与农民工的“中央—地方”政治信任

从媒介内容的角度来看，在政府机构层面，负面报道、正面报道会对农民工的各级地方政府信任产生影响作用，但与中央政府信任之间没有统计意义上的显著性。在政治行动者层面，一方面，农民工对负面报道的关注仅显著作用于地方政府官员信任水平。另一方面，农民工对正面报道的高度关注程度有助于提升其信任中央政府官员的几率。

从媒介评价的角度来看，中央媒体信任和地方媒体信任指标都是强有力的预测变量，它们对各级政治机构、政府官员信任均产生了显著的“正效应”。

（二）大众传媒对“中央—地方”政治信任影响机制

1. 大众传媒与农民工“中央—地方”政治信任的调节机制

相比于受众的人口统计学特征变量，个体的心理动机变量的调节效应更为显著。在农民工的“中央—地方”政治信任层面，年龄差异、教育程度差异假设并不成立，而受众的媒介使用动机和政治心理因素均起到一定的调节作用。

首先，媒介使用动机因素在媒介使用频率与中央政府、地方政府信任关系之间起到了调节作用，在同样的媒介使用频率下，监视环境动机的得分越高，农民工的中央政府信任几率和地方政府信任水平也越高。伴随着媒介使用频率的增加，监视环境动机水平较低者和动机水平较高者之间的信任差距会随之增加。

其次，媒介使用频率与地方政府信任的关系受到了农民工政治兴趣差异的影响。在政治兴趣较高的农民工群体中，媒介使用频率对地方政府信任的影响作用力更强，信任水平更高。随着自变量（媒介使用频率）的增加，不同政治兴趣的农民工的地方政府信任水平之间的差距将会逐渐拉大。

最后，在地方政府信任层面，媒介使用频率在政治效能感较低的农民工群体中并不发挥影响作用，在政治效能感较高的群体中却能够起到提升

地方政府信任的作用。随着媒介使用频率的提升，政治效能感较高的农民工对地方政府信任水平将会更高，且与政治效能感较低群体之间的政治信任水平逐渐拉大。在中央政府信任、中央政府官员信任层面，对于政治效能感较高的农民工来说，媒介使用频率对中央政府政府、中央政府官员信任产生了积极影响作用。在同样的媒介使用频率下，政治效能感较高者信任中央政府信任、中央政府官员的几率将会更高。

2. 大众传媒与农民工“中央—地方”政府信任的中间作用机制

总体而言，全局价值观、社会资本、政治参与行为在媒介使用和农民工的“中央—地方”政府信任之间均起到了中介作用。

首先，全局价值观是媒介使用影响“中央—地方”政府信任的中间机制。全局价值观变量对“中央—地方”政府信任具有积极影响，但不同类型的媒介使用对全局价值观产生了差异化作用。一方面，全局价值观是传统媒介使用促进地方政府信任的中间机制。当传统媒介的使用频率越高，农民工的全局价值观会越强烈，进一步提升了农民工对地方政府信任水平。另一方面，全局价值观的削弱是新兴媒介使用降低中央政府、地方政府信任的中间机制。对新兴媒介的政治性内容的关注会降低了农民工的全局价值观水平，从而削减了农民工对中央政府的信任几率，削弱了农民工对地方政府信任度。

其次，社会信任是新兴媒介影响中央政府信任、地方政府信任的中间机制之一。农民工对新兴媒介上的政治性内容的关注程度越高，其社会信任水平将会降低，而社会信任水平的削弱正是导致中央政府信任几率和地方政府信任水平下降的重要因素之一。

再次，社会组织参与在媒介使用与地方政府信任之间存在“遮掩效应”和“中介效应”两种不同的作用机制。一方面，社会组织参与在传统媒介使用频率与地方政府信任之间的作用机制为遮掩效应。另一方面，社会组织参与在新兴媒介的政治性内容注意程度与地方政府信任之间发挥了部分中介效应，新兴媒介使用通过增进农民工的社会组织参与行为，间接性地导致了其对地方政府的信任水平的降低。

最后，政治参与在新兴媒介的政治性内容注意程度对农民工地方政府信任的影响上起到中介作用，即对新兴媒介的政治性内容注意程度有助于鼓动线下的政治参与行为，更高的政治参与水平将会进一步降低地方政府信任度。

第七章

大众传媒与农民工“流入地—流出地”政治信任

第一节 大众传媒对农民工“流入地—流出地”政治信任的直接影响

依据农民工群体的流动特性，过往研究中都将农民工对基层政府的信任区分为两个部分：对务工所在的流入地政府信任和对老家所在的流出地政府信任。在第三章的分析中，受访农民工对流入地政府和流出地政府的信任度存在显著差异，即流入地政府的信任度要高于对流出地政府的信任度。基于此，本节首先将分析大众传媒因素对农民工“流入地—流出地”政府信任的作用，并比较二者的影响效应是否有所差异。然后，本章选取本次调查的农民工务工流入地 X 市作为考察对象，着重从流入地政府的能力和意愿的角度展开研究，考察大众传媒因素与对政府能力信任、对政府意愿信任之间的关系。

一、媒介使用频率与农民工的“流入地—流出地”政治信任

本部分重点关注在控制了受访者基本的人口统计学变量（性别、年龄、政治面貌）、社会经济地位变量（教育程度、单位性质、管理权力）、在政府部门办事经历等变量之后，媒介使用频率各项指标对流入地政府信任（包括对政府能力信任、对政府意愿信任）、流出地政府信任的影响效应。预测变量媒介使用频率指标涵盖如下：六类不同的媒介形式（报纸、杂志、广播、电视、网络、手机）的使用频率、新兴媒体和传统媒体的使用频率、社交媒体（微博、微信）的使用频率。表 7-1 报告了“流入地—流出地”政府信任的回归模型的结果。表 7-2 展示了对政府能力信任、对政府意愿信任的回归模型的结果。为了节约篇幅，表中仅列出了回归模型中的预测变量的回归系数。

首先，我们来看以流出地政府信任、流入地政府信任为因变量的回归模型结果。第一，表 7-1 中的模型 1 和模型 4 分别估计了各类媒体使用频率对流入地政府信任、流出地政府信任的净效应。从中发现，电视媒体表现出显著的影响力，农民工收看电视的频率能够拉高其对两地政府的信任度（流入地政府信任：$p<0.01$；流出地政府信任：$p<0.001$）。具体而言，控制了其他因素后，农民工收看电视的频率每增加一个单位，其对流出地政府和流入地政府的信任水平将会提升 0.116 分和 0.139 分。此外，广播媒体的收听频率与流出地政府信任呈负相关关系（$p<0.05$）。第二，传统媒体的使用频率越高，农民工对两地政府的信任水平越高（$p<0.001$）。农民工使用传统的频率每增加一个单位，其对流出地政府和流入地政府的信任水平将会提高 0.101 分和 0.089 分。相比之下，新兴媒体使用频率与两地政府信任呈反比，但没有统计显著性（见表 7-1 模型 2 和模型 5）。第三，社交媒体的使用频率与两地政府信任均不具有统计意义上的显著性。

接下来，我们重点聚焦于流入地政府信任，这与农民工的城市融入密切相关。在研究中选取对政府能力信任、对政府意愿信任两大维度进行考察。对政府能力信任主要是关于农民工对流入地的政府及政府官员的工作能力、效率层面的信任评价，而对政府意愿信任关注的是流入地的政府及

政府官员的诚信、民主等品质层面的信任评价。表 7-2 中可以看出，手机媒体使用频率与对政府能力信任、对政府意愿信任均有着显著的负相关（$p<0.05$）。除此之外，网络媒体使用频率能显著提升对政府能力的信任水平（$p<0.05$），杂志的阅读频率将会拉高对政府意愿的信任程度（$p<0.01$）。农民工使用传统媒体越频繁，其对政府意愿信任的得分越高（$p<0.01$），但传统媒体使用频率与对政府能力信任水平之间并没有统计意义上的显著性。

表 7-1 媒介使用频率和农民工的“流入地——流出地”政府信任的回归分析

	流入地政府信任 b（SE）			流出地政府信任 b（SE）		
	模型 1	模型 2	模型 3	模型 4	模型 5	模型 6
预测变量						
传统媒体使用频率		0.101** (0.036)			0.089** (0.043)	
新兴媒体使用频率		-0.004 (0.028)			-0.02 (0.034)	
社交媒体使用频率			0.03 (0.028)			0.027 (0.033)
报纸使用频率	0.062 (0.03)			0.064 (0.036)		
杂志使用频率	0 (0.113)			0.018 (0.043)		
广播使用频率	-0.035 (0.026)			-0.099* (0.03)		
电视使用频率	0.116** (0.022)			0.139*** (0.026)		
网络使用频率	0.027 (0.021)			0.005 (0.025)		
手机使用频率	-0.04 (0.029)			-0.044 (0.035)		

续表

自变量（略）	流入地政府信任 b（SE）			流出地政府信任 b（SE）		
常数项	3.212 (0.162)	3.678 (39.554)	3.365 (0.118)	3.209 (0.192)	3.233 (0.179)	3.355 (0.141)
F	3.627***	4.101***	3.855***	5.705***	5.933***	5.926***
R^2	0.08	0.07	0.061	0.121	0.098	0.091
AdjR^2	0.058	0.053	0.045	0.1	0.081	0.076
样本量	724	724	724	724	724	724

注明：1. 模型的控制变量为人口统计学变量（性别、年龄、政治面貌）、社会经济地位变量（教育程度、单位性质、管理权力）、在政府部门办事经历

2. * p<.05， ** p<.01， *** p<.001

资料来源：作者自制

表 7-2 媒介使用频率和农民工对政府能力信任、对政府意愿信任的回归分析

	能力型政府信任 b（SE）			意愿型政府信任 b（SE）		
	模型 1	模型 2	模型 3	模型 4	模型 5	模型 6
大众传媒变量						
传统媒体使用频率		0.056 (0.033)			0.063** (0.034)	
新兴媒体使用频率		0.021 (0.026)			-0.003 (0.027)	
社交媒体使用频率			0.009 (0.025)			0.016 (0.026)
报纸使用频率	0.055 (0.028)			0.021 (0.029)		
杂志使用频率	0.066 (0.033)			0.129** (0.034)		
广播使用频率	-0.025 (0.023)			-0.027 (0.024)		

续表

	能力型政府信任 b（SE）			意愿型政府信任 b（SE）		
	模型 1	模型 2	模型 3	模型 4	模型 5	模型 6
电视使用频率	−0.013 （0.02）			−0.028 （0.02）		
网络使用频率	0.096* （0.019）			0.066 （0.02）		
手机使用频率	−0.092* （0.027）			−0.1** （0.028）		
控制变量（略）						
常数项	3.139 （0.148）	2.942 （0.137）	3.098 （0.108）	3.33 （0.152）	3.122 （0.142）	3.225 （0.112）
F	6.73***	7.608***	7.966***	7.788***	8.604***	9.058***
R^2	0.139	0.122	0.119	0.158	0.136	0.133
$AdjR^2$	0.119	0.106	0.104	0.138	0.12	0.118
样本量	724	724	724	724	724	724

注明：1. 模型的控制变量为人口统计学变量（性别、年龄、政治面貌）、社会经济地位变量（教育程度、单位性质、管理权力）、在政府部门办事经历

2. * p<.05，** p<.01，*** p<.001

资料来源：作者自制

二、媒介政治性内容的注意程度与农民工的“流入地—流出地”政治信任

（一）不同类型的媒介内容注意程度与“流入地—流出地”政治信任

本文首先分别以流入地政府信任、流出地政府信任、对政府能力信任、对政府意愿信任为因变量，以个人特征、媒介使用频率为控制变量和以媒介政治性内容的注意程度为预测变量建立四个回归方程。

表 7-3 列出了媒介政治性内容的注意程度变量对因变量的净效应。结果显示，在控制了传统媒体、新兴媒体使用频率的情况下，传统媒体的政治性内容对“流入地—流出地”政府信任并没有起到假设中的宣传动员作

用。新兴媒体政治性内容的注意程度对农民工的流出地政府信任水平产生了显著的负面影响（$p<0.001$），即当农民工对新兴媒体的政治性内容的关注程度每提升一个单位，其对流出地政府的信任水平将下降 0.14 分。但新兴媒体与“对政府能力信任”“对政府意愿信任”之间并没有统计显著性。

在新放入两个媒介内容注意程度指标之后（见表 7-3），对比媒介使用频率与“流入地—流出地”政府信任、“对政府能力信任和对政府意愿信任”的回归模型（见表 7-1、表 7-2 的模型 2 和模型 5），除了流出地政府信任模型的调整后 R^2 从 0.081 提升至 0.098（见表 7-1 模型 5 和表 7-3 中模型 2），其余模型的拟合度并未得到改善，新加入的媒介内容指标没有产生显著影响。因此，对比媒介使用频率和不同类型的媒介内容注意程度的影响效果，媒介使用频率在更大程度上影响了农民工对“流入地—流出地”政府信任的状况以及“对政府能力信任和对政府意愿信任”的状况，而不同类型媒介的政治性内容注意程度的影响效果极其微弱。

表 7-3 不同类型的媒介内容注意程度与“流入地—流出地”政府信任、“对政府能力信任和对政府意愿信任”回归分析结果

	流入地政府信任 b（SE）	流出地政府信任 b（SE）	对政府能力信任 b（SE）	对政府意愿信任 b（SE）
	模型 1	模型 2	模型 3	模型 4
大众传媒变量				
传统媒体的政治性内容	0.002（0.029）	-0.034（0.035）	0.033（0.027）	0.02（0.028）
新兴媒体的政治性内容	-0.053（0.036）	-0.14***（0.043）	0.04（0.033）	0.045（0.034）
传统媒体使用频率	0.109**（0.039）	0.126**（0.002）	0.036（0.036）	0.047（0.037）
新兴媒体使用频率	0.008（0.029）	0.017（0.035）	0.007（0.027）	-0.017（0.028）
控制变量（略）				

续表

	流入地政府信任 b（SE）	流出地政府信任 b（SE）	对政府能力信任 b（SE）	对政府意愿信任 b（SE）
	模型 1	模型 2	模型 3	模型 4
常数项	3.213（0.152）	3.294（0.18）	2.916（0.139）	3.101（0.144）
F	3.672***	6.215***	6.727***	7.575***
R^2	0.072	0.116	0.125	0.138
$AdjR^2$	0.053	0.098	0.106	0.12
样本量	724	724	724	724

注明：1. 模型的控制变量为人口统计学变量（性别、年龄、政治面貌）、社会经济地位变量（教育程度、单位性质、管理权力）、在政府部门办事经历

2. * p<.05，** p<.01，*** p<.001

资料来源：作者自制

（二）特定媒介内容的注意程度与农民工的“流入地—流出地”政治信任

表 7-4 报告了三类媒介报道的特定性内容与农民工“流入地—流出地”政府信任、“对政府能力信任和对政府意愿信任”的关系作用。第一，在“流入地—流出地”政府信任层面，负面报道对两地政府信任均有着显著的削弱作用（流入地政府信任：p<0.05；流出地政府信任：p<0.001）。农民工对媒体中负面新闻的关注度每提升一个单位，其对流入地政府和流出地政府的信任水平分别下降 0.13 和 0.218 个单位。相比之下，涉及政府的正面报道、与群体利益相关的反映问题报道的影响作用并不显著。

第二，在“对政府能力信任和对政府意愿信任”层面，涉及政府的正面报道发挥出显著的教化动员作用。农民工对政府宣传动员报道的关注程度越高，其对流入地政府的能力、效率、诚信、民主等各方面的信任评价越高（对政府能力信任：p<0.05；对政府意愿信任：p<0.001）。涉及政府腐败违纪的负面新闻会对政府及政府官员品质方面的信任程度产生负面影响（p<0.01）。

在加入三项特定媒介内容的注意程度指标之后，表 5-23 中的各模型

调整后的 R^2 均有不同程度地提升，这也说明了加入了特定媒介内容的注意程度，尤其是负面报道和正面报道这两个变量后，模型的拟合度得以有效改善。通过上述分析，我们对两组媒介内容的影响效力进行比较，从中发现，对于“流入地—流出地”政府信任、“对政府能力信任和对政府意愿信任”而言，媒介内容依旧是影响政治信任的重要指标，其中结合媒体报道的特定结构性倾向所设定的测量指标对政治信任的影响效应更为明显且力度也更大。

表 7-4　特定媒介内容的注意程度与“流入地——流出地”政府信任、“对政府能力信任和对政府意愿信任”回归分析结果

	流入地政府信任 b（SE）	流出地政府信任 b（SE）	对政府能力信任 b（SE）	对政府意愿信任 b（SE）
	模型 1	模型 2	模型 3	模型 4
大众传媒变量				
负面报道	−0.13* （0.035）	−0.218*** （0.042）	−0.104（0.032）	−0.139** （0.033）
正面报道	0.102（0.039）	0.098（0.047）	0.114* （0.036）	0.193*** （0.037）
与群体利益相关的反映问题报道	0.095（0.039）	0.037（0.046）	0.059（0.036）	0.02（0.037）
总体媒介使用频率	0.058（0.044）	0.083* （0.052）	0.035（0.04）	0.023（0.041）
控制变量（略）				
常数项	3.101（0.149）	3.224（0.177）	2.877（0.137）	3.028（0.141）
F	4.156***	6.219***	7.25***	8.631***
R^2	0.081	0.116	0.133	0.155
$AdjR^2$	0.061	0.098	0.115	0.137
样本量	724	724	724	724

注明：1. 模型的控制变量为人口统计学变量（性别、年龄、政治面貌）、社会经济地位变量（教育程度、单位性质、管理权力）、在政府部门办事经历

2. * p<.05，** p<.01，*** p<.001

资料来源：作者自制

三、媒介评价与农民工的“流入地—流出地”政治信任

（一）中央、地方媒体可信度评价与“流入地—流出地”政治信任

表 7-5 中列出了中央媒体、地方媒体可信度评价对因变量的影响作用，模型中的回归系数表明，在控制了总体媒体使用频率和总体媒体政治性内容的注意程度之后，首先，中央媒体信任指标不仅对流入地政府的整体信任产生了显著的“正效应”（$p<0.001$），而且还提升了农民工对流入地政府的能力、效率、诚信、民主等各方面的信任评价（$p<0.05$）。其次，地方媒体信任指标与两地政府信任呈现正相关关系，这表明了对比较少信任地方媒体的农民工，选择信任地方媒体报道内容的农民工对两地政府的信任水平更高（$p<0.001$）。

表 7-5　不同层级媒体可信度评价与“流入地—流出地”政府信任、“对政府能力信任和对政府意愿信任”回归分析结果

	流入地政府信任 b（SE）	流出地政府信任 b（SE）	对政府能力信任 b（SE）	对政府意愿信任 b（SE）
	模型 1	模型 2	模型 3	模型 4
大众传媒变量				
中央媒体信任	0.139***（0.084）	0.051（0.098）	0.077*（0.078）	0.082*（0.081）
地方媒体信任	0.132***（0.051）	0.223***（0.06）	0.038（0.047）	0.045（0.049）
总体媒介使用频率	0.069（0.044）	0.089*（0.051）	0.029（0.041）	0.018（0.042）
总体媒体政治性内容注意程度	-0.027（0.034）	-0.129***（0.04）	0.063（0.032）	0.063（0.033）
控制变量（略）				
常数项	2.761（0.161）	2.819（0.19）	2.735（0.151）	2.871（0.156）
F	6.155***	9.711***	7.222***	8.156***

续表

	流入地政府信任 b（SE）	流出地政府信任 b（SE）	对政府能力信任 b（SE）	对政府意愿信任 b（SE）
	模型 1	**模型 2**	**模型 3**	**模型 4**
R^2	0.115	0.171	0.133	0.147
AdjR^2	0.097	0.153	0.114	0.129
样本量	724	724	724	724

注明：1. 模型的控制变量为人口统计学变量（性别、年龄、政治面貌）、社会经济地位变量（教育程度、单位性质、管理权力）、在政府部门办事经历

2. * p<.05，** p<.01，*** p<.001

资料来源：作者自制

（二）新兴、传统媒体可信度评价与“流入地—流出地”政治信任

表 7-6 的模型在控制了总体媒体使用频率和总体媒体政治性内容的注意程度之后，增加了两种不同类型的媒体信任度评价，目的是为了检验新兴媒体、传统媒体的信任度评价与农民工的“流入地—流出地”政府信任、“对政府能力信任和对政府意愿信任”的关系。

结果显示，传统媒体信任因素不仅对“流入地—流出地”政府信任产生促进作用，而且还提升了农民工对流入地政府及其官员的能力、效率、民主、诚信等方面的信任水平（流入地政府信任、流出地政府信任、对政府能力信任：$p<0.001$；对政府意愿信任：$p<0.01$），因此，农民工对传统媒体所报道的内容的信任度越高，其对两地政府信任水平也越高。而新兴媒体信任因素的影响作用呈现相反的趋势，但与因变量之间并没有统计显著性。

表 7-6　不同类型媒体可信度评价与“流入地—流出地”政府信任、“对政府能力信任和对政府意愿信任”回归分析结果

	流入地政府信任 b（SE）	流出地政府信任 b（SE）	对政府能力信任 b（SE）	对政府意愿信任 b（SE）
	模型 1	模型 2	模型 3	模型 4
大众传媒变量				
传统媒体信任	0. 264*** （0. 048）	0. 216*** （0. 058）	0. 143*** （0. 045）	0. 113** （1. 039）
新兴媒体信任	−0. 068（0. 039）	−0. 01（0. 046）	−0. 043（0. 036）	−0. 039（0. . 038）
总体媒介使用频率	0. 07（0. 043）	0. 091*（0. 052）	0. 027（0. 04）	0. 022（0. 042）
总体媒体政治性内容注意程度	−0. 047（0. 033）	−0. 143***（0. 04）	0. 058（0. 031）	0. 054（0. 032）
控制变量（略）				
常数项	2. 508（0. 19）	2. 426（0. 226）	2. 578（0. 177）	2. 816（0. 184）
F	6. 708***	8. 692***	7. 698	8. 098***
R^2	0. 125	0. 156	0. 14	0. 147
$AdjR^2$	0. 106	0. 138	0. 122	0. 129
样本量	723	723	723	723

注明：1. 模型的控制变量为人口统计学变量（性别、年龄、政治面貌）、社会经济地位变量（教育程度、单位性质、管理权力）、在政府部门办事经历

2. * p<. 05， ** p<. 01， *** p<. 001

资料来源：作者自制

第二节　大众传媒对农民工“流入地—流出地”政治信任的作用机制

一、大众传媒在农民工个体特征的条件下对“流入地—流出地”政治信任的影响

本部分选取了年龄、教育程度、媒介使用动机、政治兴趣、政治效能感作为调节变量，以检验农民工的人口统计学学特征、心理动机因素与整体的媒介使用状况对“流入地—流出地”政治信任的影响作用。

（一）农民工人口统计学特征与媒介使用对政治信任的影响

这一部分是检验媒介使用与“流入地—流出地”政治信任关系是否在不同的年龄、教育程度的农民工群体之间存在显著的差异，分别估计年龄、教育程度与媒体使用的主要解释变量的交互效应。因变量分别为流入地政府信任与流出地政府信任、对政府能力信任和对政府意愿信任。

1. 代际差异与媒介使用对“流入地—流出地”政治信任的影响

在模型的调试中，我们添加了年龄与媒介使用频率、媒介政治性内容的注意程度的交互项，目的是为了检验媒介使用与政治信任关系的年龄差异。研究结果显示，仅在以流出地政府信任为因变量的模型中，年龄与媒介使用频率、媒介政治性内容的注意程度的交互项的回归系数才具有统计显著性，我们对此展开讨论。

表 7-7 模型以流出地政府信任为因变量，分别估计了年龄与媒介使用频率、媒介政治性内容的注意程度的交互效应。模型 1 显示，年龄与媒介使用频率的交互项的回归系数是 0. 496（P<0. 05）。模型 2 得出，年龄与媒介政治性内容注意程度的交互项的回归系数是 0. 259（P<0. 05），这均说明了媒介使用频率、媒介政治性内容的注意程度对农民工流出地政府信任的影响是有显著的年龄差异。

具体来看，在模型 1 中，对老一代农民工而言，控制了性别、教育程

度、政治面貌、管理权力、企业性质等变量之后，媒介使用频率对流出地政府信任有着负向影响，但不存在显著性（模型 1 中媒介使用频率变量的系数为-0.061，但没有统计显著性）。而在新一代农民工中，其他因素不变，媒介使用频率每提升一个单位，其对流出地政府信任水平将会提升 0.435 分（媒介使用频率变量的系数与交互项的系数，即-0.061+0.496=0.435）。这也表明了媒介使用频率对流出地政府信任的影响在新生代农民工群体中的作用力更强。

在模型 2 中，对老一代农民工来说，控制了其他变量后，媒介政治性内容的注意程度对流出地政府信任有着显著的负向作用，即媒介政治性内容的注意程度每提升一个单位，其对流出地政府信任的得分将会下降 0.221 分（媒介内容注意程度变量的主效应为-0.221，P<0.001）。对新生代农民工而言，媒介政治性内容注意程度对流出地政府信任产生显著的正向影响，说明媒介政治性内容注意程度每提升一个单位，其对流出地政府信任的得分将会提升 0.038 分（对新生代农民工的影响为-0.221+0.259=0.038）。其中，老一代农民工的回归直线斜率的绝对值大于新生代农民工，这体现了媒介政治性内容的注意程度对流出地政府信任的影响在老一代农民工群体的作用更强。

总而言之，由于新生代和老一代农民工的回归直线的系数符号是相反的，也就是说，随着媒体使用频率、媒介政治性内容的注意程度的增加，不同年龄段农民工的流出地政府信任水平之间的差距将会逐渐拉大，即当媒介使用频率、媒介政治性内容注意程度越高，新生代农民工对流出地政府信任水平也越高。综上所述，在流出地政府信任层面，年龄差异假设得到验证。

表 7-7　代际差异、媒介使用与农民工的流出地政府信任的回归分析

	流出地政府信任 b（SE）	
	模型 1	模型 2
交互项		
新生代农民工[b]	-0.481*（0.281）	-0.22（0.168）
媒介使用频率	-0.061（0.083）	

续表

	流出地政府信任 b (SE)	
	模型 1	模型 2
媒介政治性内容注意程度		-0.221*** (0.068)
媒介使用频率 * 新生代农民工	0.496* (0.102)	
媒介政治性内容注意程度 * 新生代农民工		0.259* (0.082)
控制变量		
性别[a]	0.012 (0.051)	0.015 (0.051)
政治面貌[c]	0.018 (0.135)	0.015 (0.134)
教育程度[d]		
初中	0.013 (0.092)	0.023 (0.092)
高中/中专	0.046 (0.1)	0.082 (0.101)
大专及以上	0.05 (0.113)	0.091 (0.113)
管理权力[e]		
高层	0.004 (0.067)	0.009 (0.067)
中层	0.001 (0.064)	0.009 (0.064)
企业性质[f]		
政府/事业单位	0.000 (0.162)	0.003 (0.162)
国有/集体企业	-0.092** (0.099)	-0.084** (0.099)
不公正对待[g]	-0.271*** (0.055)	-0.288*** (0.054)
常数项	3.604 (0.246)	3.815 (0.161)
F	6.248***	6.572***
R^2	0.103	0.107
AdjR^2	0.086	0.091
样本量	724	724

注明：1. 参照组：[a]女性；[b]1980 年前出生的农民工；[c]非党员；[d]小学及以下；
[e]没有管理权力，只受别人管理；
[f]合资企业、私营企业及无单位灵活就业这三项非公有性质的单位；
[g]不认可政府工作人员对待市民和外来人口是平等的
2. * p<.05， ** p<.01， *** p<.001。

资料来源：作者自制

2. 教育差异与媒介使用对“流入地—流出地”政治信任的影响

在模型的调试中，我们添加了受教育程度与媒介使用频率、媒介政治性内容注意程度的交互项，以流入地政府信任与流出地政府信任、对政府能力信任和对政府意愿信任为因变量，目的是为了检验媒介使用与政治信任关系的受教育程度差异。

模型调试的结果显示，媒介使用频率和媒介政治性内容的注意程度对上述类型政治信任的影响作用都不会因农民工受教育程度的差异而发生改变（模型中受教育程度与媒介使用频率、媒介政治性内容的注意程度的交互项的回归系数都是不显著的）。

（二）心理动机差异与媒介使用对政治信任的影响

1. 媒介使用动机与媒介使用对政治信任的影响

为了检验媒介使用和“流入地—流出地”政治信任的关系是否受到农民工的媒介使用动机差异因素的影响，表 7-8 的模型 1-4 以流入地政府信任、对政府能力信任、对政府意愿信任为因变量，分别估计了监视环境动机与总体媒介使用频率、总体媒介政治性内容的注意程度的交互效应。

第一，关于监视环境动机与媒介使用频率的交互项应部分，模型 1-4 的结果显示，政治效能感与总体媒介使用频率的交互项的回归系数在统计意义上都具有显著性（流入地政府信任：$P<0.001$；流出地政府信任：$P<0.01$；对政府能力、意愿信任：$P<0.05$），这表明不同媒介使用动机的农民工的媒介使用频率对流入地政府信任（含对政府能力、意愿的信任）和流出地政府信任的影响确实是有显著差异的。

媒介使用动机因素在媒介使用频率与“流入地—流出地”政治信任关系之间起到了调节作用。媒介使用频率透过媒介使用动机影响了流入地政府信任（含对政府能力、意愿的信任）和流出地政府信任。在同样的媒介使用频率下，监视环境动机的得分越高，其信任度也越高。当农民工使用媒体时所具备的监视环境动机越强烈，且媒介使用频率越高时，其信任水平将会更高。随着媒介使用频率的增加，不同的监视环境动机水平的农民工“流入地—流出地”政治信任度之间的差异会随之扩大。

第二，关于监视环境动机与媒介政治性内容的注意程度部分，在模型

2-4 中，监视环境动机与总体媒介政治性内容注意程度的交互项的系数分别为-0.484、-0.501 和-0.442，而且在 0.05 的水平显著，这说明了媒介使用动机因素在媒介使用频率与流出地政府信任、对政府能力和意愿信任关系之间起到了调节作用，不同动机水平的农民工的媒介政治性内容注意程度对流出地政府信任、对政府能力和意愿信任的影响是存有显著差异的。在相同水平的媒介政治性内容关注程度下，监视环境动机的得分越高，流出地政府信任、对政府能力和意愿信任水平却越低。当农民工使用媒体时所具备的监视环境动机越强烈，且对媒介政治性内容注意程度越高时，上述三类政治信任水平将会更低。随着对媒介政治性内容注意程度的增加，不同的监视环境动机水平的农民工信任度之间的差异将会进一步扩大。

表 7-8 媒介使用动机、媒介使用状况与农民工“流入地—流出地”政治信任的回归分析

	流入地政府信任	流出地政府信任	对政府能力信任	对政府意愿信任
	模型 1	模型 2	模型 3	模型 4
交互项				
监视环境动机	-0.396* (0.069)	-0.294 (0.083)	-0.114 (0.063)	-0.041 (0.65)
媒介使用频率	-0.57** (0.225)	-0.454* (0.27)	-0.486* (0.207)	-0.446* (0.213)
媒介内容注意程度	0.03 (0.165)	0.283*** (0.198)	0.445* (0.151)	0.393* (0.156)
监视环境动机＊媒介使用频率	1.003*** (0.077)	0.882** (0.092)	0.778* (0.071)	0.688* (0.073)
监视环境＊媒介内容注意程度	-0.122 (0.056)	-0.487* (0.067)	-0.501* (0.052)	-0.442* (0.053)
控制变量（略）				

续表

	流入地政府信任	流出地政府信任	对政府能力信任	对政府意愿信任
	模型 1	模型 2	模型 3	模型 4
常数项	4.471 (0.59)	4.346 (0.709)	3.323 (0.543)	3.312 (0.558)
F	5.395***	6.434***	7.975***	9.452***
R^2	0.109	0.127	0.153	0.176
$AdjR^2$	0.089	0.107	0.134	0.158
样本量	724	724	724	724

注明：1. 参照组：[a]女性；[b]1980 年前出生的农民工；[c]非党员；[d]小学及以下；
[e]没有管理权力，只受别人管理；
[f]合资企业、私营企业及无单位灵活就业这三项非公有性质的单位；
[g]不认可政府工作人员对待市民和外来人口是平等的
2. * p<.05，** p<.01，*** p<.001。

资料来源：作者自制

2. 政治兴趣差异与媒介使用对政治信任的影响

为了检验媒介使用和“流入地—流出地”政治信任的关系是否受到农民工的政治兴趣差异因素的影响，在模型的调试过程中，我们添加了政治兴趣与媒介使用频率、媒介政治性内容注意程度的交互项。模型结果显示，仅在以流入地政府信任为因变量的模型中，政治兴趣与媒介使用的交互项的回归系数才具有统计显著性，因此下文就围绕流入地政府信任展开分析。

表 7-9 模型分别以流入地政府信任为因变量，估计了政治兴趣与媒介使用频率、媒介政治性内容注意程度的交互效应。模型结果显示，首先，政治兴趣与媒介内容政治性的注意程度的交互项的回归系数在统计意义上不显著，这也表示，媒介政治性内容注意程度对流入地政府信任的作用不论在政治兴趣较低的还是在政治兴趣较高的农民工群体之中都没有显著差异。

其次，在模型中，政治兴趣与媒介使用频率的交互项的回归系数均是显著的，为0.725（P<0.05），这表明了媒介使用频率与流入地政府信任的关系都受到了农民工政治兴趣差异的影响。

对于政治兴趣较低的农民工来说，在控制了其他变量之后，媒介使用频率对流入地政府信任有着负向影响，但并不显著（模型中媒介使用频率变量的系数分别为-0.011，但没有统计显著性）。而对于政治兴趣较高的农民工来说，其他因素不变，媒介使用频率每提升一个单位，其对流入地政府信任水平上升了0.714分（媒介使用频率变量的系数与交互项的系数，即-0.011+0.725=0.714）。由于政治兴趣较高的农民工的回归直线斜率的绝对值显然大于政治兴趣较低者，这也反映出了媒介使用频率对流入地政府信任的影响在政治兴趣较高的农民工群体中的作用力更强。从上述模型可以看出，政治兴趣较高者和政治兴趣较低者两条回归直线并不相交，且政治兴趣较高者和政治兴趣较低者的回归直线的系数符号是相反的，随着自变量（媒介使用频率）的增加，不同政治兴趣的农民工的流入地政府信任水平之间的差距将会逐渐拉大。

表7-9　政治兴趣、媒介使用与农民工流入地政治信任的回归分析

	流入地政府信任 b（SE）
交互项	
政治兴趣[h]	-0.435（0.432）
媒介使用频率	-0.011（0.082）
媒介内容注意程度	-0.032（0.061）
媒介使用频率＊政治兴趣	0.725*（0.136）
媒介内容注意程度＊政治兴趣	-0.258（0.108）
控制变量	
性别[a]	0.107（0.064）
新生代农民工[b]	-0.003（0.069）
政治面貌[c]	-0.076（0.151）
教育程度[d]	

续表

	流入地政府信任 b（SE）
初中	-0.01（0.11）
高中/中专	0.094（0.119）
大专及以上	0.057（0.137）
管理权力[e]	
高层	-0.065（0.08）
中层	-0.042（0.078）
企业性质[f]	
政府/事业单位	-0.044（0.215）
国有/集体企业	-0.055（0.122）
不公正对待[g]	-0.203***（0.068）
常数项	3.408（0.226）
F	2.565***
R^2	0.117
AdjR^2	0.071
样本量	327

注明：1. 参照组：[a]女性；[b]1980年前出生的农民工；[c]非党员；[c]小学及以下；

[e]没有管理权力，只受别人管理；

[f]合资企业、私营企业及无单位灵活就业这三项非公有性质的单位；

[g]不认可政府工作人员对待市民和外来人口是平等的；

[h]对政治不感兴趣者

2. * p<.05，** p<.01，*** p<.001。

资料来源：作者自制

3. 政治效能感差异与媒介使用对政治信任的影响

表7-10模型1-3以流入地政府信任、对政府能力信任、对政府意愿信任为因变量，分别估计了政治效能感与总体媒介使用频率、总体媒介政治性内容的注意程度的交互效应。

第一，关于政治效能感与媒介使用频率的交互项应部分，模型1-2的

结果显示，政治效能感与总体媒介使用频率的交互项的回归系数在统计意义上具有显著性（P<0.05），这表明不同政治效能感的受众的媒介使用频率对流入地政府信任、对政府能力信任的影响确实是有显著差异的。

在模型 1-2 中，政治效能感变量的调节效应表现出较为一致的影响趋势。对政治效能感较低的农民工来说，控制了其他变量之后，媒介使用频率对流入地政府信任、政府能力信任均有着负向影响，但并不显著（模型 1-2 中媒介使用频率变量的系数分别为-0.009 和-0.165，但没有统计显著性）。相比之下，对于政治效能感较高的农民工来说，其他因素不变，媒介使用频率对流入地政府信任、政府能力信任产生正向影响作用，媒介使用频率每提升一个单位，其流入地政府信任、对政府能力信任的水平依次上升了 0.548 分和 0.446 分（媒介使用频率变量的系数与交互项的系数，即-0.009+0.557=0.548 和-0.152+0.598=0.446）。由于政治效能感较高的农民工的回归直线斜率显然大于政治效能感较低者，这也说明媒介使用频率对流入地政府信任、政府能力信任的影响在政治效能感较高的农民工群体中的作用力更强。此外，政治兴趣较高者和政治兴趣较低者两条回归直线并不相交，且政治兴趣较高者和政治兴趣较低者的回归直线的系数符号是相反的，随着自变量（媒介使用频率）的增加，不同政治效能感的农民工之间的政治信任水平的差距将会逐渐拉大。换句话说，在同样的媒介使用频率下，政治效能感较高者，其流入地政府信任、对政府能力信任水平将会更高。

第二，关于政治效能感与媒介政治性内容的注意程度部分，在模型 3 中，政治效能感与总体媒介政治性内容注意程度的交互项的系数为-0.32，而且在 0.05 的水平显著，这说明了不同政治效能感者的媒介政治性内容注意程度对流入地意愿型政府信任的影响确实是存在显著差异的。具体而言，政治效能感较强的农民工和政治效能感较弱的农民工的回归直线斜率相是反的。对政治效能感较强者来说，媒介政治性内容注意程度和对政府意愿信任的关系呈负相关，即对媒体政治性内容关注度每提升一个单位，其意愿型政府信任水平将会下降 0.09 个单位（0.23-0.32=-0.09）；对于政治效能感较弱者来说，上述关系却呈现正相关，即对媒体政治性内容关注度每提升一个单位，其意愿型政府信任水平将会增加 0.23 个单位。随着

媒介政治性内容的注意程度的增加，两条回归直线渐行渐远，即不同效能感的农民工对政府意愿信任的影响差距将会逐步拉大，也就是说，随着媒介政治性内容关注度的提高，政治效能感较弱者的政治信任水平更高。除此之外，政治效能感较弱的农民工的回归直线斜率的绝对值大于政治效能感较强农民工，这从中也说明了媒介政治性内容注意程度对政府意愿信任的影响在政治效能感较弱农民工群体的作用更强。

表 7-10　政治效能感、媒介使用与农民工政治信任的回归分析

	流入地政府信任	对政府能力信任	对政府意愿信任
	模型 1	模型 2	模型 3
交互项			
政治效能感[h]	−0.211（0.289）	−0.183（0.266）	−0.002（0.283）
媒介使用频率	−0.009（0.079）	−0.152（0.073）	−0.165*（0.077）
媒介内容注意程度	0.053（0.063）	0.2（0.058）	0.23***（0.061）
政治效能感 * 媒介使用频率	0.557*（0.108）	0.598*（0.099）	0.506（0.106）
政治效能感 * 媒介内容注意程度	−0.181（0.084）	−0.23（0.077）	−0.32*（0.082）
控制变量（略）			
常数项	3.241（0.227）	3.029（0.209）	3.136（0.222）
F	3.483***	5.44***	5.96***
R^2	0.112	0.164	0.177
$AdjR^2$	0.08	0.134	0.147
样本量	461	461	461

注明：1. 模型的控制变量为人口统计学变量（性别、年龄、政治面貌）、社会经济地位变量（教育程度、单位性质、管理权力）、在政府部门办事经历

2. 参照组：[a]女性；[b]1980 年前出生的农民工；[c]非党员；[d]小学及以下；

[e]没有管理权力，只受别人管理；

[f]合资企业、私营企业及无单位灵活就业这三项非公有性质的单位；

[g]不认可政府工作人员对待市民和外来人口是平等的；

[h]政治效能感较低者

3. * p<.05，** p<.01，*** p<.001。

资料来源：作者自制

二、大众传媒与农民工“流入地—流出地”政治信任的中间作用机制

本部分选取农民工对流入地政府的公共政策了解程度、流入地的政府绩效评价、政治价值观、社会资本以及政治行为作为中介变量。中介效应研究的前提条件是自变量显著影响了因变量，在本研究中表现为新兴和传统媒介使用频率、新兴和传统媒介政治性内容注意程度分别对“流入地—流出地”政治信任的影响显著。通过上文的研究发现，仅有传统媒介使用频率与流入地政府信任（含对政府意愿信任）、流出地政府信任关系（见表7-1模型2和模型5、表7-2模型5）、新兴媒介政治性内容注意程度与流出地政府信任关系（见7-3模型2）这四组模型满足这一前提条件的模型，因此我们重点分析以流入地政府信任（含对政府意愿信任）、流出地政府信任为因变量，以传统媒介使用频率和新兴媒介政治性内容注意程度分别作为自变量的模型。

（一）对流入地政府的公共政策了解程度的中介效应检验

该部分依据X市所出台的针对农民工群体的公共服务和福利项目，主要探索大众媒介对流入地政府信任与惠及农民工的公共服务政策的影响。因此，我们重点检验对流入地政府的公共政策了解程度变量在传统媒介使用频率对流入地政府信任（含对政府意愿信任）影响方面的中介效应。

在以传统媒介使用频率为自变量、以流入地政府信任为因变量的模型中（详见表7-11），我们发现，总效应、间接效应以及直接效应的影响系数均为显著。在这样的情况下，我们要检验间接效应系数乘积与直接效应系数的符号方向。间接效应乘积符号为正号（0.203 * 0.096），直接效应的回归系数同为正号（0.12），二者符号相同，因此可判断对政策了解程度变量的中介效应是显著的，中介效应占总效应的13.92%。

在以传统媒介使用频率为自变量、对政府意愿信任为因变量的模型中（详见表7-12），传统媒介使用频率对政府意愿信任的总效应是显著的（P<0.05），中介变量的间接效应均呈现统计意义上的显著性（P<0.001）。在控制了对政策了解程度变量的影响之后，传统媒介使用频率对政府意愿

信任的直接效应并不显著。因此，我们可以判断农民工对政策的了解程度在传统媒介使用频率与政府意愿信任之间的作用机制是中介效应，中介效应占总效应的45.52%。

通过上述检验可以看出，农民工对流入地公共政策的了解程度是传统媒介使用影响流入地政府信任（含对政府意愿信任）的中间机制之一。农民工越频繁地使用传统媒介，他们将会越了解流入地的相关公共政策，进而提升了农民工对流入地政府的信任水平。

表7-11　对政策了解程度在传统媒介使用频率对农民工流入地政府信任影响中的中介效应检验表

预测类型	b	SE	t	Sig
传统媒介使用频率→流入地政府信任	0.14	0.031	4.271	0.000
传统媒介使用频率→对政策了解程度	0.203	0.142	6.357	0.000
对政策了解程度→流入地政府信任	0.096	0.007	2.87	0.004
传统媒介使用频率→对政策了解程度→流入地政府信任	0.12	0.032	3.613	0.000

表7-12　对政策了解程度在传统媒介使用频率对农民工流入地政府信任影响中的中介效应检验表

预测类型	b	SE	t	Sig
传统媒介使用频率→对政府意愿信任	0.066	0.031	2.012	0.044
传统媒介使用频率→对政策了解程度	0.203	0.142	6.357	0.000
对政策了解程度→对政府意愿信任	0.148	0.007	4.452	0.000
传统媒介使用频率→对政策了解程度→对政府意愿信任	0.038	0.031	1.13	0.259

注明：表7-11和表7-12中模型的控制变量为人口统计学变量（性别、年龄、政治面貌）、社会经济地位变量（教育程度、单位性质、管理权力）

资料来源：作者自制

（二）流入地政府绩效评估的中介效应检验

在该部分中，我们希望检验农民工对流入地政府绩效的评估在媒介使用与流入地政府信任之间是否具有中介效应。因为仅有传统媒介使用频率与流入地政府信任、政府意愿信任这两组模型满足中介效应分析的前提条件，所以我们着重对这两组关系进行检验。

在表7-13中可以看出，首先，传统媒介使用频率对流入地政府信任的影响是显著的（P<0.001）。其次，我们进一步分析间接效应的回归系数，传统媒介使用频率对政府绩效评估的影响系数是显著的（P<0.05）。当控制了传统媒介使用频率的情况下，政府绩效评估对流入地政府信任的影响系数检验显著（P<0.001）。再次，在控制了政府绩效评估变量的影响之后，传统媒介使用频率对流入地政府信任的直接效应依旧显著（P<0.001）。最后，间接效应乘积和直接效应的回归系数符号同为正号。鉴于此，我们可以判断政府绩效评估在传统媒介使用频率与农民工流入地政府信任之间的作用机制是中介效应。就影响水平来看，中介效应占总效应的16.89%。

在表7-14中，我们也同样验证了政府绩效评估在传统媒介使用频率与政府意愿信任之间的中介效应。具体来看，模型的总效应、间接效应均为显著（P<0.05），但在控制了政府绩效评估变量的影响之后，传统媒介使用频率对政府意愿信任的直接效应并不显著。由此可以推断，政府绩效评估的中介效应是显著的，其中介效应比例为71.06%。

总体来看，在传统媒介使用频率对农民工流入地政府信任（含对政府意愿信任）的影响方面，流入地政府绩效评价因素起到了中介的作用，假设得以验证。传统媒介通过对流入地政府政策信息的公开传达，能够显著地提高农民工对流入的政府工作的满意度，这不仅增进了农民工对流入地政府的信任度，还促进了其对流入地政府及政府官员的诚信品质方面的信任。

表 7-13　流入地政府绩效评估在传统媒介使用频率对农民工流入地政府信任影响中的中介效应检验表

预测类型	b	SE	t	Sig
传统媒介使用频率→流入地政府信任	0. 14	0. 031	4. 271	0. 000
传统媒介使用频率→流入地政府绩效评估	0. 081	0. 034	2. 477	0. 013
流入地政府绩效评估→流入地政府信任	0. 292	0. 028	9. 339	0. 000
传统媒介使用频率→流入地政府绩效评估→流入地政府信任	0. 116	0. 03	3. 696	0. 000

表 7-14　流入地政府绩效评估在传统媒介使用频率对农民工政府意愿信任影响中的中介效应检验表

预测类型	b	SE	t	Sig
传统媒介使用频率→对政府意愿信任	0. 066	0. 031	2. 012	0. 044
传统媒介使用频率→流入地政府绩效评估	0. 081	0. 034	2. 477	0. 013
流入地政府绩效评估→对政府意愿信任	0. 579	0. 024	21. 581	0. 000
传统媒介使用频率→流入地政府绩效评估→对政府意愿信任	0. 019	0. 025	0. 713	0. 476

注明：表 7-13 和表 7-14 中模型的控制变量为人口统计学变量（性别、年龄、政治面貌）、社会经济地位变量（教育程度、单位性质、管理权力）

资料来源：作者自制

（三）政治价值观的中介效应检验

第一，在以传统媒介使用频率为自变量、流入地政府信任（包含对政府意愿信任）和流出地政府信任为因变量的模型中（详见表 7-15、表 7-16、表 7-17），首先，传统媒介使用频率仅对上述的政府信任的影响是显著的（流入地、流出地政府信任：P<0. 001；对政府意愿信任：P<0. 05）。其次，我们进一步分析间接效应的回归系数，传统媒介使用频率对全局价值观的影响系数是显著的（P<0. 05），全局价值观对上述政府信任的影响系数同样具有显著性（P<0. 001）。再次，当控制了全局价值观的影响之后，传统媒介使用频率对上述政府信任的显著影响消失了，这说明全局价值观

在传统媒介使用频率和流入地政府信任、流出地政府信任、流入地政府意愿信任之间分别起到中介效应，就影响水平来看，中介效应依次占总效应的40.67%、69.63%和41.2%。从中可知，全局价值观是传统媒介使用增加流入地政府信任（包含对政府意愿信任）和流出地政府信任的中间机制。

第二，在以新兴媒介的政治性内容注意程度为自变量、流出地政府信任为因变量的模型中（见表7-18），新兴媒介的政治性内容注意程度对流出地政府信任的总效应是显著的（P<0.001），中介变量的间接效应均具有显著性，但在控制了全局价值观的影响之后，新兴媒介的政治性内容注意程度对流出地政府信任的直接效应并不显著。因此，我们可以判断全局价值观在新兴媒介的政治性内容注意程度与农民工流出地政府信任之间存在中介效应，中介效应占总效应的32.94%。

表7-15 全局价值观在传统媒介使用频率对农民工流入地政府信任影响中的中介效应检验表

预测类型	b	SE	t	Sig
传统媒介使用频率→流入地政府信任	0.14	0.031	4.271	0.000
传统媒介使用频率→全局价值观	0.111	0.086	2.145	0.033
全局价值观→流入地政府信任	0.513	0.03	11.096	0.000
传统媒介使用频率→全局价值观→流入地政府信任	0.07	0.05	1.534	0.126

表7-16 全局价值观在传统媒介使用频率对农民工政府意愿信任影响中的中介效应检验表

预测类型	b	SE	t	Sig
传统媒介使用频率→对政府意愿信任	0.066	0.031	2.012	0.044
传统媒介使用频率→全局价值观	0.111	0.086	2.145	0.033
全局价值观→对政府意愿信任	0.414	0.029	8.603	0.000
传统媒介使用频率→全局价值观→对政府意愿信任	0.046	0.047	0.957	0.339

表 7-17 全局价值观在传统媒介使用频率对农民工流出地政府信任影响中的中介效应检验表

预测类型	b	SE	t	Sig
传统媒介使用频率→流出地政府信任	0.125	0.038	3.808	0.000
传统媒介使用频率→全局价值观	0.111	0.086	2.145	0.033
全局价值观→流出地政府信任	0.464	0.038	9.698	0.000
传统媒介使用频率→全局价值观→流出地政府信任	0.09	0.062	1.903	0.058

表 7-18 全局价值观在新兴媒介政治性内容注意程度对农民工流出地政府信任影响中的中介效应检验表

预测类型	b	SE	t	Sig
新兴媒介内容注意程度→流出地政府信任	-0.162	0.037	-4.828	0.000
新兴媒介内容注意程度→全局价值观	-0.115	0.082	-2.184	0.03
全局价值观→流出地政府信任	0.464	0.038	9.698	0.000
新兴媒介内容注意程度→全局价值观→流出地政府信任	-0.089	0.059	-1.839	0.067

注明：表 7-15 和表 7-18 中模型的控制变量为人口统计学变量（性别、年龄、政治面貌）、社会经济地位变量（教育程度、单位性质、管理权力）

资料来源：作者自制

（四）社会资本的中介效应检验

1. 社会信任、媒介使用与农民工的政治信任

在以新兴媒介的政治性内容注意程度为自变量、流出地政府信任为因变量的模型中（详见表 7-19），首先，新兴媒介的政治性内容注意对流出地政府信任的影响是显著的（$P<0.001$）。其次，我们进一步分析间接效应的回归系数，新兴媒介的政治性内容注意对社会信任的影响系数是显著的（$P<0.05$）。当控制了新兴媒介的政治性内容注意的情况下，社会信任对流出地政府信任的影响系数检验显著（$P<0.001$）。再次，在控制了社会信任变量的影响之后，新兴媒介的政治性内容注意程度对流出地政府信任的直

接效应依旧显著（P<0.01）。最后，间接效应乘积符号和直接效应的回归系数符号同为负号。因此，我们可以判断社会信任在新兴媒介的政治性内容注意程度与农民工流出地政府信任之间的作用机制是中介效应。社会信任水平的削弱正是导致流出地政府信任水平下降的重要因素之一。就影响水平来看，社会信任对自变量和因变量之间的中介效应为9.66%。

表7-19 社会信任在新兴媒介政治性内容注意程度对农民工流出地政府信任影响中的中介效应检验表

预测类型	b	SE	t	Sig
新兴媒介内容注意程度→流出地政府信任	-0.162	0.037	-4.828	0.000
新兴媒介内容注意程度→社会信任	-0.079	0.031	-2.023	0.043
社会信任→流出地政府信任	0.198	0.054	5.33	0.000
新兴媒介内容注意程度→社会信任→流出地政府信任	-0.182	0.043	-4.782	0.000

注明：表7-19中模型的控制变量为人口统计学变量（性别、年龄、政治面貌）、社会经济地位变量（教育程度、单位性质、管理权力）

资料来源：作者自制

2. 社会组织参与、媒介使用与农民工的政治信任

第一，在以传统媒介使用频率为自变量、流入地政府信任和对政府意愿信任为因变量的模型中（详见表7-20和7-21），我们发现，传统媒介使用频率上述政府信任的总效应是显著的（流入地政府信任：P<0.001；对政府意愿信任：P<0.05），中介变量的间接效应也均为显著。在控制了社会组织参与变量的影响之后，传统媒介使用频率对上述政府信任的直接效应仍旧显著（流入地政府信任：P<0.001；对政府意愿信任：P<0.05）。在此情况下，我们需要进一步检验间接效应系数乘积与直接效应系数的符号方向。从模型中看出，间接效应乘积符号均为负号，直接效应的回归系数却都为正号，二者的符号恰好相反。除此之外，在上述模型中，传统媒介使用频率对上述政府信任的总效应的绝对值小于直接效应的绝对值。由此，我们可以判断社会组织参与在传统媒介使用频率与流入地政府信任、政府意愿信任之间的作用机制不是中介效应，而是遮掩效应，间接效应占

直接效应的比例分别为 7.28%和 11.7%。

第二，在以新兴媒介的政治性内容注意程度为自变量、流出地政府信任为因变量的模型中（详见表 7-22），首先，新兴媒介的政治性内容注意程度对流出地政府信任的影响是显著的（P<0.001）。其次，新兴媒介的政治性内容注意程度对社会组织参与的影响系数是显著的（P<0.001）。在控制了新兴媒介的政治性内容注意程度变量的情况下，社会组织参与对农民工流出地政府信任的影响具有显著性（P<0.001）。第三，在控制了社会组织参与的情况下，新兴媒介的政治性内容注意程度对流出地政府信任的直接效应也呈现显著性（P<0.001）。最后，间接效应乘积符号和直接效应的回归系数符号同为负号。由于二者的符号方向相同，我们判断社会组织参与在新兴媒介的政治性内容注意程度对农民工地方流入地信任信任影响上起到部分中介作用。就影响水平来看，中介效应比例为 11.97%。

上述的研究结果说明，一方面，社会组织参与在传统媒介使用频率与流入地政府信任、对政府意愿信任之间的作用机制为遮掩效应，也就是说，在控制了社会组织参与变量后，会显著扩大不同的传统媒介使用频率的农民工之间的信任水平的差异。另一方面，社会组织参与在新兴媒介的政治性内容注意程度与流出地政府信任之间发挥了部分中介效应。对新兴媒介政治性内容的关注促进了农民工的社会组织活动参与行为，社会组织活动参与行为会对流出地政府信任产生侵蚀作用。由此可知，新兴媒介使用通过增进农民工的社会组织参与行为，间接性地降低了其对流出地政府的信任水平。

表 7-20 社会组织参与在传统媒介使用频率对农民工流入地政府信任影响中的中介效应检验表

预测类型	b	SE	t	Sig
传统媒介使用频率→流入地政府信任	0.14	0.031	4.271	0.000
传统媒介使用频率→社会组织参与	0.117	0.051	3.632	0.000
社会组织参与→流入地政府信任	-0.094	0.02	-2.838	0.005
传统媒介使用频率→社会组织参与→流入地政府信任	0.151	0.031	4.591	0.000

表 7-21　社会组织参与在传统媒介使用频率对农民工政府意愿信任影响中的中介效应检验表

预测类型	b	SE	t	Sig
传统媒介使用频率→对政府意愿信任	0. 066	0. 031	2. 012	0. 044
传统媒介使用频率→社会组织参与	0. 117	0. 051	3. 632	0. 000
社会组织参与→对政府意愿信任	-0. 075	0. 02	-2. 268	0. 024
传统媒介使用频率→社会组织参与→对政府意愿信任	0. 075	0. 031	2. 27	0. 023

表 7-22　社会组织参与在新兴媒介政治性内容注意程度对农民工流出地政府信任影响中的中介效应检验表

预测类型	b	SE	t	Sig
新兴媒介内容注意程度→流出地政府信任	-0. 162	0. 037	-4. 828	0. 000
新兴媒介内容注意程度→社会组织参与	0. 183	0. 05	5. 575	0. 000
社会组织参与→流出地政府信任	-0. 106	0. 024	-3. 204	0. 001
新兴媒介内容注意程度→社会组织参与→流出地政府信任	-0. 142	0. 038	-4. 2	0. 000

注明：表 7-22 中模型的控制变量为人口统计学变量（性别、年龄、政治面貌）、社会经济地位变量（教育程度、单位性质、管理权力）

资料来源：作者自制

（五）政治行为的中介效应检验

通过系列模型的调试，我们发现，政治参与仅在新兴媒介的政治性内容注意程度对农民工流出地政府信任的影响上起到中介作用。

在以新兴媒介的政治性内容注意程度为自变量、流出地政府信任为因变量的模型中（详见表 7-23，新兴媒介的政治性内容注意程度对流出地政府信任的总效应是显著的（P<0. 001），中介变量的间接效应都具有显著性。在控制了政治参与的影响之后，新兴媒介的政治性内容注意程度对流出地政府信任的直接效应同样显著（P<0. 001）。因此，我们要检验间接效应系数乘积与直接效应系数的符号方向。间接效应乘积符号为负号

(0.204 * -0.126)，直接效应的回归系数同为负号（-0.136），二者符号相同，因此可判断政治参与的中介效应是显著的，中介效应占总效应的15.87%。

表7-23　政治参与在新兴媒介政治性内容注意程度对农民工流出地政府信任影响中的中介效应检验表

预测类型	b	SE	t	Sig
新兴媒介内容注意程度→流出地政府信任	-0.162	0.037	-4.828	0.000
新兴媒介内容注意程度→政治参与	0.204	0.052	6.125	0.000
政治参与→流出地政府信任	-0.126	0.023	-3.857	0.000
新兴媒介内容注意程度→政治参与→流出地政府信任	-0.136	0.038	-4.013	0.000

注明：表7-23中模型的控制变量为人口统计学变量（性别、年龄、政治面貌）、社会经济地位变量（教育程度、单位性质、管理权力）

资料来源：作者自制

本章小节

本章分析了大众传媒与农民工“流入地—流出地”政府信任的关系，以下为本章的研究结果的摘要。

（一）大众传媒对农民工的“流入地—流出地”政治信任的直接影响

1. 新兴媒体、传统媒体与农民工的“流入地—流出地”政治信任

从媒介使用频率来看，传统媒体的使用频率越高，农民工对两地政府的信任水平越高，其对流入地政府意愿信任的得分也越高，但传统媒体使用频率与对流入地政府能力信任之间没有统计意义上的显著性。

从媒介内容的注意程度来看，新兴媒体的政治性内容的注意程度仅对农民工的流出地政府信任水平产生显著的负面影响。从总体上来看，传统、新兴两种媒介类型的政治性内容注意程度变量的影响作用极其微弱。

从媒介评价来看，传统媒体信任因素对“流入地—流出地”政府信

任、"政府能力信任和政府意愿信任"均产生促进作用。

2. 社会政治环境、大众传媒与农民工的"流入地—流出地"政治信任

从媒介内容来看，媒介内容对"流入地—流出地"政治信任的影响主要体现在特定内容的报道方面。在"流入地—流出地"政府信任层面，负面报道对两地政府信任均有着显著的削弱作用。在对流入地的政府能力和政府意愿的信任层面，涉及政府的正面报道发挥能够出显著的教化动员作用，负面新闻对政府意愿的信任则产生侵蚀作用。

从媒介评价来看，中央媒体信任指标不仅对流入地政府的整体信任产生了显著的"正效应"，而且还提升了农民工对流入地政府的能力、效率、诚信品质等各方面的信任评价。地方媒体信任指标与两地的政府信任之间呈现正相关关系。

（二）大众传媒对"流入地—流出地"政治信任影响机制

1. 大众传媒与农民工"流入地—流出地"政治信任的调节机制

首先，对于流出地政府信任层面，"年龄"是有效的调节变量。随着媒体使用频率、媒介政治性内容的注意程度的增加，不同年龄段的农民工对流出地政府信任水平的差距将会逐渐拉大，即当媒介使用频率、媒介内容的注意程度越高，新生代农民工对流出地政府信任水平也越高。

其次，媒介使用动机因素在媒介使用与"流入地—流出地"政治信任关系之间起到了调节作用。一方面，当农民工使用媒体时所具备的监视环境动机越强烈，且媒介使用频率越高时，其"流入地—流出地"政治信任水平将会更高。随着媒介使用频率的增加，不同的监视环境动机水平的农民工政治信任度之间的差异会随之扩大。另一方面，不同动机水平的农民工的媒介政治性内容注意程度对流出地政府信任、对政府能力和意愿信任的影响是存有显著差异的。当农民工使用媒体时所具备的监视环境动机越强烈，且对媒介政治性内容注意程度越高时，上述三类政治信任水平将会更低。随着对媒介政治性内容注意程度的增加，不同的监视环境动机水平的农民工信任度之间的差异将会进一步扩大。

再次，媒介使用频率与流入地政府信任的关系受到了农民工政治兴趣差异的影响。随着媒介使用频率的提升，政治兴趣较高者的政治信任水平

也越高。

最后，“政治效能感”变量在媒介使用频率与政治信任的关系、媒介政治性内容的注意程度与流入地政府信任（含对政府能力、意愿信任）的关系之间均起到一定的调节作用。一方面，在对政府意愿信任层面，随着媒介政治性内容注意程度的增加，不同效能感的农民工对政府意愿信任水平的影响差距将会拉大。也就是说，随着农民工对媒介政治性内容关注度的提高，政治效能感较弱者的政治信任水平更高。另一方面，在流入地政府信任（包括对政府能力信任）层面，随着媒介使用频率的增加，不同政治兴趣的农民工的信任水平之间的差距将会逐渐拉大。在同样的媒介使用频率下，政治效能感较高者，其流入地政府信任、对政府能力信任水平将会更高。

2. 大众传媒与农民工“流入地—流出地”政治信任的中间作用机制

总体而言，对公共政策了解程度、政府绩效评估、权威主义的政治价值观、社会资本、政治参与行为在媒介使用和农民工的“中央—地方”政府信任之间均起到了中介作用。

第一，农民工对流入地公共政策的了解程度是传统媒介使用影响流入地政府信任（含对政府意愿信任）的中间机制之一。农民工越频繁地使用传统媒介，他们将会越了解流入地的相关公共政策，进而提升了农民工对流入地政府的信任水平。

第二，在传统媒介使用频率对农民工流入地政府信任（含对政府意愿信任）的影响方面，流入地政府绩效评价因素起到了中介的作用。传统媒介通过对流入地政府政策信息的公开传达，能够显著地提高农民工对流入的政府工作的满意度，这不仅增进了农民工对流入地政府的信任度，还促进了其对流入地政府及政府官员的诚信品质方面的信任。

第三，全局价值观变量对“中央—地方”政府信任具有积极影响，但不同类型的媒介使用对全局价值观产生了相反的作用。一方面，全局价值观是传统媒介使用促进流入地政府信任（包含对政府意愿信任）、流出地政府信任的中间机制。另一方面，全局价值观的削弱是新兴媒介使用降低流出地政府信任的中间机制。

第四，社会信任是新兴媒介使用影响流出地政府信任的中间机制之一。农民工对新兴媒介上的政治性内容的关注程度越高，其社会信任水平将会降低，而社会信任水平的削弱正是导致流出地政府信任水平下降的因素之一。

第五，一方面，社会组织参与在传统媒介使用频率与流入地政府信任、对政府意愿信任之间的作用机制为遮掩效应，也就是说，在控制了社会组织参与变量后，会显著扩大不同的传统媒介使用频率的农民工之间的信任水平的差异。另一方面，社会组织参与在新兴媒介的政治性内容注意程度与流出地政府信任之间发挥了部分中介效应。新兴媒介使用通过增进农民工的社会组织参与行为，间接性地降低了其对流出地政府的信任水平。

第六，政治参与在新兴媒介的政治性内容注意程度对农民工流出地政府信任的影响上起到中介作用，即对新兴媒介的政治性内容注意程度有助于促进线下的政治参与行为，高水平的政治参与将会降低流出地政府信任度。

第八章

研究的结论与讨论

本研究从大众传媒的视角探讨了农民工的政治信任问题，将研究置于社会转型时期中国传媒环境的大背景下，并且结合农民工的群体特征，探讨大众传媒对农民工政治信任的影响效应和机制。

前文的研究中主要考察了四组研究议题：第一，农民工政治信任的总体状况。本研究选取特定性与弥散性政治信任、中央与地方的政治信任、流入地和流出地的政府信任、对政府能力信任和对政府意愿信任这四组不同类型的政治信任指标展开描述，进一步结合人口结构和流动特点来分析农民工群体内部的政治信任水平的差异，尝试着从多角度总结出农民工群体政治信任的特征。

第二，农民工的媒介使用、媒介评价的整体状况。本研究分析城市农民工在媒体使用频率、媒介内容注意程度、媒介使用动机和媒介可信度评价方面的状况，探索在信息时代的“数字鸿沟”背景下的农民工媒介素养的特点。

第三，大众传媒对农民工政治信任的直接影响效果的分析，该部分主要回答“大众传播媒介是否对农民工政治信任产生影响”这一议题，研究中以特定性与弥散性政治信任、中央与地方的政治信任、流入地和流出地的政府信任、对政府能力信任和对政府意愿信任为因变量，探讨媒介使用、媒介评价因素与农民工不同类型政治信任之间的直接关系，比较不同传媒指标对不同类型政治信任的差异化影响效应。

第四，大众传媒对农民工政治信任的影响机制，该部分主要针对“大众传播媒介如何对农民工政治信任产生影响”这一问题进行分析。一方面，检验大众传媒和农民工政治信任的关系是否受到来自农民工人口统计学、心理动机因素等调节变量的影响；另一方面，试图考察对公共政策了解情况、政治绩效评估、政治价值观、社会资本、政治行为等变量在媒介使用与农民工的政治信任的关系中的中介作用。

根据前面章节的分析，本章梳理了主要的研究发现，进而就这些发现展开进一步讨论，最后指出研究的创新点、不足之处以及未来的研究展望。

第一节　本研究的主要发现

一、农民工政治信任的整体状况

近年来，党和国家出台了各种政策，推进农民工的市民化工作。由此可见，规模庞大的农民工群体是政府工作关注的重点对象。为了加快农民工市民化的进程，农民工对政治的信任态度是不可忽视的考察因素，因为农民工对政府的认可与信任有助于促进其在流入地的社会生活融入、政治融入。

围绕着对农民工政治信任问题，本研究细分了特定性与弥散性政治信任、中央与地方的政治信任、流入地和流出地的政府信任、对政府能力信任和对政府意愿信任这四组不同类型的政治信任指标，研究的数据分析显示：从静态的角度来看，总体而言，根据政治系统内部结构的不同，农民工群体的政治信任水平呈现出多层面、非均衡的格局，突出表现在三个方面：“硬核—保护带”的政治信任结构序列（弥散性政治信任高于特定性

政治信任)、“流出地—流入地”的基层政府信任区隔(流入地政治信任高于流出地政治信任)、“中央—地方”的政治信任差序格局(中央政治信任高于地方政治信任)。具体来看，农民工群体内部的政治信任分化现象并不显著，农民工的个体特征对不同类型的政治信任的影响程度也有不同。不同年龄、职业特征的农民工群体的政治信任水平存在一定差异。比起弥散性政治信任，特定性政治信任更易受到农民工个体特征的影响；农民工的个体特征对弥散性政治信任、流出地与流入地政府信任、政府能力信任和政府意愿信任几乎没有显著影响。

从动态的角度来看，一方面，农民工的政治信任变化主要集中于具体的政治运行过程中，但低层次政治信任的弱化趋向还未外溢至高层次的政治系统，因此仍处于可控范围，所以研究中并没有发现农民工群体中存在显著的信任流失现象。另一方面，农民工对人格的信任较低，对制度的信任程度较高，从中反映出农民工的政治信任正处于政治现代化的转型过程中，现代社会中法制化的制度改革以及农民工的职业非农化转型培育了其制度信任的品格。

二、农民工媒介使用、媒介评价的总体状况

本研究从大众传播媒介的视角切入，在分析大众传媒与政治信任的关系之前，我们也对信息时代下的农民工的媒介使用行为和媒介认知评价进行了剖析与讨论。

研究发现，从媒体使用动机来看，受访农民工通过使用媒体获取社会、政府方面信息的意愿是较为普遍而强烈的，具有一定的积极性。

从媒体使用频率来看，农民工普遍具有接触媒体的行为，其信息环境主要是由手机、电视和网络构成。新兴媒体使用频率远高于传统媒体，八成以上农民工常用微信。从媒体使用内容来看，无论是新兴媒体还是传统媒体，农民工对媒体内容的关注都存在着“重娱乐、轻政治”的趋向。农民工对媒体的政治性使用程度不高，形式较为单一，以单向性接收为主，倾向于关注与本群体利益相关的信息。此外，农民工的年龄、教育程度、收入水平、政治兴趣状况不仅制约了媒体使用频率，还深刻地影响了其对

媒体的政治性内容的注意程度。

从媒体的可信度评价来看，农民工在媒体信任方面存在着“央强地弱”的现象，即地方媒体的公信力低于中央媒体。农民工对传统媒体的信任度普遍高于对新兴媒体的信任度。

从上述分析中反映出数字鸿沟背景下的农民工媒介素养的整体状况，当前部分农民工群体对大众传播媒介尤其新兴媒体的依赖性较高、使用动机也较为积极，基本完成了兴趣接入、物质接入，而在内容接入方面却存在内容娱乐化、使用模式单一被动、参与互动水平低、对内容的辨识和分析能力不足等障碍。

三、大众传媒对农民工政治信任的直接影响

在上文对农民工群体的政治信任、媒介使用与评价的描述性研究的基础上，本研究重点分析了媒介使用、媒介评价与农民工分类政治信任的关系，研究数据也初步验证了大众传媒是农民工政治信任的有效预测变量之一。

首先，在暂不考虑对不同类型政治信任的差异化影响的前提下，我们尽可能归纳出多元化的大众传媒变量对政治信任的影响方向。

从媒介使用频率来看，传统媒介和新兴媒介对政治信任的影响效果截然相反。传统媒介使用频率的增加能够有效提升农民工的政治信任水平，而新兴媒体使用频率的增加将会对农民工的政治信任产生侵蚀的作用。

从媒介内容来看，对传统媒介政治性内容的关注程度越高，农民工的政治信任水平越高；与之相反，对新兴媒介政治性内容越为关注，农民工的政治信任水平越低。农民工对涉及政府腐败违纪的负面报道的关注将会削弱其政治信任水平，对正面报道的关注有助于提升其政治信任程度。

从媒介评价来看，中央媒体信任、地方媒体信任指标能够提升农民工的政治信任水平。传统媒体信任度对农民工的政治信任起到积极影响，而新兴媒体信任度对农民工的政治信任起到侵蚀的作用。

其次，在上述的基础上，我们进一步比较与总结不同类型传媒变量的相对影响效力，研究发现：第一，总体而言，媒介评价变量的影响效

果大于媒介使用变量，这也说明了媒介评价对于农民工政治信任具有相当重要性。尤其是对媒体公正度评价、中央和地方媒体信任、传统媒体信任指标均是较为有力的预测变量，能够渗透影响到农民工多种层面的政治信任。

第二，尽管媒介形式、媒介内容具有相当不同的内涵、意义与影响，但在本研究中，媒介形式和媒介内容密切相关，共同作用于农民工的政治信任的影响中。在我国的传媒语境下，同样主题的媒介内容在不同形式的媒介载体上有着差异化的呈现方式。从传播内容和受众参与度来看，诸如报纸、电视等传统媒体有着相对完整的管理机制和政策的保障，传统媒体的新闻生产过程通常需要经历“责编—编辑室主任—总编”三级审查模式，确保了其公信力和传播的正规、严谨、专业，但传统媒体受众对信息参与度低，互动性不强。互联网等新兴媒体市场开放，竞争激烈，管理机制不如传统媒体完善，在内容生产方面具有即时、交互、快捷、随采随发的优势，新兴媒体受众有更大的主动权和选择权，可以发布新闻信息，参与新闻评论，但丰富多元的信息内容鱼龙混杂，缺乏一定的严谨性。

第三，尽管媒介使用频率和媒介内容的注意程度变量实属不同的测量意涵，但二者均能对农民工的政治信任产生影响作用。媒介使用频率意味着媒介使用时间的累积，媒介内容注意程度则是突出了对媒介资讯内容的投入专注，这两种媒介使用方式均能够形塑农民工的政治态度。至于影响的方向，需要结合不同类型的媒介形式进行考察。

第四，不同类型的媒介不仅在对政治信任的影响方向上是相悖的，而且在影响机制方面也有所差异。传统媒体对政治信任的积极作用主要是通过媒介使用频率（曝光程度）的提升来实现的，而新兴媒介对政治信任的侵蚀效应则是通过对媒介内容的注意和投入程度来发挥影响的。

第五，媒介特定性内容的注意程度是一个不容忽视的解释变量，它反映了在国家威权监管下的传媒报道的特定结构性倾向。在某些类型的政治信任中，按照媒体报道的特定结构性倾向所设定的测量指标对政治信任的影响力度甚至大于依据媒介形式所划分媒介内容指标的作用。

最后，若结合不同类型的政治信任进行考察，我们发现：第一，大众传媒对不同类型政治信任的差异化影响效果和“硬核—保护带”的政治信任结构序列紧密相关。特定性政治信任的稳定性远低于弥散性的政治信任，所以易于受到大众传媒的影响。媒介使用频率、媒介特定性内容注意程度、媒介使用动机、媒介评价能明显地影响农民工的特定性政治信任，而对弥散性政治信任的影响极其微弱。导致这一区别的原因可能要追溯到这两种不同维度的政治信任的角色与特性。弥散性的政治信任处于政治信任序列中的硬核结构部分，而特定性政治信任处于硬核外围的保护带部分。硬核结构部分的整体稳定性高于保护带部分，越不容易受到外来冲击而产生波动，这种外来的冲击包含了媒体信息的影响和形塑。此外，值得一提的是，新兴媒体政治性内容的注意程度、新兴媒体信任指标对政治信任的侵蚀效应能够深入到弥散性政治信任层面，此点发现可作为当局传播媒介的策略参考，这从侧面也反映出了真正“注意”并且“认可”新兴媒体所报道的政治资讯会显著降低农民工的政治信任水平，而且这种负面效应将会渗透到政治系统中的较为稳定的“硬核部分”。

第二，大众传媒对不同层级政治信任的差异化影响效果和“中央—地方”的政治信任差序格局密切相关。一方面，无论是政治机构层面，还是政治行动者层面，媒介使用频率、媒介使用内容对“中央—地方”政治信任的影响效应呈现出“央弱地强”的关系，这恰好与政治信任的“央强地弱”的特性相反。需要注意的是，新兴媒体政治性内容的注意程度对政治信任的抑制作用体现在从中央到地方各层级政府系统中。

四、大众传媒对农民工政治信任的影响机制

为了进一步完善和丰富大众传播媒介对政治信任的影响效果研究，在对大众传媒与政治信任的直接关系展开研究的基础之上，本研究考察了影响大众传媒与政治信任的关系的调节效应和中介效应，以此来阐述大众传媒对农民工不同类型政治信任的多样化影响机制。

首先，将受众的主体因素纳入考察范畴，我们发现大众传媒和农民工政治信任的关系受到来自年龄、媒介使用动机、政治兴趣、政治效能感等调节变量的影响。

第一，随着媒体使用频率、媒介政治性内容的注意程度的增加，不同年龄段的农民工之间对流出地政府信任水平的差距将会逐渐拉大，即当媒介使用频率、媒介政治性内容的注意程度越高，新生代农民工的流出地政府信任水平也越高。

第二，相比于受众的人口统计学特征变量，个体的心理动机变量的调节效应更为显著。

媒介使用动机因素在媒介使用与政治信任关系之间起到了调节作用。一方面，当农民工使用媒体时所具备的监视环境动机越强烈，且媒介使用频率越高时，其政治信任水平将会更高。随着媒介使用频率的增加，不同的监视环境动机水平的农民工政治信任度之间的差异会随之扩大。

媒介使用频率与特定性政治信任、地方政府信任、流入地政府信任的关系都受到了农民工政治兴趣差异的影响。随着媒介使用频率的提升，政治兴趣较高者的政治信任水平要高于政治兴趣较弱者。

“政治效能感”变量在媒介使用频率与政治信任的关系、媒介政治性内容注意程度与政治信任的关系之间均起到一定的调节作用。一方面，在特定性政治信任、弥散性政治信任、中央政府信任、地方政府信任、中央官员信任、流入地政府信任、对政府能力信任的层面，随着媒介使用频率的提升，政治效能感较强的农民工对政治信任的水平将会更高，且与政治效能感较弱的群体的政治信任水平逐渐拉大。另一方面，在意愿型政治信任层面，随着农民工对媒介政治性内容关注度的提高，政治效能感较弱者比政治效能感较强的政治信任水平更高。

其次，本研究试图考察大众传媒与农民工政治信任的中间机制，研究显示，对公共政策了解程度、政府绩效评估、全局价值观、社会资本、政治参与因素在媒介使用对不同类型的政治信任的影响上起到中介作用。

第二节　本研究的几点讨论

一、从供给到需求：媒介传播效果的影响要素

影响媒介传播效果的要素主要来自传播内容的供给侧与需求侧两个层面，供给侧即媒体的生产过程，需求侧即受众个体的主观能动选择。

供给侧角度的影响因素可归纳为以下两类：一类是来自新闻机构，如记者、主编的政治偏好等；另一类是来自媒体机构外部的力量，如政府、媒体管理者、资助者、广告商（Sobbrio，2014）。

从供给方力量来看，媒体生产的偏误具体表现为：第一，议程设置。在新闻生产过程中，新闻媒体可在诸多媒体议题报道中突出某一议题，进而引导舆论与公众政治态度与行为（Dietram，2000）。因为一些议题是新闻机构给定的，新闻从业者决定着哪些信息是有新闻价值的，哪些没有，进而影响受众的信息获得。第二，框架理论。媒体对同一事实报道，通过选择语言，选择性地省略，或改变信息来源，可能会传达出完全不同的信息（Gentzkow & Shapiro，2010），进而影响公众舆论与态度（Scheufele，1999；Nelson et. al，1997）。

从供给侧来看，媒体供给的消息并非均衡的、完全客观的，但这并不意味着观众没有选择和阐释媒介信息方面的能动性。事实上，从需求侧的驱动视角来看，个体的媒体选择、媒介行为不是随机的，而是一个与已有个人特质、偏好相匹配的过程（Gentzkow et al，2016），这在一定程度上影响着媒介传播效果，甚至进一步对媒介体系的结构、内容及功能产生作用。首先，公众对志趣相投的新闻有着强烈的偏好，这导致市场媒体迎合公众取向进行报道，在一定程度上能消除媒体供给侧偏误的影响（Gentzkow & Shapiro，2010）。其次，因为受众的个体特征、心理偏好及需求具有显著的差异性，所以对于同一个报道的解读与接纳也会有所不同。受众对信息的接受过程，并非一个别动的过程，而是主动选择、诠释、解

读的过程，是对其个体偏好验证的过程。

上述媒体供给和需求的视角有助于我们重新审视国家、媒体和受众个体三者之间的影响关系。从供给侧的角度来看，伴随着社会主义市场经济制度的确立和完善，传媒业受到快速推进的商业化和政府行政管理之间所形成的双重影响，但中国媒体在经济体制改革与商品经济的发展环境下受益（Xu，1994），作为微观的传媒机构获得了经营自主权与相对独立的经济地位，因此，中国传媒既是政治治理结构的一部分，又承担了国家与社会的“中间领域”的关键角色，具有提供信息、凝聚公众意识、表达公众利益、舆论监督的多重功能，其对政治领域也产生了巨大的能动作用。

在这样的媒介环境影响下，中国媒体的一大特征就是在不同的“阅读区”之间存在显著的差异。例如，传统媒体和新兴媒体的影响差异，专业化生产的新闻和“草根新闻”之间的明显分野、中央媒体和地方媒体的权威性差异等。媒体通过多重的媒体文本来应对国家和市场的双重要求，文本中所包含了多重的意义趋向将会对受众的社会政治态度和价值观产生差异化的导向。

从需求侧的角度来看，我们也充分关注到了农民工群体的主体性问题。一方面，在第四章节中详细地分析了农民工群体的媒介使用、媒介评价的基本状况，当前农民工对新兴媒体的依赖性较高、使用动机也较为积极，但使用内容方面却存在内容娱乐化、使用模式单一被动、参与互动水平低、对内容的辨识和分析能力不足等障碍。由于资源分配和社会经济地位等因素的限制，从整体来看，农民工群体的媒介素养水平并不高，“内容型”数字鸿沟问题凸显，群体内部存在着显著的代际鸿沟和教育鸿沟，那么，这种由传播接入的差距所带来的资讯鸿沟问题是否会作用于农民工对媒体的解读效果，从而影响到政治态度的塑造？这有待今后的研究中进一步讨论。另一方面，民众的主体特征、偏好不仅是影响其政治行为（Kinder & Sears，1985；Rodrik，2014），也是影响到个体对媒体信息筛选、解读、诠释的关键因素（周树华、闫岩，2012）。民众在网络世界的互动过程中对各类咨讯信息并非来者不拒，而是存在着一个信息的自我选择机制。那么，农民工群体内部不同的特征差异、个体偏好是否会影响到媒体与政治信任的关系？我们的研究发现，年龄变量、媒介使用动机变量、政治兴趣变量、政治效能感变量在媒介使用与政治信任的关系之间起到了一定的调节作用，这从侧面反映了农民工群体的主体性差异将会强化或削弱媒介的传播效果。

二、新兴媒体的“双重效应”与“批判性公民”

当前中国正迈入信息交流的新时代，新兴媒体逐渐成为人们生活的必需品，深刻地影响甚至塑造人们政治参与形式与话语表达方式。自从新兴媒体开始普及以来，学者们对新兴媒体的政治属性的相关研究也日益增多。

与传统媒体的“封闭性”“单向交流性”相比，新兴媒体则是一个相对开放、互动和多元的媒体平台。它强调“以受众为主导”，采用双向交流模式，允许受众参与信息的生产、发布、分享和反馈。在新兴媒体平台上，使用者将接收到更多元化的信息、增大参与公共生活的机会，从而促进受众的民主导向（Dahlgren，2005）。互联网的使用能够促进公众更为积极的政治表达，同时增强用户进一步获取政治信息的能力（陈福平，2013）。一些研究者甚至表示，新兴媒体很可能已经成为培育“批判性公民”文化的天然土壤（游宇、王正绪等，2017）。

（一）关于新兴媒体的“双重效应”

新兴媒体不仅是信息技术的创新，也蕴含着政治沟通的重要变革。韦尔奇等人的研究显示，互联网接触并不一定会降低民众的政治信任水平（Welch et al，2005）。对于基层民众而言，新兴媒体赋予了公众更多的知情权、话语权和监督权。民众通过新兴媒体的平台不仅能够更多地获得政府信息，而且能够反映问题，表达诉求，对党政部门展开监督。对于政府而言，伴随着新兴媒体的高速发展，政府也纷纷开通官方微博和官方微信、设立网络发言人，并主动与网友们互动、释疑。新兴媒体平台不仅能够更多地帮助政府了解民生，了知民意，推动有效社会治理，而且能够及时回应民众的关切和质疑，化解公共危机事件，建立友善互信的政民关系。可见，网络的兴起为国家治理带来了新的机遇，为政民沟通提供了快

捷、有效的渠道和平台。

但是，新兴媒体具有两面性，它能够为政治信任建设搭建平台，但也会滋生负面效应，成为解构政治信任的力量（上官酒瑞，2013）。关于新兴媒体对政治信任的负面效应，在本研究中也得到了一定的验证。首先，新兴媒体和传统媒体使用、评价对于农民工政治信任的影响形成了鲜明的反差：新兴媒体的使用与评价会拉低了农民工对政治的信任水平，而后者则与之正相关。农民工对新兴媒体所传播信息的信任水平越高，其对政治系统的信任度越低。但是，传统媒体信任水平与政治信任之间呈正相关。其次，不同类型的媒介不仅在对政治信任的影响方向上是相悖的，而且在影响机制方面也有所差异。传统媒体对政治信任的积极作用主要是通过媒介使用频率（曝光程度）的提升来实现的，而新兴媒介对政治信任的削弱效应则是通过对媒介内容的注意和投入程度来发挥影响的。最后，新兴媒体政治性内容的注意程度、新兴媒体信任指标对政治信任的侵蚀效应能够深入到弥散性政治信任层面，这从侧面也反映出了真正“注意”并且“认可”新兴媒体所报道的政治资讯将会显著冲击到到农民工对政治系统中的较为稳定的“硬核部分”的信任水平。此外，新兴媒体政治性内容的注意程度对政治信任的抑制作用体现在从中央到地方各层级政府系统中。

以上的几点研究结论也反映出新兴媒体的传播内容对于民众政治态度的塑造发挥着强有力的影响效果，如前所述，这种负面效应与新兴媒体的技术属性密切相关。从传播速度来看，新兴媒体对于时事新闻反映迅速、传播快捷，而传统媒体的传播速度受到采访方式、版面、播放时间等方面的限制。从传播内容来看，在内容生产方面属于开放式，具有即时、交互、随采随发的优势，其审查把关制度不如传统媒体严格。从受众参与度来看，新兴媒体给予受众多对多的传播路径，受众与传播者相结合，可以发布新闻信息，参与新闻评论。由此可见，新兴媒体天然具有两面性，其优势在于信息丰富、时效性强、互动性强，但公信力、权威性不如传统媒体，在议程设置、内容尺度方面可能出现导向偏差和信息失真。

就目前而言，因为新兴媒体即时、互动、快捷的传播特点增加了舆论监管的难度，提高了民众对政府处理舆论危机能力的要求，新兴媒体的发

展对各个国家的政治生活来说都是一种巨大的挑战。相比传统媒体，新兴媒体构成一条不易受国家监管的政治传播渠道（卢春龙、严挺，2016），处于信息化时代与转型期中国如何应对新兴媒体带来的治理挑战，这也成为学界的重要研究议题。

党的十八大以来，习近平总书记多次就推动媒体融合发展、提高虚拟社会管理水平等议题作出深刻阐述和重要部署。当前全国各级媒体迅速推进传统媒体与新兴媒体深度融合，创新传播手段，发挥新兴媒体的积极作用，打造新型主流媒体，连通官方与民间两个舆论场，搭建政府和民众之间的沟通桥梁，这也许是培育基层民众的政治信任、消弭“塔西佗陷阱”的有效途径之一。

（二）关于“批判性公民”

有学者认为在网络社会中，一些以新生代流动人口为主体的流动人口群体已经渐渐成长为一批“批判性公民”。他们不再满足于经济条件和生活水平的改善，在后物质主义价值观的影响下，流动人口对政府服务和政治参与也有着更高的需求，从而降低了对政府的信任程度（朱荟，2016）。所谓的“批判性公民”主要表现在以下方面：一方面，一部分公众不容易完全信任政府；另一方面，有些公众有时会挑战政府权威。这种公民文化的产生与后工业化时代民众物质生活的满足、教育程度的提高密切相关。伴随着社会经济发展所带来的公民民主与权利观念的逐步增强，公民对政治机构的期待与需求也随之提升，同时也更愿意参加政治活动来表达自身的利益诉求（Inglehard，1990；Norris，2011）。这种高层次的需求和对政府持续攀升的期望，造成了公民主观期望与政府现实能力之间的强烈反差，进而引发公众的失望情绪，乃至削弱其对政府的信任（芮国强、宋典，2015）。

本研究发现新兴媒体的使用是降低农民工政治信任的因素之一，在新兴媒体的使用方面，农民工群体内部存在显著的代际鸿沟和教育鸿沟，新一代农民工、受教育程度较高的农民工、政治兴趣较高的农民工对新兴媒体的使用频率更高，且对新兴媒体的政治性内容的关注程度更为深入。但是，在进一步检验农民工年龄、教育程度、政治兴趣等因素对大众传媒和

农民工政治信任的关系的调节作用时，我们并未发现上述群体（即新一代农民工、受教育程度较高的农民工、政治兴趣较高的农民工）的政治信任水平因新兴媒体的使用而降低。这也说明了上述研究中认定一部分农民工群体已经渐渐成长为一批“批判性公民”的观点值得商榷。“批判性公民”文化是建立在经济现代化和以城市生活、非体力劳动为主要职业形态的社会环境中，由社会文化价值观的转型所形塑，与后物质主义价值观的兴起密切相关。“批判性公民”的自我表达的愿望强烈，具有更高的社会宽容度，对政治和社会权利的要求凸显。在调研过程中，我们发现多数的农民工依旧奔波于日常生计之中，基础的物质需求仍未得到相应的满足。很显然，绝大多数处于社会较为底层的农民工群体还不属于“批判性公民”。但不可否认的是，新兴媒体的兴起和发展强化了公民能动性，极大地改变了公民与国家之间的互动关系，同时也促进了受众的自我表达价值观的发展，这在一定程度上也孕育着政治文化的变迁。在当前国家经济经历几十年的高度增长以及民众物质生活水平显著提升的社会背景下，如何因应信息全球化浪潮中新兴媒体使用者的诉求和价值观的变化是一个迫在眉睫的问题。

第三节　研究创新、研究不足与未来研究展望

一、研究创新

第一，从研究测量来看，以往的研究中的概念测量不够精细化，不同学者考察的重点不同，导致他们对变量的操作化内容也不同，这也是众多研究结论莫衷一是的主要原因。本研究中针对大众传媒变量和政治信任变量的测量内容更加全面多元，以区别比较不同媒介的测量内容对不同层次、不同类型政治信任影响的差异化效应和机制。

第二，从研究对象来看，在以往研究中，农民工群体的政治信任是一个尚未得到应有重视的关键议题。一方面，本研究在分析农民工政治信任

的现状的基础上，力图呈现城乡二元身份的农民工群体独有的政治信任特点。如考虑到具有城乡二元身份的农民工的政治信任是否会体现出传统向现代社会转型的特征，或者在城市融入中遭遇社会排斥是否会产生政治信任危机？他们对不同类型、层级的政治信任的信任程度是否有差异？不同个体特征的农民工的政治信任水平是否存在显著差异？另一方面，在分析农民工政治信任整体状况的基础之上，选取大众传媒视角作为研究切入点，探讨大众传媒对政治信任的影响效应和作用机制。

第三，从研究视角来看，当前国内研究中重点关注制度绩效、政治文化、社会资本等因素对政治信任的解释作用，相比之下，大众传播媒介作为解释政治信任的一个重要视角，未得到国内研究者的足够重视。本研究从大众传播媒介的视角切入，并结合社会转型时期中国传媒环境的背景进行分析。

第四，从研究内容来看，除了揭示大众传媒对政治信任的直接作用关系外，一方面，本研究还引入政府绩效、政治价值观、社会资本、政治行为作为中介变量，意图建构大众传媒视角与政府绩效视角、社会文化视角之间的对话桥梁，深入探讨当中可能存在的作用机制。另一方面，本研究充分关注到媒介受众的主体性，将受众个体的人口统计学、心理动机因素的差异性特征纳入考量范畴，分析了个体因素和大众传媒因素之间的交互作用，以此检验大众传媒和农民工政治信任的关系是否受到来自农民工人口统计学、心理动机因素等调节变量的影响。通过对上述两种作用机制或影响路径的探讨，避免了仅仅停留在简单地考察自变量与因变量的关系，使得研究内容更富有深度，同时也能更充分地揭示大众传媒与农民工的政治信任之间的作用关系。

二、研究不足

本研究探讨了大众传媒对农民工不同类型政治信任的影响效应和作用机制，检验了本研究提出的基本假设，虽然部分得到了调查数据的支持，但同时也发现了研究中依旧存在着不足，这些不足可能会使研究结论存有一定的误差，需要在未来的研究中进一步完善和改进。这些不足之处包括：

（一）理论方面的问题

整体而言，本研究的主题涉及到跨学科的理论，包括社会学、政治学与传播学，这三个学科对于解释传播媒介对政治的影响效果有着不同的分析视角和观点，因而本研究致力于相关理论之间的整合，将传播的效果研究放置在更广阔的政治、社会、传媒制度的背景下，希望能够对学科之间的整合以及政治传播研究理论的本土化有所贡献。

随着研究的开展，我们也尝试着从本土实情出发，广泛搜索各学科的相关知识，梳理媒介的传播效果理论，从中选择能够操作化的概念和框架。但限于作者的能力，整合工作仍处于初步阶段，仅仅结合我国的传媒环境、体制背景对西方某些传媒效果理论、假设进行厘清、梳理和验证，还未能为大众传媒的政治效果提出一个可供实证检验的本土化的理论模型和分析框架。

（二）方法方面的问题

1. 数据资料收集方面

首先，本研究主要采用定量研究方法，通过问卷法来进行数据资料的收集。在调查城市的选择上，考虑到调查的便利性因素，最终确定只在X市展开问卷调查。X市具有较高的城市现代化水平和较为丰富便利的媒介信息环境，代表了东部沿海城市发展综合实力较强的城市类型。因此本研究缺乏其他类型的城市样本，这对于准确把握我国城市农民工的政治信任和媒介使用状况而言显然是不够全面的，单一的调查地点可能会导致数据的代表性不足。若将本研究的结论推论到全国恐怕仍有一定的距离，这也是未来需要努力的方向。

其次，本研究旨在探索大众传媒对农民工政治信任的影响机制问题。在影响机制方面的研究中，我们初步分析了大众传媒和农民工政治信任关系中的调节效应和中介效应。实际上，一方面政治信任本属于政治态度范畴，仅仅依靠量化指标，无法完全窥探和把握民众对政治系统的心理态度；另一方面，传媒对政治影响效果与机制纷繁复杂，既受到宏观的社会、政治、文化因素的影响，同时也受到微观受众个体特征、偏好的制约。这些因素也导致在对量化研究结果进行解释时缺乏深度，可见仅依靠量化研究的数据材料是不够的，无法客观全面地呈现自变量与因变量之间多元复杂的机制关系。未来的研究中最好能够采用混合研究方法，针对调查对象开展访谈收集资料，以此充实、深化对研究问题的描述与解释。

2. 变量测量方面

相比于过往的国内相关研究，我们在核心变量的测量方面做了一些拓展和探索，希冀丰富和完善大众传媒和政治信任的测量内容。但也不得不承认，这项工作实属不易。尽管我们借鉴了相关文献，但在某些变量的操作化方面可能还是存在一些问题，这也直接影响了测量的有效性。

例如，关于媒介内容的测量，当前媒介内容极其广泛，可按照媒介形式来分类，也可以按照主题、人物、事件性质等来进行分类，而本研究仅仅按照新兴和传统媒体形式、政治性和娱乐性内容、传媒报道的特定结构性倾向来对传媒内容进行划分，究竟哪一种分类体系才具有意义？哪一种分类体系能够准确反映出农民工群体所处的社会与媒介环境？这仍需要理论上的指导和本土化的探索。

关于政治信任的测量，现有的测量方式主要集中于针对政治机构的直接测量和针对政治系统具体行为的间接测量的方法，这两种方法都有各自的特点与弊端，本研究尝试着结合两种测量方法展开分析，但如何发展出一套更能稳定、精准地测量出民众政治态度的指标，还有待未来继续探索。

关于弥散性政治信任测量，国家共同体、政治制度层面只是其中的某个面向，建议未来研究中仍可针对弥散性政治信任变量发展出更佳的测量工具。

3. 模型分析方面

本研究涉及到的因变量和自变量均包含较为丰富的内涵和多元的维度，由于变量较多，变量之间的解释路径比较复杂，加之不同变量之间的测量尺度存在差异，所以针对二者的关系与机制研究的模型建立、模型分析也是本项研究的重点与挑战。针对因变量的变量类型，本研究主要采用的是一般线性回归和二元逻辑斯蒂回归，采用逐步回归的方法分别对各个自变量的影响效应进行检验。这样一来，我们无法精确比较媒介使用、媒

介评价等诸多变量中究竟哪一个对因变量的影响作用最大，变量间相互抑制的效应如何。此外，我们也面临如何处理测量尺度不统一的分类自变量问题，比较合理的处理方法可能是转换成虚拟变量进行拟合，但这样一来，模型的规模变得十分庞大，所以采用了直接赋值的方法进行转换。个别模型的因变量是通过一些指标加总合成，并非严格意义上的连续性变量。以上问题可能会造成研究结果的偏差。

三、未来研究的展望

由于既有研究在理论、方法上存在着一定的局限性，未来关于大众传媒与政治信任的研究还需要在以下方面进行探索以寻求突破，这对建立农民工与政府间的政治沟通渠道、预防政府信用的流失、发挥大众传媒对构建民主化、法治化、服务型政府的积极作用具有重要的意义。

（一）理论方面

一直以来，研究世界上其他一些国家和地区的传播理论研究者针对受众态度、行为与传媒效果议题有着非常丰富的研究成果，如使用与满足理论、培养理论、沉默的螺旋、第三人效果等等。这些理论普遍具有两个基本的倾向：注重个体作用而忽视社会的宏观影响、强调局部细节而忘却整体大局。这些特点与国外某些国家和地区出现的强调个人主义至上的社会特性，以及倡导媒介自由至上主义的传媒体制密切相关（祝建华，2001）。如果忽视了中国社会情景、政治制度和媒介环境，盲目、机械地搬用西方传媒理论对中国受众的进行研究，可能并不符合中国受众态度和媒介效果的实际状况和规律。

本研究属于受众政治态度与传媒效果研究范畴。第一，我们需要从中国本土实情出发；第二，要积极汲取世界上其它国家和地区先进的传播学理论的精髓，尤其是对媒介内容的强调以及个体层面心理过程的关注等研究成果。第三，结合所关注的受众群体（本文为农民工群体）的特点进行分析。如何将世界上其它国家和地区的相关先进性理论与中国国情、媒介内容与传播效果、宏观层面与个体层面等诸多因素融为一体？如何处理好理论化与本土化问题，发展出适用于中国社会的受众态度、行为与传播效果的中层理论和研究框架？这需要我们在未来研究工作中实现突破。

此外，本研究关注的是农民工的政治信任问题。首先，长期以来，国内对影响政治信任因素的研究主要有政府绩效视角、社会文化视角（包括政治文化、社会资本）等，近年来大众传媒因素也逐渐为国内学者所关注。但相比之下，作为政治传播重要途径的大众传媒因素还未能成为中国政治信任研究中的成熟视角之一，其研究成果的系统性、成熟度还无法与政府绩效视角、社会文化视角相提并论。因此，我们需要通过以下几个方面的研究内容的拓展，以期深化转型期中国民众政治信任的理论研究成果，实现政治信任理论的本土化突破。第一，我们需要探索、丰富和完善大众传媒视角对政治信任的影响作用机制，发展出相应的中层理论和研究框架；第二，比较不同的政治信任影响视角的重要性、作用范围和机制，甚至探索政府绩效、社会文化、政治传播视角之间是否存在交互作用关系；第三，除了针对全国性大样本的成年居民研究之外，也要关注特定群体的政治信任，充分挖掘、总结出不同群体之间的政治信任特点；第四，与世界上一些国家和地区相比，中国民众对于自身和政治系统的关系有着不同的理解，因此政治信任研究要紧密结合中国的政治制度、文化传统、社会语境展开分析。

（二）研究方法方面

第一，拓展多元的研究方法。目前关于大众传媒与政治信任的研究主要来源于有着量化研究传统的美国，研究的具体方法为问卷调查法。量化研究有助于我们从宏观层面检验大众传媒在多大程度上影响着政治信任，但无法从微观层面深入回应和解释民众如何看待大众传媒、如何看待自身与政府关系、大众传媒通过什么方式和机制来影响政治信任等问题（牛静，2012）。因此，大众传媒与政治信任关系研究可以采用混合研究方法，综合质性研究和定量研究之所长。质性研究适用于探索性研究，诠释微观个体的主体性认知，发掘影响媒介行为与政治态度关系背后的深层的群体特征与社会文化结构，以此丰富对定量研究成果的阐释。

因此，在未来研究中，一方面，可以针对研究对象收集访谈资料；另一方面，选择不同发展水平的城市，完善定量研究的资料，城市数量的增

加使得多层次分析成为可能，亦可以引入一些宏观层次的媒介指标进行分析。通过对上述资料的补充，确保定性资料和定量资料形成互补、印证，有助于实现宏观社会层面与微观个体层面之间的良好链接，加强研究结论的说服力。

第二，探索有效的测量指标。本研究在丰富和完善政治信任、大众传媒指标方面做出了一定的努力，但也仅仅局限于对现有研究指标的总结、拣择的基础之上。在未来的研究中，我们应当探索、开发出更能够有效测量中国民众的媒介接触与使用、媒介认知与评价、政治信任等方面的指标。

（三）研究内容方面

由于本研究着眼于不同媒介测量内容对不同层次、不同类型政治信任的影响效应和机制，所以从整体来看，我们将更多的笔墨花费在初步探索多元自变量与不同类型因变量之间的差异化关系层面，对于某些具有重要现实意义的研究内容的分析还不够深入，这还有待在未来的研究中展开进一步探索。

首先，关于新兴媒体与政治信任的关系研究。新兴媒体的崛起与迅猛发展改变了传统政治传播的方式。在过往研究中，关于新兴媒体对政治影响的研究层出不穷，新兴媒体和传统媒体的政治传播效果的差异性也得到了诸多研究的验证。在本文中，我们对新兴媒体和政治信任的关系研究进行初步的探索，实际上，鉴于新兴媒体平台兼具信息传播、互动、表达、参与等多元的使用特性，作为农民工重要信息来源之一的新兴媒体发挥着着自身独特且不容忽视的政治影响效力。无论是从媒介的供给侧的视角（如传媒体制、媒介内容的生产与叙事框架等），还是从受众的需求侧的视角（农民工的数字鸿沟、农民工对新兴媒体的认知与偏好等），新兴媒体与政治信任关系问题可作为一个独立的议题，值得后续研究者展开更为精细化的研究。

其次，关于政府绩效、社会文化、大众传媒与政治信任关系的比较研究。在厘清现有各大研究视角的逻辑、机制的基础上，一方面，由于不同的视角对不同类型的政治信任的影响并不是相同的，因此可以尝试探索和比较在不同层次和类型的政治信任中，究竟哪些因素发挥着关键性的影响作用。另一方面，进入信息社会以后，大众传媒对政治、社会、文化的影响达到空前的广度和深度，所以大众传媒与政府绩效、社会文化的影响作用是相互交织的。因此在未来的研究中，我们可以建构起不同视角之间的的对话桥梁，以此来考察政治绩效、社会文化、大众传媒等因素对政治信任的综合作用机制。

参考文献

陈福平，2013，“社交网络：技术 vs. 社会——社交网络使用的跨国数据分析”，《社会学研究》第 6 期。

陈力丹、金灿，2015，“论互联网时代的数字鸿沟”，《新闻爱好者》第 7 期。

陈陆辉、耿曙，2009，“台湾地区民众政治支持的实证分析”，《当代中国政治研究报告》第 7 辑。

陈明哲，2008，“政府信任感的实证研究”，《湘潮月刊》第 7 期。

程倩，2004，“政府信任关系：概念、现状与重构”，《探索》第 3 期。

程倩，2006，《论政府信任关系的历史类型》，中国人民大学博士论文，北京。

陈云松，2013，“互联网使用是否扩大了非制度化政治参与—基于 CGSS2006 的工具变量分析”，《社会》第 5 期。

戴元光，2012，《影响传播学发展的西方学人》，北京：中国大百科全书出版社。

陈云松、边燕杰，2015，“饮食社交对政治信任的侵蚀及差异分析：关系资本的‘副作用’”，《社会》第 1 期。

程中兴、廖福崇，2017，“‘大交通’时代的媒介形态与政治信任：基于世界价值观调查的统计分析”，《新闻与传播研究》第 6 期。

杜大力，2011，“中国新闻出版体制改革的政治学分析”，《新闻与传播研究》第 4 期。

杜海峰、刘茜、任锋，2015，“公平感对农民工流入地政府信任的影响研究——基于公民权意识的调节效应分析”，《西安交通大学学报（社会科学版）》第4期。

戴木茅，2016，“信任与怀疑之间——中国政治信任研究”，《天府新论》第1期。

丹尼斯·麦奎尔，2006，《麦奎尔大众传播理论》，北京：清华大学出版社。

董毅，2011，《基层民众的媒介接触与政治信任——基于农民工群体的研究》，复旦大学博士论文，上海。

鄂璠，2014，“2013—2014中国信用小康指数”，《小康》第10期。

范长煜，2016，“遮掩效应与中介效应：户籍分割与地方城市政府信任的中间作用机制”，《甘肃行政学院学报》第3期。

弗雷德里克·S·西伯特、西奥多·彼得森、威尔伯·施拉姆等，2008，《传媒的四种理论》，北京：中国人民大学出版社。

符平，2013，“中国农民工的信任结构：基本现状与影响因素”，《华中师范大学学报（人文社会科学版）》，第52卷第2期。

冯强、李彦臻，2010，“互联网接触与政治知识鸿沟——以大学生为例的实证研究”，《东南传播》第8期。

郭敬文、孙秀林，2018，“不公正体验、媒介使用与政府信任”，《社会发展研究》第4期。

盖瑞·斯莫尔、吉吉·沃根，2009，《大闹革命：数字时代如何改变了人们的大脑和行为》，北京：中国人民大学出版社。

高学德、翟学伟，2013，“政府信任的城乡比较”，《社会学研究》第2期。

葛玮，2011，“中国特色传媒体制：历史沿革与发展完善”，《中国行政管理》第6期。

高勇，2014，“参与行为与政府信任的关系模式研究”，《社会学研究》第5期。

管玥，2012，“政治信任的层级差异及其解释：一项基于大学生群体的研究”，《公共行政评论》第2期。

赫伯特·马尔库塞，2008，《单向度的人》，上海：上海译文出版社。

黄瑚，2001，《中国新闻事业发展史》，上海：复旦大学出版社。

胡荣，2007，“农民上访与政治信任的流失”，《社会学研究》第3期。

胡荣、胡康、温莹莹，2011，“社会资本、政府绩效与城市居民对政府的信任”，《社会学研究》第1期。

胡荣、庄思薇，2017，“媒介使用对中国城乡居民政府信任的影响研究”，《东南学术》第1期。

郝宇青、胡焕芝，2016，“当前中国社会转型过程中的政治信任——基于三个维度的实证分析”，《社会科学》第9期。

加布里埃尔·A·阿尔蒙德，西德尼·维巴，1989，《公民文化——五国的政治态度和民主》，杭州：浙江人民出版社。

金恒江、聂静虹，2017，“媒介使用对中国女性政治信任的影响研究——以中国网民为对象的实证研究”，《武汉大学学报（人文科学版）》第70卷第2期。

简宁斯·布莱恩特、道尔夫·兹尔曼，2009，《媒介效果：理论与研究前沿》，北京：华夏出版社。

简·梵·迪克，2014，《网络社会——新媒体的社会层面》，北京：清华大学出版社。

拉卡托斯，1986，《科学研究纲领方法论》，上海：上海译文出版社。

卢春龙、严挺，2016，《中国农民政治信任的来源：文化、制度与传播》，北京：社会科学文献出版社。

卢春天、权小娟，2015，“媒介使用对政府信任的影响——基于CGSS2010数据的实证研究”，《国际新闻界》第5期。

李丹峰，2015，“媒体使用、媒体信任与基层投票行为——以村/居委会换届选举投票为例”，《江苏社会科学》第1期。

李道荣、彭麟竣，2013，“中国农民工媒介素养问题研究”，《北京社会科学》第5期。

李广、陈国申，2007，“试论现代传媒对乡村政治的影响——以河南省息县街西村为个案”，《东南学术》第2期。

李慧中、陈琴玲，2012，“经济转型、职业分层与中国农民工社会态度”，《学海》第4期。

李金铨，2005，《大众传播理论》，台北：三民书局。

李连江，2012，“差序政府信任”，《二十一世纪》第6期。

李培林、李炜，2007，“农民工在中国转型中的经济地位和社会态度”，《社会学研究》第3期。

李强，2011，《社会分层十讲（第二版）》，北京：社会科学出版社。

刘谦、陈香茗，2017，“微信中的生命时间——对大学生和新生代农民工群体数字鸿沟研究的一个维度”，《社会学评论》第5卷第2期。

刘茜、杜海峰，2012，“社会资本对农民工信任流入地政府的影响研究”，《中国行政管理》第1期。

廖圣清，张国良，李晓静，2015，“论中国传媒与社会民主化进程”，《现代传播-中国传媒大学学报》第1期。

李向娟、郑庆昌，2012，“新生代农民工的媒介接触状况及评价——以福建沿海地区为例”，《福建论坛（人文社会科学版）》第3期。

李艳霞，2013，“政治信任生成的心理机制与实践悖论”，《中国行政管理》第5期。

李艳霞，2014，“何种信任与为何信任？——当代中国公众政治信任现状与来源的实证分析”，《公共管理学报》第2期。

刘昀献，2009，“当代中国的政治信任及其培育”，《中国浦东干部学院学报》第26卷第4期。

罗伯特·D·普特南，2011，《独自打保龄球：美国下降的社会资本》，北京：北京大学出版社。

马得勇，2007，“政治信任及其起源——对亚洲8个国家和地区的比较研究”，《经济社会体制比较》第5期。

孟天广，2014，“转型期的中国政治信任：实证测量与全貌概览”，《华中师范大学学报（人文社会科学版）》第53卷第2期。

孟天广、杨明，2012，“转型期中国县级政府的客观治理绩效与政治信任——从‘经济增长合法性’到‘公共产品合法性’”，《经济社会体

制比较》第4期。

孟筱筱，2018，“作为中介的价值观——媒介使用对政治信任的影响路径研究”，华中科技大学硕士论文，武汉。

牛静，2012，“传媒与政治信任之关系的研究现状及展望”，《国际新闻界》第1期。

潘知常，2007，《谁劫持了我们的美感——潘知常揭秘四大奇书》，上海：学林出版社。

潘忠党，2009，“传媒的公共性与中国传媒改革的再起步”，《传播与社会学刊》第6期。

邱国良，2011，《转型时期我国农民的政治信任及其重建》，华中师范大学博士论文，湖北：武汉。

乔文俊、王毅杰，2015，“农民工政府信任及其影响因素——基于南京市的调查”，《经济问题》第12期。

芮国强、宋典，2015，“公民参与、公民表达与政府信任关系研究——基于‘批判性公民’的视角”，《江海学刊》第4期。

上官酒瑞、程竹汝，2009，“政治信任研究兴起的学理基础与社会背景”，《江苏社会科学》第1期。

上官酒瑞，2011，“从人格信任走向制度信任——当代中国政治信任变迁的基本图式”，《学习与探索》第5期。

上官酒瑞，2012，《现代社会的政治信任逻辑》，上海：上海人民出版社。

上官酒瑞，2013，“论变动社会中政治信任建设目标的有限性——以社会生态为视野的分析”，《浙江社会科学》第11期。

宋红岩，2016，“‘数字鸿沟’抑或‘信息赋权’？——基于长三角农民工手机使用的调研研究”，《现代传播-中国传媒大学学报》第38卷第6期。

史天健、吕杰，2007，“中国政治信任的持续与变迁（1993—2002）”，经济全球化进程中的和谐社会建设与危机管理国际学术研讨会论文，重庆。

什托姆普卡，2005，《信任：一种社会学理论》，北京：中华书局。

苏振华、黄外斌，2015，“互联网使用对政治信任与价值观的影响：基于 CGSS 数据的实证研究”，《经济社会体制比较》第 5 期。

唐斌，2014，“农民工政治信任的现状及其提升对策探讨——基于广州市白云区太和镇的调查”，《理论导刊》第 4 期。

陶建杰，2008，“一项对农民工媒介行为与知识水平的相关性研究”，《华东理工大学学报（社会科学版）》第 2 期。

唐兴军，2014，“信任缺失：新生代农民工身份建构与政治认同”，《当代青年研究》第 3 期。

吴俐萍、顾琛，2005，“中国传媒管理体制变迁的历史考察与现实思考”，《湖北经济学院学报（人文社会科学版）》第 8 期。

威尔伯·施拉姆，1990，《大众传播媒介与社会发展》，北京：华夏出版社。

王菁，2017，“媒介使用如何影响我国大学生微博政治参与——一个以政治心理为中介变量的实证测度”，《新闻与传播研究》第 7 期。

王逊，2013，“难以跨越的“数字鸿沟”——新生代农民工移动互联网使用行为研究”，《前沿》第 4 期。

王向民，2009，“‘U’型分布：当前中国政治信任的结构性分布”，《中国浦东干部学院学报》第 4 期。

万铀能，2006，“非政府组织：构建政府与公民信任关系的积极力量”，《理论月刊》第 9 期。

温忠麟、刘红云，侯杰泰，2012，《调节效应和中介效应分析》，北京：教育科学出版社。

王正祥，2009，“传媒对大学生政治信任和社会信任的影响研究”，《青年研究》第 2 期。

徐彬，2011，“地方政府信任弱化、改革阻力与改革成本扩大化”，《社会科学》第 3 期。

熊美娟，2010，“政治信任研究的理论综述”，《公共行政评论》第 6 期。

熊美娟，2011，“社会资本与政治信任——以澳门为例”，《武汉大学学报（哲学社会科学版）》，第4期。

熊美娟，2014，“政治信任测量的比较与分析——以澳门为研究对象”，《公共管理学报》第11卷第1期。

肖唐镖、王欣，2010，“中国农民政治信任的变迁——对五省份60个村的跟踪研究（1999~2008）”，《管理世界》第9期。

薛可、余来辉、余明阳，2017，“媒介接触对政府信任的影响：基于中国网民群体的检验”，《现代传播-中国传媒大学学报》第4期。

薛可、余来辉、余明阳，2019，“媒介接触对新社会阶层政治态度的影响研究 ——基于政治社会化的视角”，《新闻大学》第3期。

薛伟贤、刘骏，2010，“数字鸿沟的本质解析”，《情报理论与实践》第12期。

许鑫，2011，“传媒公共性：概念的解析与应用”，《国际新闻界》第5期。

沃尔特·李普曼，2002，《公众舆论》，上海：上海人民出版社。

约翰·洛克，1983，《政府论》，北京：商务印书馆。

闫健，2008，“居于社会与政治之间的信任——兼论当代中国的政治信任”，《南昌大学学报（人文社会科学版）》第39卷第1期。

姚君喜，2014，“媒介使用、媒介依赖对信任评价的影响——基于不同媒介的比较”，《当代传播》第2期。

叶敏、彭妍，2010，“‘央强地弱’政治信任结构的解析——关于央地关系一个新的阐释框架”，《甘肃行政学院学报》第3期。

沃伦，2004，《民主与信任》，北京：华夏出版社。

殷琦，2017，“1978年以来中国传媒体制改革观念演进的过程与机制——以“市场化”为中心的考察”，《新闻与传播研究》第2期。

尤斯拉纳，2006，《信任的道德基础》，北京：中国社会科学出版社。

杨思佳，2014，“互联网使用对网民政治认知和政治犬儒主义的长期影响：一个基于规范性分析的实证模型”，《新闻春秋》第2期。

游宇、王正绪，2014，“互动与修正的政治信任——关于当代中国政治信任来源的中观理论”，《经济社会体制比较》第 2 期。

游宇、王正绪，2017，“互联网使用对政治机构信任的影响研究：民主政治的环境因素”，《经济社会体制比较》第 1 期。

周葆华、吕舒宁，2011，“上海市新生代农民工新媒体使用与评价的实证研究”，《新闻大学》第 2 期。

张成福、边晓慧，2013，“论政府信任的结构与功能”，《教学与研究》第 47 卷第 10 期。

朱荟，2014，“流动人口政府信任的实证检验研究——基于全国七城市的调查分析”，《公共管理学报》第 4 期。

朱荟，2016，“流动人口的网络使用与政府信任——一项基于全国七城市的调查研究”，《南开学报（哲学社会科学版）》第 4 期。

祝建华，2001，“中文传播研究之理论化与本土化：以受众及媒介效果的整合理论为例”，《新闻学研究》第 68 期。

庄家炽、孙超，2016，“互联网使用与政府信任感关系研究——基于 CGSS2010 的分析”，《新闻界》第 1 期。

张金海、李小曼，2007，“传媒公共性与公共性传媒——兼论传媒结构的合理建构”，《武汉大学学报（人文科学版）》第 6 期。

张建星，2018，“新时代开启中国报业新征程”，《新闻战线》第 4 期。

朱磊、雷洪，2015，“论农民工的分类及其转型”，《社会学评论》第 3 卷第 5 期。

詹姆斯·布坎南，1988，《自由、市场和国家》，北京：北京经济学院出版社。

周明星、康艳钦，2015，“新生代农民工媒介素养研究”，《中国劳动关系学院学报》第 1 期。

周树华、闫岩，2012，“敌意媒体理论：媒体偏见的主观感知研究”，《传播与社会学刊》第 22 期。

张书维、景怀斌，2014，“政治信任的制度——文化归因及政府合作效应”，《武汉大学学报（哲学社会科学版）》第 5 期。

郑素侠，2010，“农民工媒介素养现状调查与分析——基于河南省郑

州市的调查”，《现代传播-中国传媒大学学报》第10期。

张威，1999，“中西比较：正面报道和负面报道”，《国际新闻界》第1期。

朱信凯，2005，“农民市民化的国际经验及对我国农民工问题的启示”，《中国软科学》第1期。

张旭霞，2004，“论官僚制条件下公众对政府的信任关系”，《教学与研究》第2期。

章秀英、戴春林，2014，“网络使用对政治信任的影响及其路径——基于9省18个县（市）的问卷调查”，《浙江社会科学》第12期。

邹宇春、敖丹、李建栋，2012，“中国城市居民的信任格局及社会资本影响——以广州为例”，《中国社会科学》第5期。

张明新、刘伟，2014，“互联网的政治性使用与我国公众的政治信任——一项经验性研究”，《公共管理学报》第11卷第1期。

Aarts, K., Fladmoe, A., and Strömbäck, J., 2012. “Media, political trust, and political knowledge: A comparative perspective.” In *How media inform democracy: A comparative approach*, edited by T. Aalberg & J. Curran. New York: Routledge.

Aberbach, J. D., and Walker, J. L., 1970. “Political Trust and Racial Ideology.” *American Political Science Review*. 64 (4): 1199–1219.

Almond, G. A. and S. Verba, 1963. *The Civic Culture*. Princeton, NJ: Princeton University Press.

Avery, J. M., 2009. “Videomalaise or virtuous circle? The influence of the news media on political trust.” *The International Journal of Press/Politics*. 14 (4): 410–433.

Bagdikian, B. H., 2004. *The New Media Monopoly*. Boston: Beacon Press.

Ball-Rokean, S. J., 1985. “The origins of individual media-system dependency.” Communication Research. 12 (4): 485–510.

Bauer, R. A., 1958. “The communicator and the audience.” *Journal of*

Conflict Resolution. 2 (1): 67-77.

Becker, L. B., 1979. Measurement of Gratifications. *Communication Research*. 6 (1): 54-73.

Benkler, Y., 2006. *The wealth of networks*. New Haven: Yale University Press.

Bennett, W. L., 1990. "Towards a theory of press-state relations in the US." *Journal of Communication*. 40 (2): 103-125.

Bennett, W. L., Lawrence, R. G., and Livingston, S., 2007. W*hen the press fails: Political power and the news media from Iraq to Katrina*. Chicago, IL: University of Chicago Press.

Blumer, H., 1939. "Collective Behavior." In *Principles of Sociology*, edited by R. E. Park. New York: Barnes and Noble.

Blumber, J. G., 1979. "The Role of Theory in Uses and Gratifications Studies." *Communication Research*. 6 (1): 9-36.

Blumler, J. G., and McQuail, D., 1968. *Television in Politics: Its Uses and Influence*. London: Faber and Faber.

Bowler, S., and Donovan, T., 1998, "Demanding Choices: Opinion, Voting, and Direct Democracy." *American Political Science Association*. 94 (2): 216.

Bouckaert, G., and Van de Wallle, 2003. Public Service Performance and Trust in Government: The Problem of Causality." *International Journal of Public Administration*. 26 (8-9): 891-913.

Boullianne, S., 2009. "Does Internet use effect engagement? A meta-analysis of research." *Political Communication*. 26 (2): 193-211.

Brehm, J. and Rahn, W., 1997. "Individual Level Evidence for the Causes and Consequences of Social Capital." *American Journal of Political Science*. 41: 999-1023.

Campbell, A., G. Gurin , and W. E. Miller, 1954. *The Voter Decides*. Row Peterson and Company.

Cappella, J. N., and Jamieson, K. H., 1996. "News Frame, Political Cynicism, and Media Cynicism." *Annals of the American Academy of Political and Social Science*. 546: 71-84.

Carveth, R., and Alexander, A., 1985. "Soap opera viewing motivations and the cultivation process." Journal of Broadcasting & Electronic Media. 29 (3): 259-273.

Carey, J., 1988. *Communication as Culture*. Boston, MA: Unwin Hyman.

Ceron, A., 2015. "Internet, News, and Political Trust: The Difference Between Social Media and Online Media Outlets." *Journal of Computer-mediated Communication*. 20 (5): 487-584.

Ceron, A., and Memoli, V., 2015a. "Trust in government and media slant: A cross-sectional analysis of media effects in 27 European countries." *The International Journal of Press/Politics*. 20 (3).

Ceron, A., and Memoli, V., 2015b. "Flames and debates: Do social media affect satisfaction with democracy?" *Social Indicators Research*. 126 (1).

Chadwick, A., 2013. The hybrid media system: Politics and power. New York: Oxford University Press.

Chaffee, S. H., Ward, L. S., and Tipton. L. P., 1970. "Mass Communication and Poli-tical Socialization." *Journalism Quarterly*. 47: 647-659.

Chanley, V., T. J. Rudolph, and W. M. Rahn, 2000. "The Origins and Consequeces of Public Trust in Government: A Time Series Analysis." *Public Opinion Quarterly*. 64 (3): 239-256.

Chen, X. Y., and Shi, T. J., 2001. "Media Effects on Political Confidence and Trust in the People's Republic of Chinain the Post Tiananmen Period." *East Asia*. 4: 84-118.

Cho, Y., 2014. "Internet and democratic citizenship among the global mass publics: Does internet use increase political support for democracy?" *Japanese Journal of Political Science*. 15 (4): 661-682.

Chu, L. L., 1994. "Continuity and Chang in China's Media Reform." *Journal of Communication*. 44 (3): 4-21.

Citrin, J., 1974. "Comment: The PoliticalRelevance of Trust in Government." The American Political Science Review. 68 (3): 973-988.

Citrin, J., and Green, D. P., 1986. "Presidential Leadership and the Resurgence of Trust in Government." *British Journal of Political Science*. 16: 431-453.

Craig, S. C., 1993. *The malevolent leaders*. Boulder, CO: Westview Press.

Crystal, D. S., DeBell. M., 2002. "Sources of Civic Orientation Among American Youth: Trust, Religious Valuation, and Attribution of Responsibility." Political Psychology. 23 (1): 113-132.

Dahlgren, P., 2005. "The Internet, Public Spheres, and Political Communication: Dispersion and Deliberation." *Political Communication*. 22 (2): 147-162.

Defleur, M., and Dennis, E., 1994. *Understanding mass communication*. New York: Longman.

Deutschmann, P., 1967. "The Sign-situation Classification of Human Commun-ication." *Journal of Communication*. 7 (2): 63-73.

Deuze, M., 2003. "The Web and Its Journalisms: Considering the consequences of different types of news media online." *New Media and Society*. 5 (2): 203-230.

Dietram A. S., 2000, "Agenda-setting, priming, and framing revisited: another look at cognitive effects of political communication." *Mass Communication and Society*. 3 (2-3).

Donohue, G. A., Tichenor, P. J., and Olien, C. N., 1995. "A guard dog perspective on the role of media." *Journal of Communication*. 45 (2): 115-132.

Easton, D., 1965. *A systems Analysis of Political Life*. New York: Wiley.

Elliott, P., 1972. *The Making of a Television Series— a Case Study in*

the Production of Culture. London: Constable.

Enzensberger, H. M., 1970. "Constituents of a theory of the media." New Left Review. 64: 13-36.

Erikson E. H., 1950. *The Childhood and Society*. New York: W. W. Norton.

Feldman, S., 1983. "The Measurement and Meaning of Trust in Government." *Political Methodology*. 9 (3): 341-354.

Feldman, O., 1995. "Political Attitudes and 1the News Media in Japan: Effects of Exposureand Attention to the News Media on Political Involvement and Disapprobation." *The Howard Journal of Communications*. 6 (3): 206-250.

Fiske, S. T., Taylor, S. E., 1991. Social cognition (2nd ed.). New York: McGraw-Hill.

Fiss, O. M, 1996. *The Irony of Free Speech*. Cambridge, Mass: Harvard University Press.

Flavell, J. H, 1963. *The developmental psychology of Jean Piaget*. New York: Van Nostrand.

Froman, L. A., Jr., 1962. "Learning Political Attitudes." *Western Political Quarterly*. 15 (2): 304-313.

Gamson, W. A., 1968. *Power and Disconnect*. Homewood, IL: Dorsey.

Gamson, W. and Modigliani, A. 1989. "Media discourse and public opinion on nuclear power: a constructivist approach." *American Journal of Sociology*. 95: 1-37.

Gaziano, C., and McGrath, K., 1986. "Measuring the concept of credibility." *Journalism Quarterly*. 63: 451-462.

Garment, S., 1991. *Scandal: The Crisis of Mistrust in American Politics*. New York: Random House.

Garnham, P., 1986. "The media and the Pubilc sphere." In *Communicating politics: mass communications and the political process*, edited by Golding, P., Murdock, G., and Philip Schlesinger. New York, NY: Leicester University Press.

Gabriel, O. W. , 1995. "Political Efficacy and Trust." In *The impact of values* , *edited by J.* W. Van Deth and S. Elinor. Oxford: Oxford University Press.

Gentzkow, M. , and Shapiro, J. M. , 2010. "Ideological segregation online and offline." *Quarterly Journal of Economics*. 126 (15916).

Gentzkow, M. , and Shapiro, J. M. , 2010, "What drives media slant? evidence from u. s. daily newspapers." *Econometrica*. 78 (1): 35-71.

Gentzkow, M. , Shapiro, J. M. , & Stone, D. F. , 2016, . "Media bias in the marketplace : theory." In the*Handbook of Media Economics* , edited by S. Anderson, D. Strömberg and J. Waldfogel. Amsterdam : North Holland press.

Gerbner, G. , 1967. " Mass media and human communication theory." In Sociology of Mass Media Communication Theory, edited by F. F. X. Dance. Keele: University of Keele.

Gerbner, G. , and Gross, L. , 1976. "Living With Television: The Violence Profile." Journal of Communication. 26 (2): 173.

Gilens, M. , Glaser, J. , and Mendelberg, T. , 2001. "Having a Say: Political Effica-cy in the Context of Direct Democracy." Paper presented at the American Political Science Association. San Francisco, CA.

Gouldner, A. , 1976. The Dialectic of Ideological and Technology. New York: The Seabury Press.

Hagemann, C. , and A. Gras, 2006. "Political Support and Media Use." Paperread at International Communication Association, 2006 Annual Meeting. Dresden International Congress Centre, Dresden, Germany.

Hallin, D. C. , 1984. "The Media, the War in Vietnam, and Political Support: A Critique of the Thesis of an Oppositional Media." *Journal of Politics*. (1): 2-24.

Hallin , D. C. , and P. Mancini, 2004. *Comparing Media Systems: Three Models of Media and Politics*. New York: Cambridge University Press.

Halloran, J. D. , Elliott, P and Murdock, G. , 1970. *Communications and Demonstrations*. Harmondsworth: Penguin.

Herman, E. D., and Chomsky, N., 1988. *The Political Economy of the Mass Media*. New York: Pantheon.

Hermida, A., Lewis, S. C., and Zamith, R., 2014. "Sourcing the Arab Spring: A case study of Andy Carvin's sources on Twitter during the Tunisian and Egyptian revolutions." Journal of Computer - Mediated Communication. 19 (3): 479-499.

Hetherington, M. J., 1998. "The Political Relevance of Political Trust." *American Political Science Review*. 92 (4): 791-808.

Hetherington, M. J., 2005. *Why trust matters: declining political trust and the demise of American liberalism*. Princeton: Princeton University Press.

Hooghe, M., 2004. "Political Socialization and the Future of Politics." *Acta Politica*. 39: 331-341.

Hovland, C. I., Lumsdaine, A. A. and Sheffield, F. D., 1949. *Experiments in Mass Communication*. Princeton, NJ: Princeton University Press.

Tworzecki, H., and Semetko, H., 2012. "Media Use and Political Engagement in Three New Democracies: Malaise versus Mobilization in the Czech Republic, Hungary, and Poland." *International Journal of Press/Politics*. 17 (4): 407-432.

Im, T., Cho, W., Porumbescu, G., and Park, J., 2014. "Internet, trust in government, and citizen compliance." *Journal of Public Administration Research and Theory*. 24 (3): 741-763.

Inglehard, R., 1990. *Culture Shift in Advanced Industrial Society*. Princeton: Princeton University Press.

Inglehart, R., 1997. *Modernization and Postmodernization: Cultural, Economic, and Political Change in 43 Societies*. Princeton, NJ: Princeton University Press.

Innis, H. A., 1950. *Empire and Communications*. Oxford: Oxford University Press.

Iyengar, S., 1991. *Is Anyone Responsible? How Television Frames Political Issues.* Chicago: The University of Chicago Press.

Jackman, R., and R. Miller, 1996. "A Renaissance of Political Culture?" *American Journal of Political Science.* 40 (3): 632-659.

Janowitz, M., 1968, "The Study of Mass Communication." In International Encyclopedia of the Social Sciences. New York: Macmillan and Free Press.

Kaid, L. L. and A. Johnston, 1991. "Negative versus Positive Television Advertising in U. S. Presidential Campaigns, 1960 - 1988." *Journal of Communication.* 41 (3).

Katz, J. and Rice, R., 2002. "Project Syntopia: Social consequences of Internet use." *IT and Society.* 1 (1): 166-179.

Keele, L., 2007. "Social Capital and the Dynamics of Trust in Government." *American Journal of Political Science.* 51 (2): 241-254.

Kim, J. Y., 2005. "Bowling Together Isn't a Cure - All: The Relationship between Social Capital and Political Trust in South Korea." *International Political Science Review.* 26 (2): 193-213.

Kim, J., and Rubin, A. M., 1997. "The variable influence of audience activity on Media effects." Communication Research. 24: 107-135.

Kinder, D. R., and D. O. Sears, 1985. "Public Opinion and Political Action." In The Handbook of Social Psychology, edited by Gardner Lindzey. G and Aronson. E. NJ: Erlbaum.

Klapper, J. T., 1960. *The Effects of Mass Communication.* Glencoe: The Free Press.

Kaye, B. K., and Johnson, T. J., 2002. "Online and in the know: Uses and gratifications of the Web for political information." *Journal of Broadcasting and Electronic Media.* 46 (1): 54-71.

Lane, R. E., 1969. *Political Life.* Glencoe: Free Press.

Lang, G and Lang, K., 1981. "Mass communication and public opinion: strategies for research." In *Social Psychology: Sociological*

Perspectives, edited by M. Rosenberg and R. H. Turner. New York: Basic Books.

Lasswell, H., 1948. "The Structure and Function of Communication in Society." *In The Communication of Ideas*, edited by L. Bryson. New York: Harper.

Lau, R. R., and Sears, D. O., 1986. "social cognition and political cognition: The past, the present, and the future." In Political cognition: The 19th Annual Carnegie Symposium on Cognition, edited by R. R. Lau, D. O. Sears. Hillsdale, NJ: Lawrence Erlbaum Associates.

Lee, A. R., and Glasure, Y. U., 2002. "Political Cynicism in South Korea: Economics or Values?" *Asian Affairs*. 29 (1): 43-58.

Lerner, D., 1958. *The passing of traditional society: Modernizing the Middle East*. New York: Macmillan Pub Co.

Levi, M., and Stoker, L., 2000. "Political Trust and Trustworthiness." *Annual Review of Political Science*. 3 (1): 475-507.

Levy, M. R., and Windahl, S., 1985. The concept of audience activity. In Media gratifications research: Current perspectives, edited by K. E. Rosengren, L. A. Wenner, and P. Palmgreen. Beverly Hills, CA: Sage.

Lewis, S. C., 2012. "The tension between professional control and open participation." *Information, Communication and Society*. 15 (6): 836-866.

Li, L., 2004. "Political Trust in Rural China." *Modern China*. 30: 228-258.

Lichter, S., and D. Amundson, 1999. *Images of Government in TV Entertainment*. Washingson, DC: Center for Media and Public Affairs.

Loges, W. E., and Jung, J. Y., 2001. "Exploring the Digital DivideInternet Connectedness and Age." *Communication Research*. 28 (4): 536-562.

Mansbridge, J., 1997. "Social and Cultural Causes of Dissatisfaction with U. S. Government." In *Why People Don't Trust Government*, edited by J. Nye, P. Zelikow, Jr., and D. C. King. Cambridge, MA: Harvard University Press.

Markus, H., and Zajonc, R. B., 1985. "The cognitive perspective in social psychology." In *The handbook of social psychology*, edited by G. Lindzey, E. Aronson. New York: Random House.

McCormack, T., 1961. "Social Theory and the Mass Media." *Canadian Journal of Political Science/Revue canadienne de science politique*. 27 (4): 470-489.

Mcleod, D. M., and Perse, E. M., 1994. "Direct and Indirect Effects of Socioeconomic Status on Public Affairs Knowledge." *Journalism Quarterly*. 71 (2): 433-442.

Mcleod, J. M., and McDonald, D., 1985. "Beyond Simple Exposure: Media Orientations and Their Impact on Political Processes." *Communication Research*. 12 (1): 3-33.

Mcluhan, M., 1964. *Understanding media: The extensions of man*. New York: McGraw-Hill.

McQunil, D., and Windahl, S., 1993. *Communication Models*. London: Longman.

Melody, W. H., 1990. "Future world markets for information technology." In*Information technology: Impacts, policies and future perspectives*. edited by F. Meyer-Krahmer, J. Muller and B. Preissl. Berlin Heidelberg: Springer.

Meraz, S., and Papacharissi, Z., 2012. "Networked gatekeeping and networked framing on Egypt." *The International Journal of Press/Politics*. 18 (2): 138-166.

Miller, A. H., and Listhaug, 0., 1990. "Political Parties and Confidence in Government: A Comparison of Norway, Sweden and the United States." *British Journal of Poliical Science*. 20 (3): 357-386.

Miller, J. M., and J. A. Krosnick, 2000. "News Media Impact on the Ingredients of Presidential Evaluations." *American Journal of Political Science*. 44: 301-315.

Mills, C. W., 1951. *The American Middle Class*. New York: Oxford University Press.

Mills, C. W. , 1956. *The Power Elite.* New York: Oxford University Press.

Mishler, W. , and Rose, R. , 2001. "What Are the Origins of Political Trust? Testing Institutional and Cultural Theories in Post-communist Societies." *Comparative Political Studies.* 34 (1): 30-62.

M. Levi, and L. Stoker, 2000. "Political Trust And Trustworthiness." *Annual Review of Political Science.* 3 (1): 475-507.

Mossberger, K. , Tolbert, C. J. , and Stansbury, M. , 2003. *Virtual Inequality: Beyond the Digital Divide.* Washington, DC: Georgetown University Press.

Muller, E. N. , T. O. Jukam, and M. A. Seligon, 1982. "Diffuse Political Support and Antisystem Political Behavior: A Comparative Analysis." *American Journal of Political Science.* 26 (2): 240-264.

Murdock, G. , and Golding, P. , 1977. "Beyond Monopoly: Mass Communications in an Age of Conglomerates." In *Trade Unions and the Media* , edited by P. Beharrell, G. Philo. Basingstoke: Palgrave Macmillan.

Murdock, G. , and Golding, P. , 1989. "Information Poverty and Political Inequality: Citizenship in the Age of Privatized Communications." *Journal of Communication.* 39 (3).

Nelson, Thomas, E. , and R. A. Clawson, and Z. M. Oxley. 1997, "Media Framing of a Civil Liberties Conflict and Its Effect on Tolerance." *American Political Science Review.* 91 (3).

Neuman, W. R. , 1991. *The Future of the Mass Audience.* Cambridge: Cambridge University Press.

Newton, K. , 1999. Social and political trust in established democracies." In*Critical Citizens*, edited by P. Norris. Oxford: Oxford University Press.

Newton, K. , 2001. "Trust, Social Capital, Civil Society and Democracy." *International Political Science Review.* 22 (2): 201-214.

Nisbet, E. C. , Stoycheff, E. , and Pearce, K. E. , 2012. "Internet use and democratic demands: A multinational, multilevel model of Internet use and citizen attitudes about democracy." *Journal of Communication*. 62: 249-265.

Norris, P., 1999. *Critical Citizens: Global Support for Democratic Government*. Oxford: Oxford University Press.

Norris, P., 2000. *A Virtuous Circle*. Cambridge, UK: Cambridge University Press. Norris, P., 2011. *Democratic Deficit: Comparing Political Support around the World*.

UK: Cambridge University Press.

Nye, J. S., Jr., Zelikow, P. D., and King, D. C., 1997. *Why People Don't Trust Govern - ment*. Cambridge, MA: Harvard University Press.

O'Keefe, G. J., 1980. "Political Malaise and Reliance on Media." *Journalism Quarterly*. 57: 122-128.

Orren, G., 1997. "Fall from Grace: The Public's Loss of Faith in Government." In *Why People Don't Trust Government*, edited by J. Nye, P. Zelikow, Jr., and D. C. King. Cambridge, MA: Harvard University Press.

Patterson, T. E., 1994. *Out of Order*. New York: Vintage Books.

Pool, Ithiel de Sola, 1983. Technologies of Freedom. Cambridge: Belknap Press.

Postman, N., 1985. *Amusing ourselves to death: Public discourse in the age of show business*. New York: Penguin.

Perse, E. M., 1990. "Media Involvement and Local News Effects." Journal of Broadcasting and Electronic Media. 34 (1): 17-36.

Perse, E. M., 2001. Media Effects and Society. London: L. Erlbaum Associates.

Putnam, R. D., 1993, *Making Democracy Work: Civic Traditions in Modern Italy*. Princeton, NJ: Princeton University Press.

Putnam, R. D., 1995, "Bowling Alone: America's Declining Social Capital." *Journal of Democracy*. 6: 65-78.

Putnam, R. D., 1996, "The strange disappearance of civic America."

American Prospect. 24 (24)

Putman, R. D., 2000. *Bowling Alone: The Collapse and Revival of American Community*. New York: Simon and Schuster.

Pye, L. W., 1963. *Communications and Political Development*. Princeton: Princeton University Press.

R. E. Park, 1922. *The Immigrant Press and its Control*. New York and London: Harper and Brother Publishers.

R. E. Park, 1972. *The Crowd and the Public*. Chicago: University of Chicago Press (originally published 1904).

Rubin, A. M., 1981. "An examination of television viewing motivations." Commun-ication Research. 8: 141-165.

Rubin, A. M., 1984. "Ritualized and instrumental television viewing." Journal of Communication. 34 (3): 66-77.

Rubin, A. M., 1994. "Media uses and effects: A uses - and - gratifications Persper - ctive." In*Perspectives on media effects: Advances in theory and research*, edited by J. Bryant, D. Zillmann. Hillsdale, NJ: Lawrence Erlbaum Associates.

Rice, R. E., 1999. "Artifacts and Paradoxes in New Media." *New Media and Society*. 1 (1): 24-32.

Rimmerman, C., 2010. *The New Citizenship: UnconventionalPolitics, Activism, and Service*. Boulder: Westview Press.

Robinson, M. J., 1976. "Public Affairs Television and the Growth of Political Malaise: The Case of The Selling of the Pentagon." *American Political Science Review*. 70 (2): 409-432.

Rodrik, D., 2014. "When ideas trump interests: preferences, world views, and policy innovations." *Social Science Electronic Publishing*. 28 (1).

Rogers, E. M., 1976. "Communications and Development: The Passing of the Dominant Paradigm." *Communication Research*. 3 (2): 121-133.

Rogers, E. M., 1986. *Communication technology: The new media in society*. New York：Free Press.

Rogers，E.，and Shoemaker，F. F.，1971. *Communication of Innovations：A Cross – Cultural Approach*. The Free Press，New York.

Schement，J. R.，and Curtis，T.，1995. Tendencies and Tensions of the Information Age. New Brunswick：Transaction.

Scheufele，D. A.，1999，"Framing as a theory of media effects." *Journal of Communication*. 49（1）.

Schrammm，W.，1973. *Men*，*Messages*，*Media*. New York：Harper and Row.

Schyns，P.，and C. Koop，2010. "Political Distrust and Social Capital in Europe and the USA." *Social Indicators Research*. 96（1）：145–167.

Shi，T.，2001. "Cultural Values and Political Trust：A Comparison of the People's Republic of China and Taiwan." *Comparative Politics*. 33：401–419.

Shirky，C.，"The Political Power of Social Media Technology，the Public Sphere，and Political Change." *Foreign Affairs*. 90（1）.

Siebert，F. S.，Peterson，T and Schramm，W.，1956. Four Theories of the Press. Urbana，IL：University of Illinois Press.

Signorielli，N.，and Morgan，M.，1990. *Cultivation analysis：new directions in media effects research*. Sage Publications.

Siune，K.，and Truetzschler，W.，1992. *Dynamics of Media Politics：Broadcast and Electronic Media in Western Europe*. London：Sage.

Sobbrio，F.，2014. "The political economy of news media：theory，evidence and open issues." In the*Handbook of Alternative Theories of Public Economics*，edited by F. Forte，R. Mudambi，P. Navarra. Edward Elgar Press.

Soloski，J.，1989. "News reporting and professionalism：Some constraints on the reporting of the news." *Media Culture Society*. 11（2）：207–228.

Stamm，K. R.，Emig，A. G.，and Hesse，M. B.，1997. "The contribution of local media to community involvement." *Journalism and Mass Communication Quarterly*. 74（1）：97–107.

Stiff, J. B. , 1994. *Persuasive Communication.* New York: Guilford Press.

Stokes, S. C. , and Cleary, M. , 2006. *Democracy and the Culture of Skepticism: Political Trust in Argentina and Mexico, Russell Sage Foundation series on trust.* New York: Russell Sage Foundation.

Stoneman, P. , 2008. *This thing called trust: civic society in Britain.* London: Palgrave macmillan.

Stoycheff, E. , and Nisbet, E. C. , 2014. "What's the bandwidth for democracy? Deconstructing Internet penetration and citizen attitudes about governance." *Political Communication.* 31 (4): 628–646.

Theodorson, S. A. and Theodorson, A. G. , 1971. *A Modern Dictionary of Sociology.* New York: Cassell.

Tichenor, P. J. , G. A. Donohue, and C. N. Olien, 1970. "Mass Media Flow and Diff-erential Growth of Knowledge." *Public Opinion Quarterly.* 34: 159–170.

Trenaman, J. S. M. and McQuail, D. , 1961. *Television and the Political Image.* London: Methuen.

Valenzuela, S. , Park, N. , and Kee, K. F. , 2009. "Is there social capital in a social network site?: Facebook use and college students' life satisfaction, trust, and participation." *Journal of Computer – Mediated Communication.* 14: 875–901.

Van Cuilenburg, J. J. , 1987. The information society: some trends and Implications. *European Journal of Communication.* 2 (1): 105–121.

Van Deursen, A. J. A. M. , and Van Dijk, Jan A. G. M. , 2001. "Internet skills performance test: Are People Ready for eHealth?" *Journal of Medical Internet Research.* 13 (2).

Van Dijk, Jan A. G. M. , 1999. *The Network Society: Social Aspects of New Media.* London: Sage.

Wang, S. , 2007. "Political Use of the Internet, Political Attitudes and Political Participation." Asian Journal of Communication. 17 (4): 381–395.

Weitzer, R. , Tuch, S. , 2006. *Race and policing in America: Conflict and Reform*. New York：Cambridge University Press.

Welch，E. W.，Hinnant，C. C.，and Moon，M. J.，2005. "Linking Citizen Satisfaction with E－Government and Trust in Government." *Journal of Public Administration Research and Theory*. 15：371－391.

Woodly，D.，2008. "New competencies in democratic communication? Blogs，agenda setting and political participation." *Public Choice*. 134（1－2）：109－123.

Yu，Xu，1994. "Professionalization without guarantees：Changes of the Chinese press in post－1989 years." International Communication Gazette. 53：23－41.

Zajonc，R. B.，1968. "Attitudinal Effect of Mere Exposure." *Journal of Personality and Social Psychology*. 9（2）：1－27.